OLE HENRIKSEN

& Tina Jøhnk Christensen

DET SKAL FØLES GODT

Tag hjertet med
på vejen mod succes

Til:

_Gør dine drømme
til virkelighed_

OLE HENRIKSEN

& Tina Jøhnk Christensen

DET SKAL FØLES GODT

Tag hjertet med
på vejen mod succes

Politikens Forlag

Indhold

Forord

Succes er et stort ord. Der er noget euforisk ved det, fordi det indeholder rigtig mange positive associationer. Følelsen af at have succes gør dig glad og får dig til at trives i alle aspekter af dit liv – både personligt og professionelt.

Desværre har vi en tendens til at beundre eller rose andres succes meget mere, end vi lægger mærke til vores egen. Når man lærer at anerkende sine egne personlige succeshistorier og virkelig tager dem til sig, vil det føre til mange flere succesoplevelser og resultater i ens liv. Succes bevirker, at man har det godt med sig selv og føler en større mening og glæde ved livet hver morgen, når man vågner og står ud af sengen.

Succes kan defineres på mange måder. For mit vedkommende er succes at sætte sig svære og udfordrende mål og lykkes med dem. Succes er, når man får anerkendelse af sig selv og af andre. Succes er en følelse – en form for *high*, som man siger i USA – og føles endnu bedre, hvis man kan dele den med andre og opnår den gennem teamwork og fælles drivkraft og engagement. Succes handler om at opnå det i livet, som man drømmer om. Hvad den mere præcist går ud på, er helt individuelt.

Jeg blev inspireret til at skrive denne bog, fordi jeg igen og igen er blevet stillet det samme spørgsmål: "Ole, hvad er hemmeligheden bag din succes?" Derfor har jeg tænkt meget over, hvilke skridt og beslutninger i mit liv der førte mig mod og i sidste ende til min succes – og hvilke der ikke gjorde det.

Allerede som barn tog jeg en beslutning om, at jeg ville leve et lykkeligt og succesrigt liv. Min sunde fornuft (og sikkert også min nordjyske mentalitet) gjorde det klart for mig, at succes var noget, jeg skulle arbejde for at opnå. I min barndom elskede jeg at sætte nye mål for mig selv, og jeg opdagede hurtigt, at det på vejen mod succes er lige så vigtigt at begå fejl, som det er at få ting til at lykkes. Som dengang jeg lærte mig selv at lave piruetter og springe højt op i luften på skøjter ligesom de professionelle skøjteløbere, som jeg havde beundret på fjernsynet. Mens jeg øvede på springet, faldt jeg på bagen gang på gang flere dage i træk, indtil det endelig lykkedes mig at springe (næsten) perfekt.

Jeg var heller ikke ret gammel, før jeg opdagede, hvor vigtig selvdisciplin og en god og solid arbejdsetik var på min vej mod succes. Det lærte jeg på mit første job som mælkedreng. Jeg skulle op hver morgen klokken kvart over 5 og cykle til Nibe Torv for at springe på mælkevognen. Mælkeflaskerne var af glas og meget tunge for en lille dreng, og jeg måtte løbe fra hus til hus for at stille dem foran hver enkelt hoveddør. Men jeg elskede det fysiske arbejde. Det gav mig energi, og så var det det bedst betalte job i Nibe for en ung skoledreng. Jeg kunne få råd til at købe skuespilleren Clara Pontoppidans biografi i den lokale boghandel og glæde min familie med lidt større gaver end normalt.

Det føltes godt. Og det er den følelse, der har motiveret mig til at ville opnå endnu større succeser i livet, og som stadig får mig til at sætte nye mål hele tiden. Én succes kan føre til en anden, som fører til en tredje – og lige pludselig har man opnået mere, end man nogensinde havde drømt om. Her er jeg i dag.

I denne bog vil jeg tage dig med på en inspirerende rejse og gøre dig mere bevidst om, hvor stor positiv indflydelse på dit hverdagsliv din succes kan have. Når du først opdager og lærer at benytte de magiske kræfter, som succes medfører, kan du bogstaveligt talt erobre verden.

Med mine erfaringer og min livslærdom vil jeg hjælpe dig på rette vej, så du kan blive inspireret til at opnå *dine* mål og få endnu mere succes i *dit* liv – på de områder, der betyder mest for dig.

Lad os skåle på det: for succes i alle aspekter af dit liv.

Ole

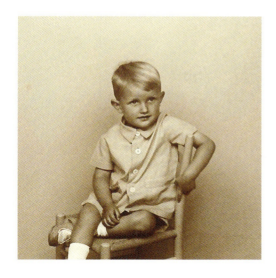

Allerede som barn var jeg indstillet på at arbejde hårdt på at nå mine mål. Den mentalitet er meget nordjysk, men det var mine mål ikke: Jeg ville ud i den store verden.

Vigtigheden af at tage styring på sit eget liv kommer jeg meget ind på i bogen. Men det forudsætter naturligvis, at man har kvalificeret sig til det (og at ens ben er lange nok).

Succes skal ikke bare måles i rigdom og berømmelse. For mig er det altafgørende, at jeg kan glæde mig over livet hver eneste dag – og se mig selv i øjnene over den måde, jeg er kommet frem i verden på.

Introduktion

Derfor skal succes føles godt

Som 14-årig var jeg så ensom, at jeg ikke var sikker på, at jeg ville livet længere. En vinterdag stoppede jeg op på min daglige tur forbi Limfjorden uden for min hjemby, Nibe og stod og kiggede ud på de voldsomme bølger, mens blæsten og regnen slog imod mit ansigt. Normalt ville jeg elske disse dage, hvor den friske luft gav mig energi, men denne dag overvejede jeg, om jeg bare skulle gøre en ende på det hele og springe ud i de mørke bølger.

Jeg var 'lille Ole'. Fysisk set var jeg mindre end mine jævnaldrende, og jeg følte mig også meget lille indeni, så utrolig ensom og isoleret, og det gjorde mig mange gange dybt ulykkelig og frustreret.

Jeg havde næsten lige fundet ud af, at jeg var tiltrukket af mit eget køn. Pludselig gik det op for mig, at det var drengene, jeg kiggede efter og fandt attraktive. Det største problem ved det var, at jeg ikke havde nogen at tale med om det. Jeg vidste knap nok, hvad det betød, og kæmpede på det tidspunkt en hård kamp med min seksualitet.

I det hele taget havde jeg mange indre brydninger, for jeg var i gang med at finde ud af, hvem jeg var, og hvad vil jeg ville lave, når jeg blev voksen. Jeg vidste i hvert fald, at jeg ville til København, for København repræsenterede noget større og noget mere sofistikeret. Jeg havde ikke endnu været sammen med en fyr eller så meget som bare omfavnet en fyr. Men jeg vidste, at jeg ude i min fremtid nok skulle finde et miljø, hvor jeg kunne udfolde mig. Og jeg vidste, at det sted hed København.

København lå dog mange år ude i fremtiden, og i min virkelighed som

14-årig i Nibe var ensomheden det overvældende problem. I frikvarterne stod jeg alene og var så flov, hvis min lillebror Per skulle se mig stå der helt ensom, mens de andre var aktive sammen.

I den alder har man brug for anerkendelse fra sine jævnaldrende og bliver fortvivlet, hvis man ikke får det. I de øjeblikke kunne jeg godt trække mig selv helt til bunds. Mange dage var jeg så ked af det, at jeg kun lige var i stand til at fungere. Set i bakspejlet havde jeg måske lidt for travlt med at have ondt af mig selv og dyrke depressionen, men dengang føltes det hele bare sort.

Selvfølgelig vidste jeg, at der fandtes andre mænd som mig. Man hørte blandt andet rygter om homoseksuelle mænd inden for teaterverdenen. Der blev også sladret om, at den kendte danske modeskaber Holger Blom, hvis søster boede lige uden for Nibe, var bøsse. Jeg vidste, hvem han var, for jeg læste om den anerkendte Holger Bloms fine kjoler i ugeblade som SE og HØR og ALT for damerne, der holdt mig orienteret om, hvad der foregik i den store verden uden for Nibe.

De voksne snakkede om homoseksualitet som noget mærkeligt, uden at de på nogen måde sagde noget forfærdeligt om det. Men alligevel var det ikke let at føle sig så anderledes i puberteten. Blandt andet var der en episode ude ved Skal Pavillonen – en festpavillon i skoven uden for Nibe – hvor jeg blev antastet af nogle drenge, der kaldte mig 'bøsse' og pressede mig op mod væggen. Jeg blev så rystet og chokeret, at jeg græd, mens jeg løb hjem gennem mørket i Nibe Skov. Jeg følte mig dybt krænket – og værdiløs.

Den periode i Nibe var hård for mig. Det er svært, når man føler sig anderledes. Men jeg talte ikke med mor og far om det, for jeg ville ikke være en byrde for dem, og derfor følte jeg mig mere og mere isoleret.

I dag har jeg lært, at det vigtigste er at have en dialog. Dengang snakkede vi om mange andre ting, men ikke om følelser. Man krammede ikke og fortalte ikke, at man elskede hinanden. Det ville have hjulpet mig meget at kunne tale om mine udfordringer, men mine forældre var opdraget på denne måde. Dengang var det mere benhårdt.

*I konfirmations-
alderen var jeg både rod-
løs og modløs og meget
ensom, for jeg turde ikke
betro mig til mine foræl-
dre eller andre om min
skræmmende opdagelse:
at jeg var tiltrukket af
mænd. Men selvfølgelig
var der stunder, hvor jeg
glemte min isolation, f.eks.
når jeg spillede guitar.*

Min stil om "Søfarten gennem
tiderne" blev et vendepunkt for
mig. Med den vandt jeg DFDS's
landsdækkende stilekonkurrence:
en rejse for hele familien. Og jeg
havde ikke blot researchet som en
gal, men også lagt mig virkelig i
selen for at få stilen til at præsen-
tere sig så flot som muligt. Den
sejr gav mig al den tro på mig selv,
som jeg havde så hårdt brug for.

Stilen, der ændrede alt

Men åbenbart havde jeg allerede som 14-årig en stærk drivkraft i mig. Jeg kastede mig ikke i havet. For i bund og grund elskede jeg livet, og dybt inden i mig var jeg overbevist om, at jeg nok skulle komme videre og opnå succes og livsglæde.

Min modgang gjorde mig stærkere i det lange løb, og sideløbende oplevede jeg andre succeser, og de gav mig ballast. I min egen lille verden fungerede jeg nemlig fint. Jeg havde masser af projekter, som jeg gik og holdt hemmelige, for jeg kunne ikke fortælle mine skolekammerater om, at jeg interesserede mig for mode og teater og lavede collager og scrapbøger om det, for så ville de tænke: 'Hvad er der i vejen med ham?'

Jeg gik også rundt og drømte om at komme ud i den store verden. Da jeg hørte, at DFDS havde udskrevet en stilekonkurrence i forbindelse med deres 100 års-jubilæum, hvor man kunne vinde en rejse og komme på opdagelse uden for Nordjylland, var jeg på med det samme. Det var først og fremmest eventyrlysten, der motiverede mig.

Titlen på stilekonkurrencen var "Søfarten gennem tiderne." Jeg vidste ikke en pind om det, så jeg var godt klar over, at jeg skulle arbejde meget hårdt og fokuseret på at sætte mig ind i emnet. Men det gjorde jeg med glæde, for jeg var overbevist om, at jeg ville vinde. Det er måske ret frækt at sige, men det var jeg altså. Jeg regnede med, at de fleste ville skrive en forholdsvis kort stil, men hvis min nu var mere fyldig og kom ind på søfartshistoriens store personligheder, ville den få langt større appel, vurderede jeg.

Siden jeg var barn, har jeg haft sans for at arbejde organiseret og disciplineret, så først tilbragte jeg meget tid på Nibe Bibliotek med at indsamle viden, og derefter koncentrerede jeg mig om at skrive selve opgaven.

Min strategi virkede. Så da vores skoleinspektør, Hr. Dam stod og læste op foran hele skolen, at Ole Henriksen havde vundet den landsdækkende stilekonkurrence, var jeg helt oppe i skyerne. Jeg havde vist alle dem, der havde travlt med at mobbe mig, presse mig op mod væggen og håne mig, at de tog fejl. Lige nu stod jeg i rampelyset.

Jeg jublede, mens jeg cyklede om kap med mig selv hjem til det varme middagsmåltid klokken 12. Jeg dansede til Jørgen Mylius' hitsange i radioen, endnu mere livligt end normalt, og cyklede hurtigere, når Aalborg Stiftstidende skulle bringes ud. Alt gik i det hele taget lettere. Det var helt vildt, så længe jeg var høj efter den sejr. Intet kunne standse mig.

Stadig var jeg i tvivl om, hvad jeg ville rent karrieremæssigt, men jeg vidste bare, at alt er muligt. Sejren i stilekonkurrencen havde givet mig min første personlige succes, masser af ros og troen på, at jeg kunne klare det hele og gøre andre af mine drømme til virkelighed også.

Mange gange tænker folk, at de ikke kan eller ikke gider. Men jeg både kunne og gad, og jeg drømte om eventyr og ville ikke bare leve et normalt liv, som man forventede. Nu skulle jeg bare sørge for at gøre eventyret til en realitet og komme ud i en større og mere spændende verden.

Det stod også allerede dengang klart for mig, at den største oplevelse ved at have succes er, at man kan dele den med andre. Vinderprisen for stilekonkurrencen var en tur til Bornholm, og der var ikke noget bedre end at dele denne oplevelse med mor, far og mine brødre.

Udfordringer er en del af processen

Det skal føles godt. Men det har det ikke altid gjort. Som de fleste mennesker, der har succes på alle fronter i deres liv, har jeg oplevet svære perioder i mit liv, også ud over min krise som 14-årig. Jeg tror, at mange af dem, der opnår en særlig høj grad af succes, ofte har måttet overvinde ekstra svære perioder.

Livet er som en *rollercoaster*. Det består af op- og nedture, og indimellem står man over for store problemer, som man bliver nødt til at løse. Men jeg er aldrig bange for det. For mig er det spændende at skulle finde løsninger på problemer. Udfordringerne er en del af processen til at opnå succes, og så gælder det om at nyde det, så godt man kan. Jo mere man nyder selve processen, jo mere entusiastisk og energisk vil man være, og jo større er sandsynligheden for at opnå stor succes.

Det, der adskiller mennesker med succes fra mennesker uden succes, er, at vi har en meget stor drivkraft. Man har *lysten* til at få succes og så stærk en drivkraft, at man slet ikke kan lade være med at arbejde sig frem mod succes. Man må simpelthen gøre det, fordi det er ens lidenskab, og fordi man nyder at gøre det. Man er desuden mere villig til at lægge mere arbejde i at nå sine mål, hvis man nyder processen og gør det på en måde, der intuitivt føles rigtig.

Det er fantastisk, hver gang man oplever en større succes. Men det er de små ting, jeg har lært at glæde mig over gennem årene.

Succesen skal anerkendes, uanset om det drejer sig om små eller store ting. De små sejre kan ofte være vigtigst, fordi de drejer sig om personlige forhold: om kærlighedsforhold – om forholdet til ens partner, børn og familie. Det er grundlæggende for succes, at man har dette fundament, for så kan man også fungere bedre professionelt. Jeg tror, at det gælder for mange, at de får svært ved at fungere i resten af deres liv, hvis der er personlige brydninger på hjemmefronten.

Folk forbinder ofte succes med berømmelse og masser af penge, men det er den forkerte holdning. Hvis man kun stræber efter det, bliver livet overfladisk og kommer let til at føles tomt. I mit behandlingsrum har jeg mødt mange store stjerner og topforretningsmænd fra de store filmstudier, som havde succes udadtil, men i mine øjne virkede ensomme. Man bliver nemlig ensom i det lange løb, hvis man kun fokuserer på penge og status, og ensomhed er noget af det værste.

I denne bog vil jeg introducere dig for, hvor dejligt det er at have succes, uanset hvilket område i livet det gælder. Det skaber en stærk følelse af velvære. Det giver dig altid noget at se frem til. Når man har et godt forhold til succes og dyrker succesen i sit liv hver dag, er man virkelig på toppen af det hele og har en enorm livsglæde og udstråling. Man går højere og rankere ned ad gaden og har meget lettere til smil. Man nyder sine medmennesker. Når man som person er åben og tilgængelig, etablerer man gode relationer, som er værdifulde for alle parter.

Succesen venter lige rundt om hjørnet. Men vejen mod succes skal føles god, og det kommer den kun til, hvis du virkelig brænder for dine mål og har dine livsværdier på plads. Hvordan du mere præcist griber det an, kan du glæde dig til at lære i denne bog.

KAPITEL 1

TAG EN BESLUTNING

Den vigtigste beslutning, jeg har taget, var at leve et autentisk liv. Herefter kom næsten alle andre beslutninger af sig selv. Jeg har lært, hvordan jeg selv kan hjælpe de rette beslutninger på vej, og det kan du også.

H ver gang min lærerinde fru Birkkjær åbnede døren, isnede jeg af ubehag. Jeg sad på forreste række ud mod gangen og kunne derfor høre hendes bestemte skridt, når hun nærmede sig klassen for at gøre sin entre. Jeg havde hende til regning, og det var ikke her, min spidskompetence lå. Jeg gjorde mit allerbedste, og hvad kunne jeg ellers gøre? Men det var ikke nok for fru Birkkjær, og i mine øjne – og nok endnu mere i min mors – gjorde hun, hvad hun kunne, for at kue mig. Især da hun besluttede, at jeg ikke skulle på realskolen.

Heldigvis lykkedes det hende ikke at få mig ned med nakken, for jeg var en stærk lille fyr. Sikkert fordi jeg var vant til lidt af hvert og lidt hårdhudet af at blive hånet og mobbet i skolegården. Og det var på mange måder fru Birkkjær, der hjalp mig med at træffe mit livs første store beslutning.

Jeg husker hende som en hård kvinde med et kropssprog og en energi, der dengang fik mig til at tænke, at hun slet ikke var lykkelig, og at det måtte være forfærdeligt at være inde i hendes hoved. Hun var ikke synderligt feminin, kort og buttet af statur med et tykt, mørkt hår, og så talte hun med et meget strengt tonefald, som gjorde hende endnu mere frygtindgydende.

Hun var ikke særlig vellidt blandt eleverne, og hvis du hørte min mor omtale hendes beslutning om, at jeg ikke skulle på realskolen, ville du nok få både røde ører og røde kinder pga. de barske ord, der blev brugt i den sammenhæng. Jeg fornemmede, at hun nød at være en sej madamme, og at det var ganske tilfredsstillende for hende at kunne bestemme, at lille Ole Henriksen ikke var egnet til at komme på realskolen.

Men det fik hun heldigvis ikke lov til at forhindre. Jeg tog beslutningen efter eksamen i 8. klasse. Jeg var lige fyldt 15 og havde fået mine karakterbøger med enormt høje karakterer. Især var jeg dygtig til dansk og tysk stil og historie, og jeg elskede disse fag. Jeg havde stivet min selvtillid godt af gennem min succes i DFDS' stilekonkurrence, men karaktererne satte prikken over i'et, og jeg havde fået så meget gåpåmod, at jeg fuldkommen stolede på mig selv. Det var her, min indre stemme trådte karakter og sagde: 'Ole: Du skal på realskolen! Du er dygtig. Du kan det hele.'

Jeg havde et meget stort behov for at vise mig selv, at jeg kunne alt det, som jeg ifølge fru Birkkjær ikke kunne. Det var ikke sådan, at jeg havde ondt af mig selv og påtog mig en offerrolle i 8. og 9. klasse, fordi man fra skolens side havde lagt op til, at jeg skulle i lære i stedet for at gå den akademiske vej. De havde ligesom bare besluttet, at det var det eneste, jeg havde kapacitet til. Min mor syntes i øvrigt også, at det ville være ganske fint, hvis den ældste af hendes tre sønner blev elev i den lokale bank. Men jeg ville bevise for mig selv, at jeg godt kunne. Desuden ville jeg også, som man udtrykker det lidt groft, sige: '*F... you*, fru Birkkjær, jeg *kan*, hvis jeg vil.'

Så i dag vil jeg faktisk sige tak til fru Birkkjær, fordi hun hjalp mig med at tage denne beslutning. For når man ser tilbage på sådanne situationer i sit liv og analyserer dem, har også de mennesker, der modarbejdede én, været med til at hjælpe én med at træde i karakter og blive et stærkere menneske.

Derfor kan man kun sige: "Tak, fordi du gjorde mig stærkere. Tak, fordi du gav mig mod på at overvinde udfordringen og bevise for mig selv, at jeg godt kunne det, du sagde, at jeg ikke kunne."

Man ser det med så mange mennesker, der oplever stor modgang, at de netop i disse situationer tager store beslutninger om at ændre på deres liv. Det er med til at skabe ens karakter. Man skal bare huske på aldrig at efterligne menneskers dårlige opførsel og gøre, som de gør, for man når længst ved ikke at være et røvhul.

Så selvom jeg i dag husker fru Birkkjær som en kvinde, der modarbejdede mig, har jeg vendt hendes opførsel til noget positivt: Hun hjalp mig med at træffe en vigtig beslutning.

En ny verden åbner sig

Da jeg havde taget min beslutning, begyndte jeg at lave research. Jeg fandt ud af, at man kunne tage realeksamen på en privatskole i Aalborg på to år i stedet for tre. Så jeg tog rutebilen fra Nibe Torv til Aalborg for at komme til møde og blive interviewet af skoleinspektøren, Poul Æ. Jeppesen. Vi havde en god snak om de fag, jeg syntes bedst om, og om mine karriereplaner, som dengang var lidt diffuse og spredte sig over områder som drama, journalistik, frisørfaget (helst i Paris) og boligindretning (også helst i Paris).

Jeg husker inspektøren som en lille, kort fyr med en kæmpestor udstråling og masser af energi, og han bød mig velkommen med åbne arme. Her på realskolen eksisterede de skrappe normer, jeg havde været vant til, ikke, og det nye miljø på realskolen føltes meget frisindet.

Det var en meget vigtig beslutning at gå på realskolen. Også når jeg ser tilbage på den nu i en alder af 67. Ikke alene var det skønt at være sammen med mennesker fra forskellige aldersgrupper; kvinder og mænd, som alle havde taget beslutninger om, at de ville gøre noget for at forbedre deres liv, præcis ligesom jeg selv havde det. Men det var også befriende at møde så mange forskellige typer. En del var gift. Mange havde allerede et arbejde, men drømte om at gå på universitetet og blive læger eller advokater. Og de viste mig, at det aldrig er for sent at tage en beslutning om at vende op og ned på sit liv.

Og så var der ham den flotte fyr, Peter Holmquist fra Hasseris, det fine kvarter uden for Aalborg, hvor alle de rige bor. Ham var jeg helt vildt forelsket i. Han var ikke homoseksuel og helt klart pigernes ven, men han var så sød over for mig. Her var en et hundrede procent heteroseksuel fyr, som havde rejst meget ude i den store verden og elskede mode og musik. Han var så sofistikeret, og jeg var så begejstret for ham.

Jeg befandt mig nu i en verden, som ikke var så indelukket, som den jeg kom fra, og jeg elskede at være sammen med de voksne mennesker, der havde så mange historier og stor livserfaring, som jeg kunne lære af.

Igennem undervisningen lærte de os at tænke individuelt og præsentere oplæg foran vores medstuderende, og her gik det for første gang

op for mig, hvor spændende det er at stå foran et publikum og blive
udfordret med et emne og kommunikere det levende og spændende. Jeg
havde også opdaget som en del af processen, at jeg var ret kreativ og
havde modet til at udtrykke min kreativitet og til at snakke, præsentere
og sige min mening på godt og ondt.

Det var noget jeg havde lært i en ung alder, for Erik Nielsen, min
gamle lærer fra Nibe Skole, som vi elever kaldte 'Tangloppen', gjorde
forskel på eleverne alt efter, hvilken familie vi kom fra. Jeg kunne ikke
holde uretfærdighed ud, og han blev rasende på mig, når jeg sagde: "Hr.
Nielsen, De gør forskel!" Men nu – i realskolen – var det ligegyldigt, at
jeg ikke kom fra den fine familie, og her fik jeg anerkendelse fra lærerne
og fra mine medstuderende og stod ikke længere alene i frikvartererne.
Her var jeg omgivet af folk, der var interesserede i teater og kunst lige-
som jeg. Og nu vidste jeg, at København lå lige om hjørnet.

Jeg betalte selv for min skolegang på realskolen, hvor jeg gik, fra jeg
var 16 til 18 år. For at få råd havde jeg to forskellige jobs. Jeg tror, at
jeg tjente omkring 300 kroner om måneden, men jeg er ikke sikker på,
at jeg husker helt rigtigt. På skolen var jeg den, der ringede ud mellem
timerne, så ét minut inden hvert frikvarter skulle jeg lige op og ringe
med klokken. Om morgenen var jeg avisbud for Aalborg Amtstidende,
og klokken halv syv hentede jeg aviserne på Nibe Togstation. Lektier
lavede jeg om formiddagen, og så tog jeg i skole bagefter. Skolen star-
tede klokken 14 og sluttede klokken 20, og så kom jeg hjem til Nibe
med bussen ved 20.30-tiden. Til eksamen brillierede jeg blandt andet
med et 13-tal i både dansk og i mundlig tysk. I klassen fejrede vi vores
eksamen med en kæmpefest, hvor jeg drak alt for meget og fik gevaldige
tømmermænd. Men de betød ingenting sammenlignet med det gå-på-
mod, min realeksamen havde givet mig.

Hvis jeg havde stolet på fru Birkkjærs dømmekraft, på Janteloven, på
den nordjyske mentalitet, der handler om at være jordbunden og kende
sin plads, og accepteret at blive sat i klassesamfundets bås, var jeg
aldrig kommet nogen vegne i livet. Men min reaktion på den tankegang
har altid været: 'Hold nu op, for pokker.' Jeg forklarede også gang på
gang min mor og far, at de ikke skulle føle sig som mindreværdige, for

det gjorde de altid. Min far var fabriksarbejder, og min mor gjorde rent i Nibe Bank, og de gik rundt og følte, at de bare var almindelige mennesker, der ikke skulle tro, at de var noget.

Jeg tænkte altid: 'Hvad *fanden* er der i vejen med jer?' Det gjorde jeg virkelig. At gå og føle sig mindre værd end andre er spild af tid og energi, og det er så synd, at folk lider under den slags mindreværd. For det skal man altså ikke.

Ja, jeg er homoseksuel

Den nok allervigtigste beslutning, jeg traf som ung, var, at jeg vil leve et autentisk liv. Det var måske ikke sådan, at jeg satte mig ned og sagde til mig selv: 'Ole, du skal leve et autentisk liv', men når jeg ser tilbage på min ungdom, var det i virkeligheden det, jeg gjorde, da jeg besluttede mig for at fortælle mine forældre og min omverden, at jeg var homoseksuel.

For mig var det det første skridt på vejen mod et autentisk liv. Da jeg skrev til mine forældre fra København og forklarede dem, at jeg var bøsse, nævnte jeg andre homoseksuelle mænd, som de kendte og beundrede, f.eks. skuespillerne Ebbe Langberg og Erik Mørk og den socialdemokratiske politiker Niels Matthiassen. Det havde jeg nu ikke behøvet, for de skrev tilbage, at de altid havde vidst, at jeg var bøsse, og at det ikke gjorde nogen forskel for dem. De støttede mig hundrede procent, og der var ingen tvivl om, at de elskede mig lige meget af den grund, og at jeg havde deres opbakning til at leve det liv, som jeg ønskede at leve.

Oles gode råd

Lev autentisk, kend dig selv og dine værdier, og træf beslutninger ud fra det.

I 8. klasse på Nibe Skole var jeg klart den mindste af drengene. Beslutningen om, at jeg vil tage realeksamen trods fru Birkkjærs forsøg på at bremse mig, er ved at tage form.

Som 20-årig var jeg seriøs balletelev i New York. Jeg blev dog aldrig udlært som balletdanser, for snart rejste jeg til Jakarta, hvor jeg blandt andet var med i nogle danseshows, mens jeg overvejede min fremtid.

Oles gode råd

*Når du har taget din beslutning,
er det en god ide at lave en liste
over store og små delmål, der vil
føre dig frem til det store mål,
du ønsker at opnå.*

Jeg har altid beundret mor og far for, at de aldrig var fordomsfulde på trods af det traditionsbundne miljø, de kom fra, og med deres afslappede holdning til min seksualitet gjorde de det meget lettere for mig. Jeg fik med det samme den accept og anerkendelse fra dem, som jeg havde brug for til at føle mig som et helt menneske.

Da jeg kom til København, landede jeg, hvor jeg virkelig hørte hjemme, og det var meget befriende. Jeg opdagede snart bøssemiljøet – blandt andet da jeg gik på Pink Club i København – og husker tydeligt, at jeg tænkte: 'Gud, hvor er der mange af os'. Der var også mange lesbiske kvinder og heteroseksuelle kvinder, der elskede bøsser.

I København havde jeg den første seksuelle oplevelse med en mand, og en helt ny verden åbnede sig for mig. Han hed Rico og var en forholdsvis ung fyr, der både havde været gift og fået børn, inden han sprang ud som bøsse. Jeg var meget heldig, for Rico var blid og introducerede mig for sex på en meget forstående og omsorgsfuld måde.

Det var også Rico, der påpegede, at det job, jeg havde taget på Sygekassen som et springbræt til at blive psykolog, var alt for farveløst og kedeligt for mig. Han fik mig til at tale med en erhvervsvejleder, for jeg var på det tidspunkt ret forvirret for at sige det mildt.

Erhvervsvejlederen sagde ikke, at jeg skulle træffe det ene eller det andet karrierevalg. Han tog derimod udgangspunkt i sin fornemmelse af, at jeg var tiltrukket af mit eget køn. Det var ikke, fordi jeg følte mig ulykkelig eller usikker, men han sagde nogle ord, som blev meget vigtige for mig og mine livsværdier: "Du skal aldrig skamme dig over, hvem du er, og dine seksuelle præferencer. Du skal være stolt af den person, du er, og det er meget vigtigt, at du lever et oprigtigt liv og altid er oprigtig over for dig selv. For så når du længere i livet."

Jeg kan huske, at jeg græd under samtalen.

Stemplet som pervers

Erhvervsvejlederens ord var en af grundene til, at jeg fortalte sandheden til de amerikanske immigrationsmyndigheder, da jeg mange år senere skulle søge om *greencard* og endte med en lang og psykisk slidsom proces for at få min arbejdstilladelse.

Det var i 1977, at jeg var til møde på N. Los Angeles Street i Downtown Los Angeles for at tale med en '*Immigration Officer*'. Inden mødet var jeg både spændt og nervøs. Jeg havde iført mig en smart stram, sandfarvet T-shirt med gyldne striber hen over brystkassen og et par smarte hvide bukser, der fremhævede min slanke talje og havde vidde forneden, som det var på mode i 1970'erne. Mit lange hår var blevet meget blond af solen, og jeg var solbrun og følte mig vældig godt tilpas.

Foran mig sad en ung og ganske pæn mand i 30'erne, der skulle interviewe mig. Jeg bemærkede hurtigt, at han var en diametral modsætning til mig selv. En typisk skrankepave, der sad med en rank og stolt ryg i sit mørke jakkesæt og udtrykte sig med en følelseskold stemme.

Efter nogle formaliteter spurgte han meget hurtigt ind til min seksualitet. Så snart han stillede spørgsmålet, rungede det i hovedet på mig, som om der blev spurgt igennem en højttaler, for det var så uventet og så chokerende.

Jeg vidste godt, at jeg kunne have løjet, for hvis de spørger om sådan noget, er der noget på spil. Det var jeg kvik nok til at vide. Men jeg ville ikke tillade mig selv at lyve. For det er så vigtigt for mig at sige sandheden. Det handler ikke kun om at være stå ved, hvem man er, over for sig selv, men også over for sine medmennesker. Hvis man lyver om det, forurener man sig selv, og det kan man desværre let blive vant til. Det er forfærdeligt.

Så da spørgsmålet blev stillet, sagde jeg ganske let: "Jeg er homoseksuel'." Manden på den anden side af skranken så nu næsten helt begejstret ud, som om han lige havde afsløret noget meget vigtigt, og hans tonefald ændrede sig, så han pludselig lød meget ivrig: "*Young man*," sagde han. "Du kan gå hjem og pakke din kuffert, for du bliver smidt ud af landet, og jeg skal fortælle dig hvorfor."

Og så læste han op fra lovbogen om alt det, der var i vejen med mig: Jeg var en '*sexual pervert*', '*a danger to society*' og alle mulige andre ubehagelige ting.

I hans hoved var jeg alt det, han remsede op, men det ændrede ikke en pind ved, hvordan jeg så mig selv. Jeg følte mig godt tilpas med mig selv og stolt over mig selv, og jeg har aldrig følt at jeg skulle være andet end mig selv – den bedste udgave af mig selv.

Så jeg pakkede ikke min kuffert og tog naturligvis ikke hjem, og syv år senere – i 1984 – kunne jeg fejre, at jeg havde fået mit *greencard*, og endnu nogle år senere kunne jeg endda blive lovformeligt gift med den mand, jeg elsker, Laurence.

Oles gode råd

Når du har taget din beslutning, skal du stole på dig selv og ikke give op. Forpligt dig til din beslutning, og giv dig selv hundrede procent.

I love it. Jeg elsker det. I love it.
Men mest af alt så elsker jeg dig.
Når jeg ser på dig, så smelter jeg,
hver fiber i min krop blir high.
Jeg elsker, at jeg elsker dig.

Fra titelsangen i musicalen "I love it".
Musik og tekst: Claus Reenberg,
Mathias Madsen Munch og Rasmus
Lundgreen.

Mødet med en verdensmand og afsted til New York

Endnu en vigtig beslutning i min ungdom var at rejse til USA. Jeg havde mødt verdensmanden Harvey på Pink Club i København, og efter en kort romance med ham i Paris besluttede jeg mig for at rejse til USA for at bo sammen med ham. Jeg var bidt af Harvey, som var 12 år ældre end mig og i mine øjne lidt af en guru.

Da jeg mødte ham første gang, var han iklædt en skinnende sølvgrå habit med en halvt opknappet lyseblå skjorte, der fremhævede hans mørklødede hud og eksotiske brune øjne. Hans mørke hår var krøllet i små bølger, og han var smilende og charmerende, da han bevægede sig over mod mig og med en amerikansk *east coast*-accent henvendte sig til mig med ordene: "*I saw you from across the room*, og du ser bare så godt ud. Jeg er ved at indspille en film med Frank Sinatra og Mia Farrow, og du ville passe perfekt ind i en af filmens scener."

Harvey var en verdensmand. Businessmand med en direkte forbindelse til Hollywood. Jeg så fra første færd meget op til ham. Han havde en magi over sig – på godt og ondt – og så var han god til at fortælle mig, at USA var mulighedernes land.

For Harvey var fuld af ideer. På det tidspunkt var han producent, men senere fandt jeg ud af, at han ikke helt var den, han udgav sig for at være, og i virkeligheden noget af en svindler og en psykopat, der endte med at dræbe et andet menneske for derefter at gøre en ende på sit eget liv.

Men på det tidpunkt var jeg betaget af ham, og efter at have tænkt tingene grundigt igennem og talt med min mor og far om det besluttede jeg at begive mig ud på eventyr. Som en praktisk nordjyde tænkte jeg også, at jeg jo bare kunne vende snuden om og vende tilbage til Danmark, hvis det blev nødvendigt.

Jeg havde altid fra barnsben drømt om at komme ud at rejse, men da jeg tog beslutningen, var jeg ikke sikker på, hvor jeg skulle ende henne. Min oldemor og flere af hendes søskende var immigreret til USA. Det var jeg meget fascineret af.

Min farmor, Laura Henriksen, der også boede i Nibe, fik ret tit besøg

Mine forældre var klar over, at jeg var bøsse, længe før jeg selv vidste det, og tog pænt imod verdensmanden Harvey. Her har jeg foreviget dem i Ebeltoft sammen med min lillebror Hans Henrik.

Harvey var 12 år ældre end jeg, og på mange måder var vi et umage par. Men jeg var meget betaget af ham og den store verden, han introducerede mig for.

af et ægtepar, Ole Nielsen og hans kone. Ole var som helt ung blevet sendt til Chicago som missionær og havde derovre lært min oldemor at kende.

En dag kom Ole Nielsen med tre bøger til mig, blandt andet en med titlen "Under Pilgrimsvandringen" udgivet i 1888, fordi han følte sig sikker på, at jeg en dag vil komme til at bo i USA. Jeg var bare 11 år gammel, men jeg gemte disse bøger. Mange år senere, da jeg var hovedtaler ved Rebildfesten den 4. juli 2004 i Rebild Bakker, havde jeg bøgerne med og talte om, hvad de havde betydet for mig.

Da jeg 20 år gammel sad der i flyet fra Kastrup mod New York, anede jeg ikke, at jeg skulle ende med at blive i USA. Mange flyttede til USA for så at flytte hjem igen. Blandt andet den dansk skuespiller Hanne Borchsenius, der kom på Broadway, men vendte snuden hjem halvandet år senere. Og så var der Victor Borge, der kæmpede for at slå igennem på Broadway. Han blev som bekendt en kæmpesucces og endte sine dage i USA.

Jeg tænkte bare: '*Pow wow*: Jeg skal ud på eventyr.' Til at begynde med ville jeg fokusere på min drøm om at blive professionel balletdanser på Carnegie Hall, New Yorks legendariske koncerthus, uden at jeg nogensinde havde sat mine ben der. Her hørte det berømte balletkompagni Joffrey Ballet hjemme på det tidspunkt, og de var blandt andet kendt for deres moderne dans.

Jeg var spændt over at skulle derhen og ud og købe udstyr og tøj, og hvad man nu har brug for som danser. Harvey havde opmuntret mig til at præsentere mig selv, og det gjorde jeg så. De var meget begejstrede for mig, og jeg havde stort talent for at danse. Man skulle have stærke ben, der kunne springe højt. Og det havde jeg.

Jeg gik ivrigt i gang med udfordringen at lære at danse, og det var vildt spændende. Instruktørerne var meget krævende og kom gang på gang for at rette på ens krop og udtrykke deres specifikke forventninger til ens kropsholdning. De sagde, at jeg havde en stor fremtid foran mig, og at det ikke var for sent for mig at blive professionel danser. Så jeg begyndte at drømme om at blive den næste Erik Bruhn eller Rudolf Nureyev – som var datidens største mandlige balletstjerner.

Jeg følte mig meget vigtig, når jeg gik den lange distance fra vores hjem i Greenwich Village og op til Uptown Manhattan. Og jeg følte mig enormt fysisk stærk. Jeg havde været til så mange forestillinger, jeg kunne, i Det Kongelige Teater i København, men nu befandt jeg mig på den anden side af det store Atlantiske Ocean og havde opdaget, at jeg kunne noget helt specielt med min krop. Det var i den grad motiverende.

I USA var mentaliteten bare, at '*the sky is the limit*'. Der var ikke noget med 'højt at flyve, dybt at falde.' Alle havde store drømme, og det var tilladt at have dem. I USA slap jeg helt fri af janteloven – og dermed forsvandt en forhindring for det autentiske liv, jeg havde besluttet mig for at have.

Oles gode råd

Tag en beslutning om at have en positiv attitude. Du kan påvirke din hjerne til at tænke positivt og gøre det positive mindset til din naturlige reaktion.

Træn din hjerne i at tænke positivt

Mennesker, der drømmer, bliver ofte opfattet, som om de lever på en anden planet. Men drømme er vigtige at have, og drømme kan blive til virkelighed. Drømme er magiske og får os til at stræbe efter nye og spændende mål.

Allerede som barn drømmer man om, hvad man gerne vil være som voksen, og hvad man vil med sit liv. Børn har så meget fantasi, og det har nogle forældre en tendens til at nedgøre: "Nok med dig og dine drømme og fantasier."

Men man skal ikke bare ignorere drømme. De er vigtige at have og med til at gøre os unikke som mennesker. Og hvorfor skulle man ikke gøre sine drømme til virkelighed? Tag en beslutning om, at også du vil leve dit drømmeliv.

Første skridt er at beslutte, at du vil have en positiv attitude. Du kommer længst ved at tænke positivt og have en positiv indstilling til livet i det hele taget. Hvis du træffer en beslutning om at være positiv, kan det ændre dit liv.

Oles gode råd

Baser aldrig dine beslutninger
på frygt. Sørg i stedet for
at imødekomme din frygt og
tæmme den. Frygten skal
ikke holde dig tilbage.

Og *alle* kan ændre deres attitude fra negativ til positiv. Det lærte jeg, da jeg sammen med tv- og filmmageren Ole Juncker, som stod bag TV2 programmet *Jeg vil være Ole Henriksen*, blev introduceret for neuropsykologen John B. Ardens forskning. I sin bog "Rewire Your Brain" forklarede Arden, at hjernen ikke er forudbestemt til at fungere på en bestemt måde, og at man kan 'tvinge' den til at tænke positivt. Indenfor hjerneforskningen kalder man det for neuroplasticitet – at man kan ændre hjernen og dens måde at fungere på ved at lære den nye færdigheder.

Det er ofte frygten, der holder os tilbage fra at opnå de ting, vi drømmer om, og John B. Arden forklarer, hvordan man kan lære at styre sin frygt gennem sin tankegang. Man skal først og fremmest ikke undgå sin frygt, men gå direkte imod den og søge at styre den.

Gennem meditation og ved hele tiden at tale positivt til sig selv kan man ændre sin hjerne, så den efterhånden helt reflektorisk tænker positivt og handler efter et positivt mindset.

Sig aldrig til dig selv: 'Det er for svært,' eller 'Det kan jeg ikke'. I stedet kan du sige: 'Jeg er helt klar til den store udfordring,' eller 'Selvfølgelig kan jeg det.'

Når man skaber de positive fortællinger i sin hjerne, ser man også bedre de muligheder, der findes foran én. En hel masse åbne døre i stedet for mange lukkede døre. At have en positiv attitude er altså et valg, man kan træffe. Og hvorfor ikke gøre det?

Hjælp beslutningerne på vej, når du er alene

Jeg har nemmest ved at træffe mine beslutninger, når jeg giver mig selv alenetid. Konstant overraskes jeg over, hvordan tankerne bare kommer til én, når man er alene. Når man først opdager: '*Wow*. Her kom svaret og løsningerne,' bliver man selvfølgelig bidt af det. For det er imponerende, som alting falder på plads næsten på magisk vis, når man lader tankerne komme af sig selv og lader sin magiske intuition gøre arbejdet.

Det er vigtigt at kunne føle sig godt tilpas, når man er alene med sig selv. Ensomhed og alenetid er to vidt forskellige ting. Jeg har prøvet at være ensom; at føle sig fuldstændigt isoleret, ikke at have venner og at tro, at ingen kan lide én.

Alenetiden er derimod positiv. Den har vi brug for, ligesom vi har brug for nattesøvn, motion og kærlighed. I alenetiden lader man batterierne. Det er også her, man har samtaler med sig selv og lærer at stole på sin intuition. Den er meget vigtig at lytte til.

Min erfaring er, at man tager de bedste beslutninger, når man har fred og ro og alenetid. Som en del af det kan man også bede om hjælp fra 'de højere magter', som jeg tror styrer universet.

Til sin alenetid skal man finde et sted, hvor man har det godt. Det kan være en dejlig lænestol eller en anden plet, hvor ens krop finder fred.

Jeg elsker at sidde udenfor ved springvandet i vores have i Los Angeles eller i træet i forhaven, hvor man har god udsigt til Sunset Boulevard, hvis man kravler op i det. Så sidder jeg bare og kigger. På himlen og på de smukke omgivelser. Jeg mærker den dejlige californiske sol på min hud, og så lukker jeg øjnene og svæver væk i mine tanker.

Når min alenetid fungerer bedst, er der intet, der distraherer mig. Det gælder om at finde hvile i sig selv, og man må ikke sidde og blive utålmodig efter at finde en beslutning. Man skal bare lade den komme til én. Presser man på, kan man blive helt krampagtig og tage en forkert beslutning. Det er bedre at slappe af og give sig tid. Pludselig: '*Oh gosh*' – kommer svaret til én.

Oles gode råd

Find alenetid til at meditere
og lytte til din intuition,
og lad beslutningerne komme
naturligt til dig.

Kunsten at være autentisk

Vi er alle unikke. Vi er alle vidt forskelligt skabt med hver vores talenter. Vi har alle vores eget helt unikke fingeraftryk. Det er vigtigt at huske på, hvor individuelle vi er som mennesker. Alle yder noget helt særligt til verden, så det gælder om at bruge sine helt særlige styrke på den rigtige måde. Rent professionelt skal man finde sine stærkeste sider at arbejde med og bruge dem på en måde, der harmonerer med, hvad man er for et menneske. Hvis man ikke er autentisk, synes jeg, at man snyder sig selv i livet, og man må aldrig snyde sig selv. Man skal være sig selv ét hundrede procent, og hvis man er det, er det lettere at træffe de rette beslutninger.

Men hvordan ved man, om man er sig selv? I første omgang er det vigtigt at kende svarene på disse spørgsmål: Hvem er jeg? Hvad kan jeg lide? Hvad er mine livsværdier? Hvordan vil jeg være som menneske?

Når man ved alt dette om sin identitet og hviler i sig selv og har stor respekt for sig selv, fungerer man bedre over for sine medmennesker. Dermed har man også et bedre fundament for at få succes i livet og træffe de rette valg.

Og det er ikke kun hjernen, du skal bruge, når du træffer en beslutning. Hjertet skal også altid være med, for så føles det godt.

Man skal også tage en beslutning om at være et godt menneske. At jeg blev mobbet, gjort nar ad og var dybt ulykkelig som barn, har givet mig stor empati, respekt og omsorg for mine medmennesker og medlidenhed med alle, der har et hårdt liv, fordi jeg ved, hvad det vil sige. I stedet for at gøre mig bitter har disse oplevelser forstærket mit ønske at være så godt et menneske som muligt.

Tro på dine beslutninger

For mig er det meget let at tage beslutninger om ting, der tiltaler eller motiverer mig. Ting, jeg er dygtig til. Ting, jeg gerne vil forbedre i mit liv, eller drømme, jeg vil gøre til virkelighed. Så skal man bare sige til sig selv: 'Wow, nu har jeg besluttet mig for, at jeg vil skrive en bog, gå på universitetet, blive en god fotograf' – eller hvad man nu end går og drømmer om.

Når man har taget sin beslutning, skal man virkelig stole på sig selv og sige sådan her: 'Jeg drømmer om det her. Jeg brænder for det. Jeg har lov til ind imellem at være i tvivl, men jeg har ikke lov til at give op.'

Det sidste er vigtigt. Du må ikke give dig selv lov til at give op, for så vil det altid køre rundt i hovedet på dig, at du ikke gav dig selv hundrede procent, og måske vil du senere fortryde, at du ikke gjorde det.

Der findes løsninger på alt. Man skal bare være lidt fleksibel og kunne skrue lidt på knapperne, for det er ikke sikkert, at alting hele tiden går efter ens hoved. Her er det meget vigtigt at tro på sig selv. Det er synd, hvis man går glip af noget, der kunne være blevet en stor succes, fordi man ikke tror nok på sig selv.

Selvfølgelig kan man lave brølere. Men det er okay, for det er også med til at gøre livet spændende og udfordrende. Så arbejder man sig igennem processen, og forhåbentlig bliver man mere erfaren og klogere af de forkerte beslutninger, man tidligere traf.

Nogle gange rammer man plet med de helt rigtige beslutninger, og andre gange gør man det ikke. Mange dårlige beslutninger tager man helt klart ved ikke at lytte til sin intuition og ved ikke at tro på sig selv.

Man skal være stærk, og man skal kunne holde til lidt af hvert. Men hvis man er glad for sig selv og allerede har prøvet at have succes, har man det i baghovedet, når man står i en mindre heldig situation, hvor tvivlen ellers godt kunne begynde at gnave. Så kan man kigge tilbage på sit liv og tænke på sine virkelig gode succeshistorier, hvor folk klappede, og man fik anerkendelse eller var stolt af sin præstation. Den slags oplevelser har vi alle. Sørg for altid at trække på dem på regnfulde dage, hvor alting føles lidt op ad bakke. De er et godt støttepunkt at holde sig til.

Oles gode råd

Træf realistiske beslutninger.
Sæt dig nogle mål, som ikke
fuldkommen overvælder dig.
Tag et trin ad gangen.

*Min alenetid er guld værd
for mig. Det er her, jeg lader
op og tager mine bedste
beslutninger. Jeg tænker
særlig godt ved springvandet
i vores have.*

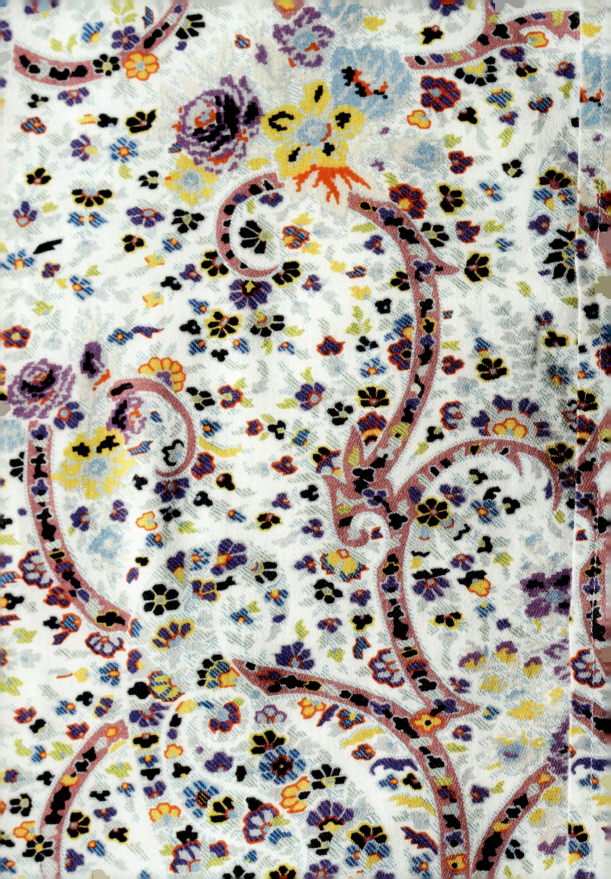

KAPITEL 2

VÆR GLAD FOR DIG SELV

Det er vigtigt at se sig selv i spejlet og vide, at man her står over for den person, der bedst af alle i hele verden kan gøre ens liv til en succes. Det har jeg altid vidst. Jeg har også altid været meget glad for det menneske, jeg ser i spejlet.

M or, det nægter jeg altså at spise!!! Som barn havde jeg et meget voldsomt temperament. Der skulle ikke meget til, før jeg blev virkelig hidsig. Jeg reagerede ved at skrige og være umulig, især ved middagsbordet, når mor serverede mad, jeg ikke kunne lide, hvilket gjaldt næsten alt. Jeg brød mig hverken om flæskesteg, medisterpølse eller stegt ål og nægtede at spise maden, og kom vi op at skændes, kunne det godt eskalere til et meget voldsomt skænderi, hvor der blev råbt og skreget hen over spisebordet.

Med en skinger stemme, som kunne få mig til at ryge helt op under loftet, kunne hun råbe: "Hvordan kan du sidde der og være så kræsen? Hvad med alle børnene i Afrika, der sulter? De får ikke noget at spise, og så sidder du bare dér og prikker til maden. Du er nødt til at få næring, så du kan vokse dig stor og stærk."

Hvis jeg efter sådan et voldsomt udbrud gentog, at jeg ikke kunne lide maden, satte hun sine negle i mit lår og skreg vredt ad mig: "Du skal ikke sidde der og sige mig imod." Indimellem tvangsfodrede hun mig, efter de andre var gået fra bordet. Jeg var virkelig kræsen som barn, og det er jeg også den dag i dag.

Mange sagde for sjov, at jeg havde arvet det voldsomme temperament fra min mor, som kunne blive så harmdirrende, at hun ikke kunne styre sig, hvis noget gik hende imod. Oftest var det min far, som fik hendes temperament i kog. Hvis far f.eks. kom hjem fra Brugsen med farin i stedet for det sukker, hun havde bestilt, var der ballade. Og hvis han havde glemt valnødderne, der skulle pynte den brune lagkage, som hun planlagde at bage til eftermiddagskaffen, var den også gal.

Mit temperament blussede op af andre grunde. Jeg tror, at det kom sig af, at min mor tævede mig. Hvis jeg gjorde noget, der i hendes øjne var forkert, skulle der ikke ret meget til før, at jeg fik en på skrinet. Når det skete, slog hun bare løs på mig i ansigtet og på kroppen, og jeg græd og skreg som en stukket gris.

Da jeg blev lidt ældre, omkring 13 år gammel, begyndte jeg at forsvare mig og slå igen, til hun endelig gav op og holdt op med at slå på sin ældste søn. Men det havde gjort mig vred og frustreret at blive fysisk – og derved også psykisk – krænket af min mor, når jeg ikke havde gjort noget synderligt forkert.

Min mor indrømmede senere, at jeg ikke havde været særligt uartig – måske lige bortset fra dengang jeg havde smadret naboens vindue ved at jonglere med bolde i haven. Mor blev så rasende, fordi jeg ikke var mere forsigtig, og fordi et nyt vindue ville koste mange penge. Jeg kunne selv betale, fordi jeg havde mit job som avisbud på det tidspunkt. Men jeg fik alligevel tæsk, fordi hun blev så forbandet rasende på mig.

Hun blev også stiktosset, når jeg klippede mit eget hår. Fordi pandehåret blev alt for kort og skævt ad h... til, skreg hun ad mig: "Hold da for pokker op med at lege med dit hår, Ole," og så måtte hun betale for en ekstra tur til frisøren.

Der er heller ikke nogen tvivl om, at det at blive kaldt en tøsedreng og gjort nar ad af en gruppe jævnaldrende drenge fra en meget ung alder gjorde mig ulykkelig og gav mig meget smerte og mange frustrationer. Når det skete, kunne jeg godt miste besindelsen offentligt og pludselig *make a scene*, som man siger i USA, når nogen ikke opfører sig, som de burde, i andres nærvær.

Jeg lærte også fra en meget ung alder, hvor udmattet og nedslået man bliver af at miste besindelsen og lade sit temperament tage styringen. Det føltes bestemt ikke godt.

Det samme mønster så jeg meget tydeligt hos min mor: hvor meget hendes vredesudbrud afkræftede hende, og hvor ulykkelig hun blev, når hendes temperament løb af med hende, og jeg begyndte at få ondt af hende. Jeg har derfor aldrig som voksen været bitter over, at hun slog mig dengang, og jeg har valgt fuldkommen at tilgive hende.

Mine forældre var et flot par, men deres personligheder var vidt forskellige. Min mor var temperamentsfuld, og min far var meget mere ligevægtig. Jeg har helt klart arvet min mors hidsighed og gav den fuld udblæsning som barn, men som 16-årig besluttede jeg, at jeg ville lære at styre mig og bevare roen, når jeg bliver vred eller irriteret. Det kan jeg sagtens i dag.

Tag styringen

Da jeg var omkring 16 år gammel, besluttede jeg mig for, at jeg ikke længere ville lade mit temperament tage overhånd. Jeg indså også pludselig, at hadet i de drenge, der gav mig øgenavne og kaldte mig for 'taber', var et udtryk for, hvordan de selv havde det som mennesker. De var styret af deres egne frustrationer, og dem lod de gå ud over mig. Sådan ville jeg ikke være.

De tæv, jeg fik som barn, har gjort mig til en stor modstander af alle former for vold. Jeg har aldrig selv været voldelig eller skadet et andet menneske fysisk, for det strider imod alt, jeg står for. Og selvom det er lovligt i USA, kunne jeg ikke drømme om at eje en pistol, og bortset fra dengang min mor tævede mig, har jeg heldigvis ikke været nødt til at forsvare mig selv fysisk over for et andet menneske.

Det har betydet meget for mit selvværd og måden, jeg omgås andre mennesker på, at jeg tog en beslutning om at få mit temperament under kontrol. Et voldsomt temperament fører ikke noget godt med sig. I stedet kan det skade forholdet til andre mennesker. Når man ikke kan styre sit temperament, er det svært at tænke klart og rationelt.

Oles gode råd

*Du kan lære en masse om dig selv,
når du står over for udfordringer.
Grib muligheden for at gøre det.*

I stedet gælder det om at tage en dyb indånding og tænke sig om, inden man udtrykker sig. Både valget af ord og tonefaldet har stor betydning. Det er okay at hæve stemmen, men når man råber og skriger, er det nemmere at miste kontrollen over sig selv og sit ordvalg. Det er vigtigt at udvikle måden, hvorpå man kommunikerer med sine medmennesker, og det er vigtigt, hvordan vi vælger at debattere og tale til hinanden, når vi er uenige. Donald Trump er lige nu et eksempel på en leder, der ikke mestrer disse evner. Han er en vred mand, der mangler menneskelig omsorg, og i stedet for at forene mennesker skaber han splittelse, vrede og frustration. Det kommer man ikke ret langt med.

Min mors og mit temperament var et udtryk for vores frustrationer og for manglende selvværd. Jeg var i stand til at indse, at jeg kunne vælge at kontrollere det, men det var min mor desværre ikke, og hendes måde at kommunikere på har derfor skabt flere problemer for hende gennem årene. Det har jeg været meget ked af at iagttage. Men det har været en meget stor fordel for mig at have fået et mere roligt gemyt, både i mit professionelle liv og i forholdet til min livspartner, Laurence.

Oles gode råd

Hvis du er glad for dig selv,
er det også meget nemmere at være
glad for andre mennesker. Og du
bliver endnu gladere for dig selv,
når du er god mod andre.
En positiv cirkel er skabt.

Min fars spejlbillede

Min far, Henrik, havde et helt anderledes roligt temperament end min mor og hvilede i sig selv. Han var en mand, der var glad for sig selv. Ofte stod han og beundrede sit eget spejlbillede enten i badeværelset eller i vores spejl ude i entreen i vores lille lejlighed i Enggaarden. Når han stod foran spejlet, så han *så* godt ud. Der var glans i hans øjne. Han havde flotte, flotte øjne. Hans hår var helt sort med ganske fine naturlige bølger. Han brugte Brylcreem for at fremkalde glansen i håret og

Min far var en meget flot mand som ung. Og det vidste han godt selv. Af ham lærte jeg at hilse mig selv velkommen i spejlet hver morgen. Jeg mistede desværre min far i 2011.

elskede at frisere sig. Håret sad altid perfekt, men det skulle altid lige friseres endnu en gang.

Han var også stolt af sine tænder. Det grinede jeg lidt ad. Som ung fik han tænderne revet ud, og derfor havde han så meget guld i tænderne, at han lignede en sørøver. Men det syntes han var flot, og jeg var imponeret. Han havde en fantastisk rank holdning og var i topform. Min far var helt klart et forbillede for mig.

Min mor elskede at nedgøre ham, og det lykkedes hende til dels. Men han rejste sig altid igen. Min mor kunne godt finde på at råbe: "Henrik! At stå der og beundre sig selv er ikke noget, mandfolk gør."

Jeg tog altid far i forsvar: "Mor! Far er da en flot fyr, og du er en flot kvinde, og det er da okay, at han beundrer sig selv." Jeg tænker også, at min far i sit stille sind tænkte: 'F... You', når hun talte sådan til ham. Det gjorde han uden tvivl.

Jeg havde et helt særligt forhold til min far. Han var altid så positiv. Når han kom ud fra badeværelset om morgenen, smilede han stort. Om søndagen fik vi rundstykker fra min morbror, som var bager i Nibe. Far ræsede ned på cyklen og kom hjem og lavede kaffe, og så skulle der rundstykker på bordet. Han var bare så glad. Sådan var det ikke med min mor. Der var altid et eller andet at beklage sig over: Så var kaffen for mørk, og så var den for lys, eller også var der noget andet galt. Hun havde sværere ved at fokusere på det positive og kunne altid finde lidt at kritisere.

Alligevel beundrede jeg også min mor. Hun har en fantastisk humor og griner meget. Desuden synger hun altid så kønt, hvilket de fik glæde af i kirkekoret, og vi andre kunne nyde hendes flotte, klare sangstemme, når hun gjorde rent eller lavede mad derhjemme. Det kan vi stadig den dag i dag, og selvom hun snart runder 90, er hendes stemme lige smuk og ungdommelig. Nu, hvor min mor er blevet ældre og har børnebørn, som hun ofte passer, er hun som forvandlet. Hun har masser af tålmodighed og er en kærlig bedstemor.

Far stod tidligt op i hverdagen og hjalp min mor med at gøre rent i banken, så hun kunne komme tidligt hjem til os børn. Det var imponerende, for han kunne jo bare, som det var typisk for den generation, have sagt: 'Du er kone. Du skal stå i køkkenet og kokkerere, og du skal gøre sådan og sådan.'

Han var lige det modsatte og hjalp alt og alle – også naboerne. Han hjalp også mig med at dele aviser ud tidligt om morgenen, og her løb vi tit om kap. Det var sjovt bagefter, for så havde vi følelsen af, at vi havde udført og vundet noget. Jeg lærte tidligt af min far og mor, at hårdt fysisk arbejde havde en værdi, og at værdien bliver endnu større, når man udretter noget sammen med andre.

Lille spejl på væggen der

Far var den første, der gjorde mig opmærksom på, at spejlet kan være din bedste ven. Han så på sig selv med positive øjne, og jeg hørte ham aldrig sige noget negativt om sig selv.

Jeg var nok ca. 11 år gammel, da jeg begyndte at kigge på mig selv i spejlet, ligesom jeg havde set min far gøre det. Selvom jeg i teenageårene oplevede mange brydninger med min seksualitet, tænkte jeg aldrig: 'Åh nej, jeg kan ikke lide mig selv,' når jeg kiggede mig i spejlet. Jeg syntes bare, at jeg så pæn ud, og jeg følte mig godt tilpas med mig selv. Der var ikke noget, jeg ikke kunne lide.

Det var en god fornemmelse. Jeg stod altid og legede med mit hår og friserede det og fulgte med i de ændringer, som jeg så i mit ansigt. Dengang havde jeg et noget fyldigere ansigt, og håret var også meget kraftigere.

Siden har det været en fast del af mit morgenritual at nyde mit spejlbillede. Jeg står tidligt op om morgenen – gerne klokken halv seks – og det første, jeg gør, er at modtage mig selv i spejlet og sige godmorgen til mig selv. Det er dejligt at starte sin morgen ved at smile til sig selv i spejlet. Jeg åbner et vindue for at nyde den friske, kølige morgenbrise og slår koldt vand i ansigtet for at kvikke mig selv op. Det minder mig om, dengang jeg som barn nød at blive blæst godt igennem af den kolde vind ved Limfjorden.

Når jeg modtager mig selv i spejlet, sprøjter jeg en masse koldt vand

i ansigtet og halvgriner af det, fordi der er noget så forfriskende ved at
stå der og sprøjte. Her til morgen grinede jeg endnu mere, fordi jeg kom
til at plaske så meget, at jeg ramte mine underbukser, og jeg havde lige
taget rene underbukser på. Så stod jeg der med håndklædet og tørrede
mig selv med et kæmpe grin på læben. Der skal ikke meget til. Og så
siger jeg: "Hej og dav, Ole! Det bliver en dejlig dag i dag". Og rusker lidt
i de fem hår, jeg har tilbage på hovedet.

Jeg nyder stadig at kigge mig selv i spejlet, selvom jeg er en moden
mand på 67. Som hudplejeekspert har jeg selvfølgelig passet særligt
godt på min hud og sørget for at vedligeholde dens fasthed og spænd-
stighed, så den er så sund, som den overhovedet kan være. Men jeg
mener, at man skal være modtagelig over for aldringsprocessen og nyde
sine smilerynker – samtidig med at man vedligeholder en stærk krop, et
smukt kropssprog og et frisk stemmebånd. Jeg har ikke noget imod at
se alle mine smilerynker. For hvert årti er der ændringer, og jeg synes,
at det er spændende at notere og se et ansigt, der får mere og mere
karakter.

Oles gode råd

Sørg for at starte hver eneste dag med
at nyde dit eget spejlbillede, og byd
dagen velkommen på en positiv måde.
Husk på, at lige præcis dette smilende
menneske i spejlet kan forbedre din
attitude mere end nogen anden og
dermed også dit liv. Så vær god
ved dette menneske.

Man skal lære at elske sit spejlbillede og elske den, man er. Vi er så
gode til at spejle os selv i andre og sammenligne os selv med mennesker,

vi beundrer, og jeg tror, at det er blevet værre med de sociale medier, hvor smukke mænd og kvinder konstant poserer og fremviser et poleret billede af sig selv. Men husk på, at vi alle er unikke. Vi er alle smukke på hver vores måde, og det skal man lære at værdsætte. Du skal elske den, du er.

Som professionel hudplejeekspert har det været en vigtig opgave for mig at lære andre mennesker at elske deres spejlbillede. Når jeg mærkede, at jeg stod foran en kvinde, som virkede usikker, holdt jeg et spejl op for hende og bad hende se de ting, som jeg bemærkede som positive. F.eks. hendes smukke øjne. Det hjalp næsten altid, og jeg kunne ligefrem se, hvordan hendes ansigt lyste op.

Godmorgen, Ole!

Jeg nyder at vågne i mit hus i Los Angeles. Det er et gammelt hus med sin helt egen sjæl, som jeg tydeligt kan fornemme. Det blev bygget i 1937 af skuespillerinden Margaret Lindsay, som havde kontrakt ved filmselskabet Warner Brothers og ofte havde kendte gæster på besøg, f.eks. den engang så berømte sangtrio the Andrews Sisters. Det er især denne sjæl og husets historie, der er grunden til, at Laurence og jeg købte det for 18 år siden og stadig elsker det. Det ligger også i et naturskønt område i Hollywood Hills, og når jeg åbner vinduet i badeværelset, kan jeg se to store ahorntræer i haven. De er ligesom huset fra 1937, og jeg lægger altid mærke til bladene, og hvordan de ændrer sig efter årstiden.

Hver dag er en ny begyndelse, og man har mulighed for at starte den godt lige fra morgenstunden. Jeg ser hver dag som en masse store muligheder, der ligger foran mig. Jeg indleder derfor dagen med en lille indre dialog med mig selv under brusebadet eller under morgenmåltidet, hvor jeg motiverer mig selv med positive udsagn som f.eks.: 'Jeg er i gang med et nyt eventyr. Jeg vil skabe et endnu bedre liv for mig selv og finde både personlig og professionel anerkendelse. Jeg vil virkelig blomstre mere end nogensinde før.'

Når jeg har afsluttet mit morgenritual foran spejlet, går jeg ned og laver morgenmad. Noget af det skønne ved morgener er, at man bedre kan høre naturens lyde, så jeg åbner vinduerne i køkkenet og lytter til fuglene.

Jeg har behov for at oplade batterierne på en dejlig måde hver morgen. Man skal ikke begå den fejl at have for travlt om morgenen. Giv dig tid til lige at modtage den nye dag og sidde med et godt morgenmåltid og få overblik over, hvad der ligger foran dig. Det føles godt, for der er altid noget spændende at se frem til, hvis man har den rette indstilling.

Jeg sørger for at forkæle mig selv hver morgen. Jeg har altid noget med ned i køkkenet: blade, aviser eller min iPad. I morges valgte jeg at læse et par artikler i den ugentlige Hollywood Reporter. Jeg gør det på en meget afslappende måde. Jeg elsker Hollywood, og jeg elsker at følge med i showbusiness. Jeg elsker også mit arbejde, men det skal jeg tilbringe det meste af min dag med, så inden da vil jeg forkæles personligt.

En af grundene til, at jeg står tidligt op, er mit behov for lidt alenetid, inden Laurence vågner. Hvis man har familie, er det vigtigt at inddrage sin familie i sit positive morgenritual, men det er også vigtigt, at alle får deres egen alenetid. Når man starter dagen på den måde, får man en god start. Man kan sørge for, at det er dejligt at komme ud af sengen ved at have et hyggeligt morgenbord klar, f.eks. med stearinlys, blomster og musik. Det kan virkelig gøre en forskel.

Man bliver lettere stresset, hvis man ikke lige får hovedet på rette plads om morgenen. Vi er jo så sensitive som mennesker. Så det er vigtigt at tilrettelægge en god begyndelse på dagen og føle sig forkælet lige fra morgenstunden.

Ude af kurs

Hvor vigtigt mit morgenritual er for mig, fandt jeg ud af i en periode, hvor jeg måtte undvære det. Nemlig dengang jeg flygtede fra min kæreste Harvey og vores townhouse på Burton Way i Beverly Hills. Harvey var bipolar, og hans sygdom gjorde ham mere og mere ustabil.

Han havde ændret karakter og var begyndt at opføre sig som en anden gangster, fordi han var arbejdsløs og forsøgte at tjene hurtige penge. Hver dag var der drama, og jeg traf beslutningen om, at jeg måtte væk fra ham. Jeg havde fået nok af hans eskalerende psykiske misbrug af mig, og jeg kunne heller ikke holde til at se ham gå længere og længere ned med flaget.

Så jeg flygtede. I den følgende periode følte jeg mig som en flygtning. Jeg havde ganske vist mødt Laurence, men vi var ikke flyttet sammen, og jeg boede i et lillebitte lejet gæstehus stort set uden møbler, hvor det ikke var plads og udstyr til mit vigtige morgenritual. Det satte mig ud af kurs.

I tiden med Harvey havde jeg godt kunnet fungere på mit arbejde på spaet, men når jeg kom hjem, føltes det, som om der hang en sort sky over huset. Jeg vidste, hvor farlig Harvey var, og jeg var flov over, at jeg, en dansk fyr fra landet, pludselig var havnet i en situation, der var som taget ud af en gangsterfilm, og hvor jeg følte mig bange og truet på livet.

Men jeg mistede ikke mit gode humør og var også stadig glad for mig selv, og det var den positive indre dialog, der bar mig fremad. Jeg bebrejdede ikke mig selv, at vores forhold forliste, for Harvey havde de forkerte livsværdier og troede efterhånden kun, at man kunne være lykkelig, hvis man havde en masse penge.

Perioden efter bruddet med Harvey var som en følelsesmæssig *roller-coaster*. Men jeg takker Harvey for, at han introducerede mig for USA og hjalp mig med at komme på rette vej med min karriere. Og så snart jeg kunne, genindførte jeg mit morgenritual og holder fast i det den dag i dag.

Du er en stjerne, ikke en synder

I den sidste svære tid med Harvey hentede jeg helt sikkert styrke i den spirituelle tankegang, som jeg havde lært at kende i Indonesien nogle år forinden.

Efter jeg var begyndt på balletskolen i New York, fik Harvey forretninger at gøre i den indonesiske hovedstad, Jakarta, og jeg besluttede mig for at tage med. Her mødte jeg Lagita, som var hudplejeekspert. Hun var en meget køn kvinde i 30'erne med en smuk mørk hud og polynesiske karaktertræk, og så var hun buttet på en pæn måde. Lagita behandlede min hud, som på det tidspunkt var fuld af akne, og det var blandt andet hendes gode pleje og råd, der fik mig til at træffe beslutningen om at tage på hudplejeskole i London.

Lagita åbnede også en anden ny verden for mig: den spirituelle. Jeg lærte at lytte til min indre stemme – og om den magt, man har via sin tankegang, og hvordan man kan hvile i sig selv. Jeg lærte at tale kærligt til mig selv, og hvordan det kunne gøre en kæmpe forskel i mit liv.

Mødet med spiritualiteten var en aha-oplevelse, der udfyldte et behov, som religion aldrig har kunnet dække hos mig.

Jeg har aldrig været synderligt religiøs, og den danske folkekirke har ikke tiltrukket mig. Kristendommen hjemme i Danmark føltes så tung, dengang jeg voksede op, og jeg synes, at man blev dømt i stedet for at blive løftet. Jeg var aldrig ret meget i kirke, især ikke fordi den lokale præst, pastor Slot, gjorde forskel på, om man kom fra en arbejderklassefamilie eller fra en højtuddannet familie, og det brød jeg mig ikke om.

Jeg kan heller ikke lide den tanke, at vi er født som syndere. Det synes jeg på ingen måde, vi er. Det ville da også være en noget dårlig start på livet! At være glad for sig selv er svært, hvis det bliver banket ind i hovedet på én, at man er synder.

Menneskesynet i den danske folkekirke er endda ikke nær så fordømmende som det, man møder i f.eks. Sydstaterne i USA, hvor man i den grad bliver sat i bås pga. sin religion. Her dømmer man andre mennesker, hvis de ikke passer ind deres rammer. Jeg tror generelt ikke, at man bliver lykkelig af at blive sat i bås på den måde.

Det spirituelle er derfor for mit vedkommende ikke forbundet med religion. Jeg tror ikke, at man kan lede efter åndelighed via sin religion, for mit indtryk er, at al organiseret religion – uanset om det er katolicisme, islam, protestantisme eller jødedom – sætter én i bås og indgyder frygt på mange måder.

Religion kan også give én flere mindreværdskomplekser, for i følge religionen er man er kun en del af noget, som er meget større end én selv, hvor Gud (eller hvem det nu er) er den højere magt. Der er guderne, der er stjernerne, og det er dem, der styrer og kontroller det hele, og selv er man bare en arbejdsmand, og det synes jeg er synd. Du er stjernen i dit liv, og det skal du vide.

Der er ingen tvivl om, at tiden i Indonesien blev et stort vendepunkt og skabte helt nye livsværdier for mig. I Indonesien er man mere kærlige over for hinanden. Og jo, man er også kærlig i kristendommen og i Danmark, men man dømmer meget let andre mennesker og har en tendens til at have meget hårde meninger. Indimellem taler man til hinanden helt uden filter, som om målet bare er at sætte den anden part på plads. Det oplevede jeg ikke i Indonesien, og det var en stor befrielse for mig.

Pga. min unge alder – jeg var kun 20 år – var jeg meget åben og modtagelig for indonesernes spiritualitet. Jeg havde åbenbart haft behov for det, og jeg er så glad for, at jeg var i stand til at tage spiritualiteten med mig. Blandt andet lærte de mig at få den største respekt for mine medmennesker. Jeg så mennesker, der havde så lidt materielt og samtidig de største hjerter og gav af sig selv til andre. De udtrykte deres kærlighed og havde overskud til hinanden. F.eks. så jeg mange heteroseksuelle mænd gå hånd i hånd. Jeg beundrede dem meget for det overskud, de havde til deres medmennesker, og det besluttede jeg mig for, at jeg også ville have.

Det lærte jeg blandt andet af batikdesigneren Endemrian, et fantastisk menneske, der hvilede i sig selv. Han havde stor succes med sit design uden for Indonesien og gav mig en meget smuk ring, som var flere tusinde år gammel. Den bærer jeg stadig den dag i dag. For mig er den forbundet med livsglæde, for jeg opdagede virkelig, hvor meget det betød for mig at være en livsglad Ole og optimist frem for pessimist.

Jeg stammer fra en generation i Jylland, hvor folk hænger lidt mere med hovedet. Janteloven kan tynge dem, og folk har en tendens til at være lidt mere seriøse i dagligdagen. De smiler måske heller ikke så meget. I Indonesien var der solskin og glæde i folks ansigter hver dag.

Det er egentlig det, jeg altid har elsket, og det, jeg som lille dreng så i min far. Han elskede livet og var glad for sig selv. Så jeg tog beslutningen og sagde til mig selv, at jeg ville fortsætte livet ad dette spor.

Åndelig rigdom

Jeg beundrede også indoneserne for, at de ikke er bange for at dø. De tror på, at sjælen vil blive født på ny, og at der venter et nyt og spændende liv for ens sjæl lige rundt om hjørnet. Derfor er en begravelse også en stor fest. Det oplevede jeg på Bali, hvor overvægten af befolkningen er hinduer. Under deres farvestrålende ceremonier jublede de over, at den afdødes sjæl skulle videre til sit næste liv – i sin næste krop.

Det var en meget smuk måde at se livet på, og den tog jeg til mig. Med andre ord: Jeg tror på reinkarnation og har beskæftiget mig meget med det siden. Flere år efter tiden i Indonesien fandt jeg bogen "Mange liv, mange mestre" af psykoterapeuten Brian Weiss i den spirituelle boghandel Bodhi Tree på Melrose Avenue i Los Angeles, der desværre er lukket i dag. Jeg elskede at gå herind og sidde og læse i flere timer og fodre min sjæl og hjerne. Det var her, jeg begyndte at læse Dr. Weiss' bog om såkaldt *regression therapy*.

Bogen fokuserer på en patient, som gennem hypnose huskede sine tidligere liv og situationer, som forårsagede psykiske lidelser i hendes nuværende liv. Bogen handler om, hvordan menneskets sjæl lever videre, så vi på den måde er udødelige. Jeg var dybt fascineret af bogen og dens redegørelser for, hvad vi rummer som mennesker, og hvordan der er noget helt magisk ved sjælen.

Jeg læste mange bøger om spiritualitet, allerede mens jeg boede i Indonesien. De har hjulpet mig meget med at finde lykke, tro på mig selv og være selvsikker. Bøger kan blive ens bedste ven, og hvis man får fat på de rette bøger, kan de åbne op for en helt anden verden. Mange positive mennesker fodrer deres tanker med positiv indsigt fra andre kloge mennesker.

Det er vigtigt at vedligeholde sit åndelige liv og dyrke sig selv med god læsning, og en bog som Dalai Lamas "Kunsten at leve lykkeligt" har været meget vigtig for min livsrejse og for, at jeg i dag kan hvile i mig selv. Jeg relaterer til hans filosofi om, hvordan menneskets primære mål er at hjælpe andre, og at man når længst med venlighed og hjertelighed. Han minder mig om, at kærligheden til vores medmennesker er det vigtigste og også er den måde, man kommer til at elske sig selv mest på.

Væk din spiritualitet

Så husk at dyrke dit åndelige liv. Det er vigtigt i processen at blive glad for sig selv og blive ved med at være glad for sig selv. Hvordan du end finder den spirituelle side af dig selv, er op til dig. Det vigtigste er, at du får noget ud af det, finder ro, hviler i dig selv – og opfører dig ordentligt over for dine medmennesker og er en god samarbejdspartner professionelt og personligt. Det skaber en positiv cirkel i dit liv.

Hvis du lige nu ikke er glad for dig selv, skal du stille dig selv spørgsmålet: 'Hvad er det, jeg ikke er glad for, og hvad kan jeg gøre for at lave om på det?' Du skal sætte dig ned og sige: 'Hvad er jeg utilfreds med? Er det mit arbejde? Mit kærlighedsforhold? Mit udseende? Er jeg ikke dygtig nok, eller får jeg ikke den anerkendelse, jeg føler, jeg fortjener?' Det er en god ide at skrive svarene ned på papir, for så manifesterer man dem, evt. under overskriften: Hvad er det, jeg ikke kan lide ved mig selv?

Tag så spejlet. Du kan lære at føle dig godt tilpas med dig selv, og det første, du skal gøre, er at byde dig selv velkommen med spejlet. I spejlet ser du den, der kan lave om på dit liv. Du kan skabe en ny begyndelse og en helt ny holdning til dig selv og livet i det hele taget. Ligesom jeg gør det, skal du hver morgen, når du vågner, sige følgende: 'I dag vil jeg være glad for mig selv, for jeg er en dejlig person. Jeg vil gå ud i min omverden og udtrykke det og smile mere til mine medmennesker. Jeg vil tage mig tid til at snakke med dem og udtrykke positivitet.'

Så sker der det, at det smitter af på folk omkring dig, og du skaber gode vibrationer og en god cirkel, hvor du også vil føle dig bedre tilpas med dig selv.

Oles gode råd

*Du kan sagtens ændre sider af
dig selv, som du ikke synes om.
Du skal bare beslutte dig
for at gøre det.*

Næste skridt er at gøre noget ved de ting, du ikke bryder dig om. Du skal arbejde med dem og være tålmodig, for det kan tage tid. Alt i livet kræver, at man arbejder intenst med tingene. Selvom du kæmper lidt imod, skal du tvinge dig selv til at holde fokus på det. Det kan godt føles hårdt, lidt som når man ikke har motioneret i et stykke tid og begynder at træne igen, og musklerne bliver ømme efter hård træning. Men det hører med, og snart begynder det at føles godt.

Hvis man er ulykkelig på arbejdet og ikke bliver behandlet ordentligt, skal man analysere hvorfor. Man kan godt lave om på mange omstændigheder, så længe man gør det med venlighed. Du kan kun gøre dit bedste. Livet består af op- og nedture, men når man gør sit bedste og opfører sig pænt, kan man ikke tillade sig at lade andre slå én ned. Det gælder om at holde ryggen rank!

Føler du dig mindre godt tilpas med din krop, spiser du måske den forkerte mad. Hvis du ser dig selv i spejlet og tænker: 'Åh, hvor ser jeg ud,' må du tage affære og lave om på din kost eller træne mere. Her kan det være godt at skrive sine mål ned, og så er det spændende at se, hvordan tingene udvikler sig. F.eks. hvor mange kilo man taber, hvis det er det, man stræber efter.

Du skal investere i dig selv og dyrke dig selv, og den investering vil betale sig i sidste ende. Du skal se på dig selv som en prisværdig person. Du er et helt unikt menneske, og du fortjener det. Du skal fejre dig selv og værdsætte dig selv.

Selvglæde til gavn for andre

At elske og anerkende sig selv er vigtigt og positivt, men man skal selvfølgelig ikke blive *for* glad for sig selv og ligefrem forgude sig selv. Man skal kunne give tilbage til sine medmennesker, for hvis man kun er glad for sig selv, har selvglæden ikke nogen værdi. I mit spa har jeg mødt rigtig narcissistiske mennesker gennem årene. Overfladiske typer, som bare taler om sig selv non-stop. Det kan godt blive for meget af det gode. Nogle af dem, f.eks. modellen Naomi Campbell, har skabt et liv, hvor det kun er fokus på deres udseende og ego. De tænker udelukkende på sig selv, hvor lækre de ser ud og på materielle ting. Men de har ofte ikke meget at give tilbage til andre.

Oles gode råd

Vær glad for dig selv, men undgå at blive selvglad og at tage dig selv alt for seriøst. Det er vigtigt at kunne grine ad sig selv.

Hos disse mennesker fornemmer jeg tydeligt et tomrum, og jeg er ikke sikker på, at de oprigtigt talt er glade for sig selv. Jeg tror faktisk, at de er meget ensomme mennesker, der ikke er i stand til at bevare meningsfulde forhold til andre. Så disse mennesker er der ingen grund til at spejle sig i. Deres liv handler om skønhed uden substans, og det skal man ikke stræbe efter.

Menneskers indre er meget vigtigere end deres ydre. Man når ikke langt i livet, hvis man vælger at leve et overfladisk liv og ikke er i stand til at give til sine medmennesker.

Egoisme og selvoptagethed er dårligt for dit mentale helbred, og det er vigtigt at have nære forhold. At give til sine medmennesker skaber glæde – både for dem og for dig selv. Og jo gladere du er for andre, jo gladere vil du være for dig selv.

Flyt bjerge med din indre dialog

Du kan flytte bjerge med den måde, du tænker på. Hvis du sender de forkerte signaler til dig selv og brokker dig non-stop, vil det afspejle sig i dit ansigt og din kropsholdning. Det hele begynder at hænge. Ungdommelighed har ikke noget med smilerynker og gråt hår at gøre. Når man ser på mænd og kvinder, der hviler i sig selv, tænker man ikke på deres alder. Med den rette holdning, hvor du siger: 'Hey, jeg elsker livet. Jeg elsker mig selv, og jeg ser godt ud,' kan du erobre verden og blive et overskudsmenneske.

Man kan hele tiden lære nyt og skal aldrig have mindreværdskomplekser. Husk på, at alle har deres stærke sider – jeg kunne f.eks. nok ikke blive matematiker. Og man skal ikke tvinge sig selv til noget, som man muligvis ikke kan og ikke rigtig har interesse for. Men det har jeg ikke ladet mig tynge af, for så havde jeg andre styrker, som jeg kunne dyrke.

Og ja, jeg ved godt, at det er ret så normalt, at man som menneske kan føle sig mindre intelligent, mindre god, mindre smuk og utilstrækkelig på mange områder. Men så må man ændre sin tankegang og sige: '*Wow*', jeg er smuk', 'Jeg elsker mig selv og mit liv' og 'Jeg kan godt, hvor er jeg dygtig' – og være modtagelig for sine egne ord.

Med positive tanker kan man overbevise sig selv, ligesom man kan overbevise sine medmennesker. For man kan meget mere, end man tror. Ens kapacitet som menneske er enorm, og vi benytter os kun af en lille del af den. At sætte positive ord på dine følelser kan være en effektiv måde at neutralisere de negative tanker på.

Man kan dog godt udvikle sig, selvom man ikke har så god selvtillid. Så er det f.eks. en god ide at have samtaler med sig selv om, hvordan man kan styrke troen på sig selv, og få hjælp og inspiration fra bøger, venner og familie. Men det skal først og fremmest komme fra én selv. Som en del af at få selvtillid og blive glad for sig selv kan man sætte sig nogle mål, og når man opnår dem, får man det bedre med sig selv.

Jeg har haft meget modgang både tidligt og senere i livet, og det er fint, for det er også en del af livet. Man lærer ting om sig selv, når man står over for udfordringer. Men det er svært at slå en person i stykker, der har fundet lykken, livsglæden og er glad for sig selv – hvis det er hundrede procent autentisk vel at mærke. Ingen kan slå den i stykker hos mig. Jeg er glad for mig selv – og jeg står ved det.

Oles gode råd

Du kan selv styre din indre dialog.
Sørg for at tale kærligt til dig selv,
og motiver dig selv med positive ord.
Smid alle de negative tanker ud,
ligesom du f.eks. tømmer papirkurven
på din computer.

KAPITEL 3

VÆR POSITIV, OG SPRED POSITIVITET

Jeg har næsten altid talt lige så positivt til mig selv, som jeg har gjort til andre. Gennem hele livet har jeg søgt at sprede positivitet både i mit privatliv og i mit professionelle virke som forretningsmand, og jeg kan se, hvordan min attitude smitter af på mine medmennesker.

D a jeg den 14. januar 2014 i en alder af 62 år sad på første række i Staples Center i downtown Los Angeles sammen med ca. 5000 andre for at sværge troskab til det amerikanske flag og blive amerikansk statsborger, var jeg overrasket over min egen reaktion.

Jeg havde ikke forventet at blive følelsesladet, men det blev jeg altså. Det skete, da de fremviste film om USA's historie, der blandt andet handlede om, hvordan USA var blevet skabt af hårdtarbejdende mennesker. Filmen talte også om, hvordan man kunne gøre den amerikanske drøm til *sin* drøm. Jeg tudbrølede.

Ceremonien mindede mig om, hvordan USA har givet mig, lille Ole fra Nibe, der rejste over Atlanten med janteloven i bagagen, mulighederne for at opfylde mine drømme. Jeg følte mig i den grad som den grimme ælling, der var blevet forvandlet til en svane under mit amerikanske eventyr. Jeg tænkte på, hvor befriende den amerikanske drøm har været for mig. I bund og grund handler den amerikanske drøm om, at man kan gøre sine drømme til virkelighed, hvis man vil. Den er baseret på en ideologi, der bakker op om 'jeg kan'-attituden, og det er en drøm, der giver muligheder for alle, der vil og kan.

Amerikanernes tro på, at man kan udleve sine drømme, hvis man er kreativ og dygtig og arbejder ekstra hårdt, tiltalte mig med det samme, da jeg som en ung mand kom til USA. Det tiltalte mig også, at man bakker hinanden op omkring denne drøm og er positive over for hinandens drømme. Amerikanerne er gode til at skabe netværk og hjælpe hinanden, og her er det på ingen måde forbundet med noget negativt at have store drømme. Man får tværtimod et klap på skulderen, hvis man vil udvikle sig til noget stort. Det gjorde jeg også.

Man lærer af den amerikanske drøm, at man ikke skal være bange for at tage risici. At en del af det at ville have succes er at løbe en risiko og herefter enten tabe eller vinde. Man lærer, at man sagtens kan komme tilbage til toppen, når man taber. Man skal bare begynde at klatre op igen. Og når man først oplever de små sejre, der pludselig bliver en realitet, får man meget mere gå-på-mod til at tage de næste trin, og så må man på den igen.

Oles gode råd

Gør dig fri af jantelovens handlings-
lammende bud om, at du ikke skal tro,
du er noget eller dur til noget. Selvfølgelig
skal du tro på dig selv! Så meget, at du
også tør løbe en risiko indimellem og ikke
lader dig slå ud, hvis alt ikke lykkes i
første omgang.

Gode forbilleder

Jeg er for evigt taknemmelig over for USA, og det minder mit '*Certificate of Naturalization*', mit velkomstbrev fra præsident Barack Obama og mit flotte amerikanske pas mig stadig om.

Barack Obama er et godt eksempel på en mand, der formåede at gå hele vejen til toppen mod alle odds. Det lå ikke lige i kortene, at en. sort mand født i et mere eller mindre racistisk miljø skulle ende med at blive USAs præsident. Men han er tydeligvis en mand med en stor lidenskab for sin omverden og sine medmennesker. Derfor gik han helt naturligt ind i politik, og her demonstrerede han sine evner til at tale til det gode i mennesker og give dem tro på sig selv, landet og fremtiden – og endte som den første sorte præsident i Det Hvide Hus.

Det var en udviklingsproces at nå dertil, for man kan ikke springe

de trin over, som man skal igennem for at nå sine mål. Det gælder om
at være positiv, men man skal ikke være for utålmodig og tro, at tinge-
ne sker på nul komma fem, hvilket der er en tendens til i den verden,
vi lever i i dag. Husk på, at man skal kunne gå, før man kan hoppe og
springe, og udviklingsprocessen føles bedre, når man hviler i sig selv og
tager et skridt ad gangen.

Der er endnu en årsag til, at jeg nævner den tidligere amerikanske
præsident Barack Obama her. Det er nemlig meget vigtigt at have
positive forbilleder, og Barack Obama er et af mine. Jeg har haft
mange i mit liv. Min far var mit første forbillede, og senere kom posi-
tive tænkere som Dalai Lama, Nelson Mandela, Martin Luther King
og Moder Teresa til. Der er ikke noget i vejen med at have mange for-
skellige forbilleder gennem livet. Det vigtige er, at de er positive, og
at deres positivitet smitter af og inspirerer dig.

Både Barack og hans *first lady*, Michelle Obama, er fantastiske
forbilleder. Ikke alene pga. den kærlighed, de udviser over for hinan-
den, og den harmoni, de udstråler. Det skyles også den måde, hvorpå
de engagerer sig i deres liv og omverden. De er eksempler på, hvor
vigtigt det er at være alsidige mennesker og have mange interesser.
Hvordan man både kan være god mod sig selv og dyrke sig selv og
samtidig være et overskudsmenneske og give til sin omverden.

Michelle Obama har f.eks. haft mange projekter, som går ud på at
ændre spisevanerne i skolen. Hun har lagt vægt på at sprede bud-
skabet om, hvor vigtigt det er, at alle får en god uddannelse. Viden
er nemlig en styrke. Hun lægger også vægt på, at man skal have det
sjovt og danse. Når jeg sidder og tænker på det nu, er det er helt
utroligt, så godt de gjorde det som præsidentpar og stadig gør det.
Deres smil kommer fra hjertet, og de har så meget humor og livsglæ-
de, samtidig med at de er dybt seriøse mennesker.

Barack Obamas valgslogan var '*Yes we can*'. Det var et motto, der
kom helt naturligt til ham. Han har bevist over for sig selv, at han
kunne nå toppen og opleve den personlige rejse fra en middelklasse-
familie i Hawaii til at få en uddannelse som jurist, blive politiker i
Chicago til endelig at blive valgt til USA's præsident. Han har i den

grad bevist, at han kunne komme op ad stigen. Han har bevist for sig selv '*Yes I can*' – og han ville fortælle os alle sammen: '*Yes you can*'.

Jeg vil ikke spilde for meget tid på den nuværende præsident, Donald Trump, men blot nævne ham som et eksempel på det modsatte. Man skal undgå at vælge negative forbilleder, hvis primære formål synes at være at sprede negativitet og splittelse. Jeg synes, at det er meget vigtigt, at en nations leder har en positiv indflydelse på befolkningen og spreder positivitet. Men lige nu sker det modsatte i USA, og det farlige er, at hans negativitet, intolerance og racistiske budskaber smitter og gør det legalt for mange ligesindede at være sådan.

Det er det i mine øjne ikke. Jeg holder mig generelt fra negative mennesker og har derfor valgt, at jeg ikke læser Donald Trumps tweets eller lytter til hans taler eller interviews på TV og i radioen. Jeg holder mig oplyst ved at læse nyhederne online eller i avisen og scanner nyhederne omkring Det Hvide Hus så hurtigt som muligt, for jeg vil vide, hvad der sker. Så snart jeg er færdig, sørger jeg for at få det ud, for det er så negativt og deprimerende, og jeg vil ikke have, at al den negativitet skal påvirke mig for meget.

Den strategi virker heldigvis effektivt. Jeg bliver tit standset på gaden eller i lufthavnen af folk, der siger: "Tak, fordi du gør mig så glad." Jeg er beæret over, at nogen siger noget så smukt og positivt til mig, og når jeg bliver spurgt, hvordan jeg gerne vil huskes, er svaret, jeg var i stand til at gøre mine medmennesker glade og sprede positivitet.

Det rette spor

Jeg har haft en meget positiv drivkraft i mig, siden jeg var barn, og jeg har altid vidst, at jeg kunne klare hvad som helst og få succes med det, jeg ville beskæftige mig med i livet, hvis jeg arbejdede hårdt. Men der har været flere mennesker på min vej, som har inspireret mig til at bibeholde denne positive 'jeg kan'-attitude, og støttet mig i troen på mig selv og min intuition. En af dem var Lagita i Indonesien.

Endelig fik jeg det: mit officielle certifikat på, at jeg er amerikansk statsborger. Og ovenikøbet en lovformeligt gift mand.

Specielt to kvinder fik overbevist mig om, at jeg skulle gøre karriere inden for skønhedsbranchen, og jeg mødte dem begge i Indonesien: Lagita, der står i lang kjole på min venstre side på billedet ovenfor, var min hudplejeekspert i Jakarta og et mønstereksempel på, at man kan, hvad man vil. Rødhårede Isabel fra Max Factor i London hjalp mig med at søge ind på Europas bedste kosmetologskole.

Som jeg fortalte tidligere, behandlede Lagita min hud på sin hudpleje-klinik i Jakarta. Hun var en enlig mor til tre, kunne det hele og var aldrig bleg for at tage imod udfordringer. Det var hende, der sagde til mig højt og klart: "Du kan gøre dine drømme til virkelighed. Du skal ikke være bange, og du skal ikke holde dig tilbage. Tænk på mig, hvis du indimellem er i tvivl."

Lagita lærte mig ikke bare om spiritualitet; hun lærte mig også at stole endnu mere på mig selv, at være positiv og turde sætte mig store, ambitiøse mål. Hun forstod, at den positive 'jeg kan'-attitude er det mest grundlæggende for at få succes. Med sin sødmefulde stemme på flydende engelsk med indonesisk accent sagde hun til mig: "Når jeg kunne klare kosmetologskolen i Tokyo, hvorfor skulle du ikke også kun-ne gøre, hvad du vil?"

Da jeg samtidig mødte en farvestrålende verdensdame med knaldrødt hår, britiske Isabel fra Max Factor Salon i Old Bond Street i London, var jeg helt klar til at springe ud i det, hun havde at tilbyde. Tæt på Isa-bels eksklusive arbejdsplads i Old Bond Street, hvor de bedste make-upartister fik store stjerner som Shirley Bassey, Sophia Loren og Grace Kelly som kunder, lå hudplejeskolen Christine Shaw Health and Beauty College. Isabel havde lagt mærke til, hvordan jeg elskede at rose kvin-der og deres skønhed, så hun tænkte, at skønhedsbranchen – og dermed skolen – lige ville være noget for mig.

På det tidspunkt boblede tankerne om, hvad jeg ville med mit liv, rundt i min hjerne, for jeg vidste, at jeg ikke kunne blive ved med at være i Indonesien og lave lidt modelarbejde, showdans og sælge antik-viteter i Singapore. Jeg ville gøre karriere og have mit eget levebrød og ikke leve på nas hos Harvey. Så jeg var mildest talt begejstret, da Isabel tilbød at hjælpe mig med at søge ind på skolen.

Da jeg blev interviewet af Christine og Richard Shaw på privatsko-len Christine Shaw Health and Beauty College, var min begejstring stor. Jeg lagde ikke skjul på min iver efter at blive undervist i fag som kosmetisk kemi og teatermakeup. De blev hurtigt smittet af min posi-tivitet, og det var ellers ikke noget, der skete tit, for der var lidt af en britisk mur at overvinde.

Oles gode råd

*Husk at fejre og samle på alle
dine sejre, både de store og de små.
Grav dem frem igen og igen, og
hold godt fast i dem, når du har
brug for at booste din positive
indstilling. F.eks. hvis du
føler dig ramt af negativ kritik.*

De var et meget venligt par, men der var også noget autoritært og formelt over dem, og stemningen var ikke dediceret varm under vores interview. Begge talte med den der flotte og sofistikerede engelske upper class-accent, som havde en imponerende klang, og de var meget elegante at se på. Richard var iklædt en fin habit og havde sølvgråt hår med bølger, der var friseret smukt tilbage med lidt creme, som gav glans til hans hår. Christine var blond og slank og altid klædt i den nyeste mode, som hun elskede at finde i det eksklusive stormagasin Harrods og i de fine forretninger på Old Bond Street lige om hjørnet. Men jeg var bare så glad og positiv, at det efterhånden smittede af på dem også.

Så i 1973 startede jeg på Christine Shaw Health and Beauty College, 22 år gammel. Jeg var den eneste fyr på skole. Ellers var der kun piger. Men jeg blev modtaget med åbne arme i en ny verden, som jeg ikke vidste ret meget om. Selvfølgelig var jeg nervøs indeni. Hvordan skulle jeg tackle det? Men glæden ved at skulle starte på noget nyt og spændende mere end opvejede nervøsiteten. Jeg havde sat høje mål for mig selv: Jeg ville være virkelig dygtig og lære en masse, for jeg havde besluttet, at det skulle blive en succes. Så jeg sprang ud i det med en meget positiv holdning.

Det viste sig hurtigt, at jeg havde fundet det rette spor for mig – eller et af de rette spor, for jeg tror på, at der findes mange 'rette spor', man kan følge i sit liv. Hvis bare man finder et spor, der gør én glad og positiv i en relativt tidlig alder, er man nået et godt stykke.

Og så er det vigtigt, at man oplever succeser på rejsen og anerkender dem og bærer dem med sig. Jeg kan f.eks. den dag i dag blive ved med at snakke om, hvordan det at vinde den DFDS-stilekonkurrence ændrede alt for mig, og jeg forstår, hvor meget alene den succes har betydet for hele min positive indstilling til at lykkes. Jeg tror på, at alle mine små sejre gennem livet har været medvirkende til, at jeg er blevet så positiv og i dag kan sige, at jeg har succes på alle fronter i mit liv.

Ole Henriksen of Denmark bliver til

Der var heller aldrig tvivl i mit sind om, at min hudplejeklinik Ole Henriksen of Denmark ville blive en succes. Da jeg havde afsluttet min uddannelse i London og vendte tilbage til USA med Harvey, denne gang til Californien, var det ikke nemt at finde arbejde for en mandlig hudplejeekspert. Dengang var det ikke normalt, at man som mand arbejdede i en klinik og behandlede letpåklædte damer, og selvom jeg havde meget flotte eksamenspapirer, kunne jeg ikke finde et job, jeg virkelig havde lyst til. Så måtte jeg jo lave min egen arbejdsplads.

Jeg var fuldkommen overbevist om, at jeg ville skabe en unik hudplejeklinik. Forventningerne og begejstringen sprudlede, så snart jeg havde fået ideen sammen med min partner, revisoren Moe Kauffmann. Han boede i den samme bygning, som Harvey og jeg var flyttet ind i på Doheny Drive i West Hollywood, og vi mødtes ved poolen og begyndte at snakke forretning og om mulighederne for at åbne en klinik.

Jeg havde en dejlig fornemmelse i maven og vidste instinktivt, at jeg gjorde det helt rigtige. Men man kan kun vide det, hvis man allerede har gjort sit forarbejde. Hvis man konstant har investeret i at dygtiggøre sig, dyrket sit talent og sine stærke (og svage) sider og er klar til at arbejde hårdt. Nu skulle jeg også lære at være forretningsmand, hvilket på det tidspunkt var min svage side, selvom jeg altid havde været god til penge.

Man er nødt til at lære nye ting, forny sig og vokse som menneske igennem livet og karrieren. Den finansielle side af forretningen lærte jeg på det tidspunkt af min forretningspartner Moe. Senere da min virksomhed udviklede sig og blev større, ansatte jeg en bestyrelse af højtuddannede rådgivere, som jeg sugede lærdom fra.

Allerede dengang var jeg åbenbart kvik nok til at vide, at jeg skulle skille mig ud fra mængden ved at slå på mine skandinaviske rødder og livsstil. Jeg var inspireret af den naturlige skandinaviske skønhed og filosofien *less is more*, som jeg vidste ville tiltale Hollywood. Jeg importerede sofistikeret og dyrt udstyr fra Tyskland, og ved at blande teknologi, massageteknik og personliggjort behandling skabte jeg en hudplejeklinik, der adskilte sig fra alle andre.

Jeg udviklede en filosofi bag min behandling – et banebrydende wellness-koncept, der ikke alene handlede om ansigtsbehandlinger, men var en hel livsfilosofi, der primært gik på at være glad for sig selv og passe godt på sig selv.

Oles gode råd

Smil. Det smitter og
spreder positivitet.

Med træsko på i min første klinik

Hver eneste kunde i min klinik fik sin egen helt personlige ansigtsbehandling. Jeg skrev ned, hvad jeg havde fokuseret på i den enkeltes behandling, og hvilken hudtype de havde. Herefter lavede jeg selv alle produkterne af urter, planteekstrakter og æteriske olier specifikt til hver enkelt klient hjemme i køkkenet på Doheny Drive og transporterede dem i Tupperware-bøtter til klinikken på Camden Drive i Beverly Hills på cykel. Det var folk meget fascinerede over.

På det tidspunkt var der ikke mange andre i min branche, der tog sig tid til at tale indgående med deres klienter. Jeg kunne også have valgt bare at arbejde på akkord og tage den ene klient efter den anden. Men jeg ville have dødkedet mig, og det ville slet ikke være mig at føre forretning på den måde. I stedet ønskede jeg at inddrage mine klienter i oplevelsen og personliggøre den.

Hvis man har hudproblemer, som mange af mine klienter havde, er det vigtigt at lære sin hud at kende og forstå, hvordan ens livsstil påvirker den. Jeg startede alle hudanalyser med at give klienterne et spejl, og i fællesskab med dem gennemgik jeg deres hud, mens de lå på behandlingsbriksen. Jeg tog mig god tid til at lytte til deres udfordringer. For mig er det altid vigtigt at have en tæt dialog med mine medmennesker, også mine klienter. Det handler først og fremmest om at gøre klienterne glade og tilfredse, om at gå i dialog med dem og uddanne dem om deres hud.

Som forretningsmand vidste jeg, at klienterne ville være *yours for life*, hvis de havde en god oplevelse og kunne se resultater på deres hud. Og jeg elsker langtidsforhold. Mit liv er baseret på langtidsforhold på alle fronter.

Samtidig fornemmede jeg, at det på mange andre hudplejeklinikker var vigtigst for folk at tjene penge. For mig var det vigtigere at være dygtig og blive endnu dygtigere som hudplejeekspert, selvom jeg selvfølgelig også havde et økonomisk ansvar over for Moe, der var en fantastisk og positiv partner.

Det var meget spændende at åbne min første klinik på 11. etage i en bygning på Camden Drive med udsigt over Beverly Hills. Her stod lille Ole fra Nibe omgivet af en masse fantastiske klienter: Der var forretningsmænd og showbusinessfolk, og så var der alle de store stjerner, som f.eks. Barbra Streisand, der valgte mig som ekspert.

Hendes første besøg på Ole Henriksen of Denmark fandt sted i 1976, da hun var 34 år gammel. Hun lagde ud med at stå i døråbningen, som om hun lige var på vej ud ad døren igen, og sagde: "Der er et par ting, jeg må fortælle dig om min hud, for jeg har haft flere problemer med den. Lad mig forklare dig …" og så kørte hun derudad i en lang pærevælling. Jeg lyttede selvfølgelig opmærksomt, mens jeg betragtede den berømte sangerinde, der uden makeup kunne have været hvem som helst.

Jeg var lidt overrasket over, hvor fint hendes hår krøllede, og hvor fyldigt hendes ansigt og næse var. Men jeg hørte også efter, og eftersom jeg ligesom Barbra er født i tyrens tegn, forstod jeg godt, at hun næsten fanatisk ville sikre sig, at jeg havde fået alle detaljer.

Hun så hurtigt resultaterne af mine behandlinger på sin hud, og efterhånden begyndte hun at stole så meget på mig, at hun blev stamkunde og kom hos mig i over 10 år. Jeg nåede da også i den tid at bestille et par træsko fra Nibe til hende, fordi hun havde kigget lidt misundeligt på mine.

Det føltes godt. Det føltes som endnu en succes og gav mig endnu mere mod på at opnå mere. For folk med succes er det vigtigt aldrig at stå stille. Man skal anerkende sin succes, men man skal også finde ud af, hvad der venter rundt om hjørnet af nye spændende muligheder.

Smil til verden

"Ole, bliver du aldrig træt af at smile?" bliver jeg ofte spurgt. "Nej, aldrig," er mit svar. Jeg smiler selvfølgelig ikke døgnet rundt, for det kan man ikke. Men jeg tror på, at de mennesker, der smiler oftest, er dem, der har det bedst med sig selv. De hviler i sig selv. De er søde og rare. Det er mennesker, der kan lide andre mennesker.

Man kan bryde mange barrierer med et smil. Victor Borge sagde det så fint med ordene: "Et smil er den korteste afstand mellem to mennesker". Med et smil signalerer du til andre mennesker: 'Jeg er åben over for dig, hvis du vil snakke.' Det siger: 'Du kan stole på mig, jeg kommer ikke og angriber dig – jeg er tilgængelig.'

Et smil skaber tæt nærvær mellem mennesker. Det åbner døre og får dig til at føle dig tryg i andres selskab. Jeg smiler altid og får folk til at føle sig godt tilpas. Hvis man smiler pænt, er folk næsten altid til rådighed, hvis du siger: "Vil du være sød at hjælpe mig?"

Det er så vigtigt at smile – med begge former for smil. Der er det indre smil, som ikke kan ses, hvor man bare føler glæden, som strømmer gennem kroppen. Det mærker jeg hele tiden. Og så er der ydre smil, som man møder ude i verden – og ikke kan andet end at smile tilbage til. Smil smitter og skaber positivitet.

Oles gode råd

Hvis du er positiv og tror på, at du vil få succes, er der større sandsynlighed for, at du får det. Positivitet og optimisme vil gøre dig mere selvsikker og give dig en udstråling, som kan åbne mange døre for dig.

We want you!

Jeg er også en smilende forretningsmand. Da min klinik i 1978 rykkede fra Camden Drive til Sunset Boulevard, hvor den ligger den dag i dag, begyndte min forretning for alvor at få vokseværk. Moe Kauffmann ville gå på pension, og jeg havde købt hans andel. Det betød, at jeg nu havde frie tøjler til at bygge min forretning op helt, som jeg ønskede det. Moe havde været lidt konservativ i sin måde at føre forretning på, så da jeg blev alene, gik jeg i helt amok med alle mine ideer. Der var *så* meget gang i den.

   Blandt andet gik jeg i gang med at udvikle de produkter, som efterhånden blev solgt der, hvor 'hot up and coming brands' kunne findes. I 1990'erne var det blandt andet den eksklusive og hippe butik Fred Segal i Santa Monica og på Melrose Boulevard i Los Angeles. De solgte alle mine produkter.

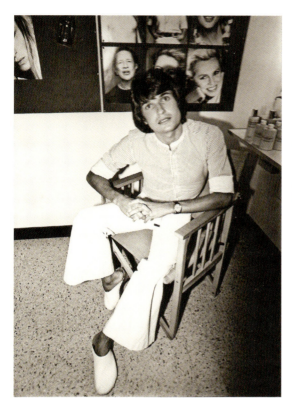

Da der ikke var tradition for at ansætte mænd på de californiske hudplejeklinikker, måtte jeg jo åbne min egen. Billederne her er fra min første klinik på Camden Drive. Kunderne var meget fascinerede af mine hvide træsko.

Ofte er det mig, der klipper den røde snor over, når hudpleje-kæden Sephora åbner en ny flagskibsbutik. Her fejrer vi åbningen af butikken i The Grove, et af Los Angeles' shopping-hot spots.

Her havde repræsentanter for det eksklusive stormagasin Harvey Nichols i London opdaget dem. De planlagde at starte en ny kosmetikafdeling og lancere et *Beyond Beauty*-koncept i deres stormagasin og var på udkig efter nye mærker. Indkøbschefen for Harvey Nichols' kosmetikafdeling, Daniela Rinaldi, kontaktede mig og ville mødes med mig på Manhattan i New York på det hotel, der i dag skægt nok hedder The London. Jeg var ovenud begejstret og ivrig efter muligheden for at få mine produkter ud på verdensmarkedet, og det gav jeg bestemt også udtryk for.

Man tænker ikke så meget over, at man er glad i disse situationer, for når man grundlæggende er glad, er det en naturlig del af ens personlighed. Harvey Nichols-folkene var selvfølgelig meget begejstrede for produkterne, men en af de ting, som gjorde dem endnu mere begejstrede, var min positive udstråling, og at der også var en historie bag det mærke, de købte. Det var ikke bare produkter. Der var en livsstil, som handlede om wellness.

Der blev grinet meget under mødet med Daniela Rinaldi og hendes assistent, og jeg viste både min lidenskab for mine produkter og de mennesker, jeg arbejder med. Der var ikke noget, der holdt mig tilbage. De sagde bagefter, at det var lang tid siden, at de havde grinet så meget, og det hjalp hundrede procent med at få min handel igennem.

Det var endnu et bevis på, at man altid skal være sig selv og på toppen af sit *game*. Man skal være velforberedt med essensen af det, man præsenterer, men det er meget vigtigt inden for mange kreative fag, at man også viser sin personlighed. Det er nemlig i høj grad den, der skiller dig ud fra de andre.

De sagde med det samme, mens de var i New York: "*We want you*. Vi er vildt begejstrede, for dine produkter er intet mindre end imponerende." Jeg blev derefter inviteret til London seks måneder efter, hvor jeg skulle være med til at lave PR til alle de britiske medier som Vogue, Tatler og morgenprogrammet Good Morning Britain, og de var så glade for mig, at de også lavede en historie om mig i Harvey Nichols-magasinet. Det var en stor ære.

Alle skal med på bølgen

Det er vigtigt, at ens positivitet spredes til alle led. Inden for business skal man nemlig huske på, at det gælder om at tilfredsstille mange niveauer for at gøre en forretning succesfuld. I London var det ikke alene vigtigt for mig, at kunderne og lederen af kosmetikafdelingen var positivt indstillet over for mine produkter. Folkene på salgsgulvet talte i lige så høj grad, og positiviteten omkring mine produkter skulle nå hele vejen ned til dem. Det vidste jeg allerede dengang, og den lærdom har været og er værdifuld for mig den dag i dag.

Da jeg var i London, trænede jeg derfor selv ekspedienterne i stormagasinet og hjalp dem med at sælge produkter. Jeg stod tit i baggrunden og støttede dem, lærte dem produkterne at kende og fortalte om den livsstil, som er forbundet med dem. Det var de meget overraskede over. Men det kommer helt naturligt for mig, fordi jeg elsker at samarbejde med mennesker. Jeg har stor respekt for dem og nyder at gøre en fest ud af enhver begivenhed.

Derfor startede vi også tit vores undervisning i afdelingen med dans. Det bruger jeg stadig til at motivere mine samarbejdspartnere med, når jeg rejser verden rundt for at undervise og lave PR for mine produkter, for dans spreder glæde og positivitet.

Jeg tager stadig ud i næsten alle forretninger, der sælger mine produkter. Salgsfolkene skal roses og engageres. Jeg spørger ind til deres favoritprodukter, og det gør mig glad, når de kender produkterne godt. Jeg forklarer lidt mere indgående, hvordan jeg udvikler produkterne, og hvordan de fungerer. Der bliver grinet, for jeg prøver at være sjov og underholdende samtidig. Jeg kan godt finde på at danse med en af pigerne. Jeg gør det levende og spændende, og jeg er god til at holde en balance, for på den ene side skal de lære noget, og på den anden side skal de tage mig alvorligt som ekspert.

Jeg er blevet en meget populær skikkelse inden for den verden, fordi jeg er tilgængelig overalt. Jeg sidder ikke i et tårn højt hævet over alle andre, blot fordi jeg er grundlægger af Ole Henriksen. På det punkt er jeg glad for, at jeg kommer fra Jylland og har benene solidt plantet på jorden.

Forever in my dreams my heart will be
hanging on to this sweet memory.
A day of strange desire
and a night that burned like fire.
Take me back to the place that I know.
On the beach.

Chris Rea 1986

Tryghed, velvære og succes

Man får det bedste ud af sine medarbejdere ved at være positiv. Efterhånden som jeg fik flere og flere ansatte på mit spa på Sunset Plaza – i en periode tidpunkt var vi hele 25 – blev det mere kompliceret at være leder. Der vil altid være et råddent æg eller to, som forsøger at skabe en negativ stemning, og det oplevede jeg også på mit spa.

På et tidspunkt havde jeg to ansatte, hvis succes steg dem til hovedet. De havde arbejdet hårdt og fokuseret på at opbygge en stor kundekreds, og jeg roste og roste dem, for de gjorde det virkelig godt. Men de udviklede sig til et par divaer, der følte sig højt hævet over de andre medarbejdere, og de syntes, at deres nye kollegaer skulle vise deres værd, før de kunne møde dem med åbne arme.

Det brød jeg mig ikke om. I mine øjne er alle på en arbejdsplads lige vigtige og skal behandles med samme respekt. Så det gjorde jeg dem opmærksom på. Om de var receptionister, rengøringsfolk, eller om de behandlede hud på store filmstjerner, skulle alle føle sig lige godt tilpas.

Som direktør er det vigtigt, at du spreder positivitet. Du skal motivere hver eneste af dine ansatte med møder, nye udfordringer og støtte i deres arbejde og deres søgen mod succes. Man skal være til rådighed for alle og anerkende folk, når man møder dem i virksomhedens lokaler, og tage sig tid til at smile, småsnakke med dem og rose dem, når de fortjener det. Sandheden er, at samarbejde både handler om at give og tage. Du får helt sikkert mest gavn af en medarbejder, der trives og er positiv og entusiastisk over for sit arbejde, og det kan du være med til at sørge for. For mig er det kommet ganske naturligt at sprede positivitet.

Et positivt miljø skaber velvære. I et rart arbejdsmiljø er man i stand til at rose hinanden, og ros skaber selvtillid og tryghed. Hvis man er tryg, er man også i stand til at tale mere åbent og modtage kritik, for alting kan ikke altid være perfekt. Tryghed føles skønt. Det skaber velvære – og lyst hos alle til at blive endnu dygtigere, og folk føler sig motiverede til at gøre et godt stykke arbejde og yde deres allerbedste

Træn din hjerne positiv

I mine øjne er et positivt mindset en af de vigtigste kvaliteter, hvis du vil opnå succes. Du kan erobre verden med din positivitet, hvis den er oprigtig, for positivitet er mere end et smil til dig selv og din omverden. Det er en dybtfølt holdning. Positivitet handler om, at man er glad for at være en del af verden, og den glæde kommer helt indefra.

Som jeg nævnte i det første kapitel, er jeg meget inspireret af videnskabsmanden John B. Ardens bog "Rewire Your Brain". I den beskriver han, hvordan du selv kan have stor indflydelse på, hvordan din hjerne fungerer og udvikler sig. Han påpeger, at man kan træne sin hjerne til at tænke positivt. Hvis man f.eks. bevidst vender de negative udsagn og fortællinger i sin hjerne til positive, kan man vænne sin hjerne til at tænke sådan. Vænner du f.eks. dig selv til at sige: 'jeg kan,' i stedet for at sige 'jeg kan ikke,' vil hjernen efterhånden automatisk fortælle dig, at det kan du godt.

Her er vi tilbage ved vigtigheden af en positiv indre dialog, som Kapitel 2 handler om. Du skal tale lige så pænt og positivt til dig selv, som du gør til andre. Du skal rose dig selv, ligesom du roser andre. Og hvis du ikke gør det allerede, skal du begynde på det fra nu af.

Den indre dialog kan du lære at styre og dyrke på mange måder, f.eks. når du har alenetid, og ikke bare foran badeværelsesspejlet. Du kan lukke dine øjne, være i nuet og mærke dig selv. Du kan gøre det under meditation, eller mens du dyrker yoga, for du kan sagtens træne kroppens styrke og smidighed og samtidig vende blikket indad.

I vores travle verden er det vigtigt at tage sig tid til at gøre det. Det kan være ti eller femten minutter her og der. Mange mennesker har en tendens til at glemme at tage sig tid til at være alene og til at meditere i deres dagligdag med den begrundelse, at de har for travlt. Alligevel finder mange af dem tid til Facebook og til at tage 5000 selfies. Det er der ikke noget i vejen med. Men vi skal huske at prioritere de ting, der er gode for os og hjælper os med at blive positive mennesker.

Her er vi tilbage ved betydningen af at have mantraet 'jeg kan'. Jo flere mål man når, jo mere naturligt føles det at sige 'jeg kan'. Med det som mantra kan man mange flere ting, for troen på, at det vil lykkes, dæmper frygten for at mislykkes. Man kan dog godt have lidt frygt eller lidt stress, selvom man siger 'jeg kan'. Men det gør ikke noget, for en mild følelse af stress og en smule nervøsitet er bare med til at stimulere hjernen, så den kan fungere optimalt og huske vigtige ting.

Oles gode råd

Giv dig selv en peptalk, og motiver dig selv med positiv tale, når du står over for udfordringer. Husk, at du har kontrol over dine egne tanker og kan styre din hjerne. Selvkritik er okay, men vend altid kritikken til noget konstruktivt.

Bedst er det, hvis man lærer at tænke 'jeg kan' allerede som barn. Forældre har en vigtig opgave i at lære deres børn at udvikle et positivt mindset og en 'jeg kan'-attitude. Jo før det sker i livet, jo bedre. Men det er aldrig for sent

Når man er barn, er det især vigtigt at få ros og positiv opbakning. Børn har deres forældre som forbilleder (og senere i livet finder de flere og andre at se op til). At være forbillede over for sine børn forpligter. Derfor skal man som forælder være positiv over for sine børn, og det er ikke ensbetydende med, at man slet ikke kan være kritisk. Det afgørende er, hvordan man forklarer ting, og hvordan man giver sin kritik. Man skal gøre det på en konstruktiv måde og altid prøve at være kærlig, positiv og rose, når det er fortjent.

Ligesom det forpligter at være et forbillede over for sine børn, forpligter. det også at være forbillede for sig selv. Selvom det er fint at have

andre forbilleder, skal dit vigtigste forbillede være dig. Så vil du nemlig
gøre dit allerbedste for at blive den bedste version af dig selv, og det vil
helt af sig selv bane vej for de positive tanker.

Selv fiaskoer kan vendes til succes

Hvis du oplever en fiasko i livet – og det gør vi alle sammen – må du
ikke være så hård i din selvkritik, at du spænder ben for dig selv. Lidt
modgang kan alt for hurtigt sætte gang i selvkritikken – og nogle har
mere tendens til det end andre. Her gælder det om at stoppe op og i ste-
det dyrke sit positive mindset og tænke på den lange liste af succeser,
man tidligere har haft i sit liv.

Det kan være mange forskellige ting, man har haft succes med: et
lækkert måltid, som blev rost af alle og skabte en god stemning – det
er succes på et mere personligt niveau. Det kan også være, at man blev
rost for at have lavet et godt stykke arbejde på arbejdspladsen, eller at
man fik en høj karakter til en eksamen.

Med succeserne i baghovedet skal man vende sin fiasko til noget posi-
tivt og i stedet lære af den og finde inspiration til at komme på rette vej
igen. Ikke mindst i modvind kommer man længst med positivitet

Positiviteten er uden tvivl med til at åbne døre, men du skal også
være dygtig, og det kommer jeg meget mere ind på i Kapitel 5. De to
ting hænger sammen.

Positiviteten er den kraft, der sætter ekstra power på alt det, du kan,
og får dine evner til at løfte sig. For positivitet er overvældende. Man
kan det hele, og man kan ikke lade være med at ville det hele. Og når
du først opdager, hvor godt det føles at dyrke det positive, bliver det
ganske naturligt for dig at være positiv. Sådan har jeg det.

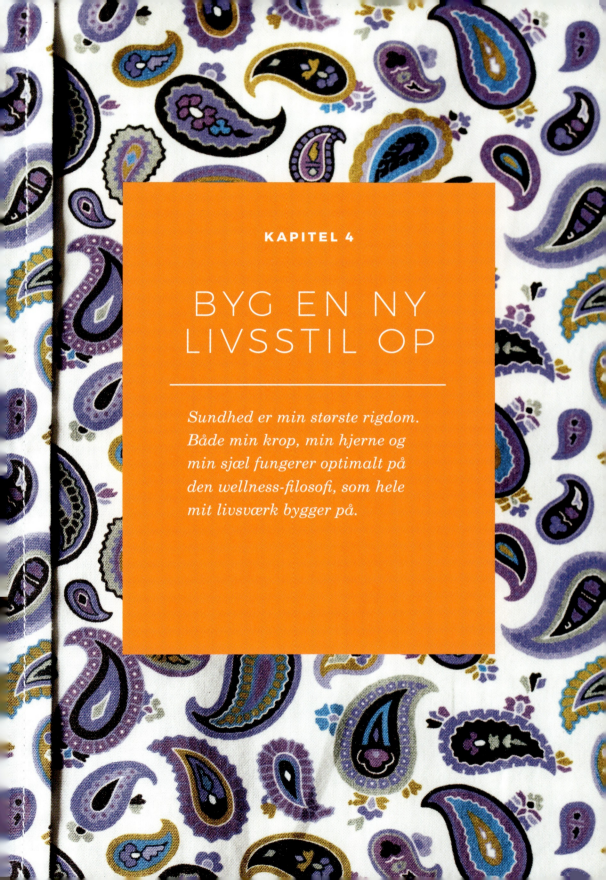

KAPITEL 4

BYG EN NY LIVSSTIL OP

Sundhed er min største rigdom.
Både min krop, min hjerne og
min sjæl fungerer optimalt på
den wellness-filosofi, som hele
mit livsværk bygger på.

Jeg fik øjnene op for begrebet wellness i 1973, da Harvey og jeg var flyttet til San Francisco fra henholdsvis Jakarta og London. Åbenbaringen skete i en lille kombineret helsekost-forretning og vegetarcafe, der lå lige rundt om hjørnet fra min arbejdsplads på Fabulous Faces, en af tidens tre mest eksklusive hudplejeklinikker i USA.

Jeg husker desværre ikke navnet på cafeen, og den findes ikke længere, men jeg tænker altid på den, når jeg besøger San Francisco og går forbi den hvide bygning, hvor den lå. I cafeen kunne man sidde på barstole og spise en masse dejlige, sunde retter, f.eks. avocadosandwich med sprøde spirer i, hvilket jeg begejstret gjorde, når jeg havde råd til det, for det var en relativt dyr affære for min pengepung dengang. Men indimellem forkælede jeg mig selv med en sandwich og spændende grøntsager og frugter fra de mange lokale landbrug i det frugtbare Californien.

I denne forretning fandt jeg også bøger af Benjamin Gayelord Hauser, som kom til at ændre mit liv. Han var en selvlært ernæringseks-pert, der blandt andet skrev bøgerne "Look Younger, Live Younger" (på dansk: Hold Dem ung – lev længe) (1950), "Bliv gladere, bliv sund og lev længere" (1952) og "Gayelord Hauser's Treasury of Secrets" (1963). Han var immigreret til USA fra Tyskland og blev i 1930'erne kendt som 'stjernernes ernæringsekspert'. Blandt andet rådgav han Hollywoodlegenderne Greta Garbo, Marlene Dietrich og Grace Kelly om deres kost. Nogle af hans vigtigste råd var at skære ned på kød, sukker og hvidt brød og i stedet spise en masse grøntsager og frugt og i det hele taget vende tilbage til en mere naturlig kost. Tanker, som er helt i tråd med nogle af nutidens sundhedsråd.

Og det var ikke mindst i mine frokostpauser her i cafeen, det gik op for mig, hvordan alt, hvad man gør, er forbundet i en større enhed, og hvor vigtigt en sund livsstil er for hele ens velbefindende. På dette tidspunkt i mit liv var jeg stadig i gang med at finde mig selv. Jeg var i begyndelsen af 20'erne og havde mange spørgsmål om store og små ting i livet. Og jeg begyndte mit wellness-eventyr med at søge viden i bøger.

Oles gode råd

Sørg for at lære og læse om kost og ernæring. Det er en fantastisk investering ikke bare i din krop, men også i din karriere at spise sundt, for succes er direkte forbundet med sundhed. Selv foretrækker jeg at få min viden fra bøger.

Efter kort tid i San Francisco ville Harvey prøve lykken i filmbranchen som manuskriptforfatter i Los Angeles, og derfor rykkede vi til den sydlige del af Californien, hvor jeg fortsatte min søgen. Jeg opdagede en ny verden af spiritualitet, helse og ernæring i boghandlen The Bodhi Tree på Melrose Boulevard. Og min opdagelsesrejse fortsætter den dag i dag. Jeg elsker stadig at gå på eventyr i helsekostforretninger, blandt andet i det legendariske Erewhon Market i West Hollywood, der var lidt af et hippiested, da det åbnede i 1960'erne, og jeg begyndte at komme der. Min mand og livspartner, Laurence, overraskes til stadighed over min uendelige appetit og giver udtryk for det med stor forbavselse i stemmen, når jeg kommer hjem fra boghandlen eller en helsekostforretning med en stor stak bøger:

"*Endnu* flere bøger om ernæring, Ole? Har du ikke snart bøger nok om det emne?" Men det har jeg slet ikke, for min nysgerrighed bliver større og større for hver bog, jeg læser, og nu kan jeg slet ikke lade være med at suge ny viden til mig.

Jeg har slugt mange bøger om kost og ernæring, siden jeg opdagede de første bøger i San Francisco, og jeg har flere favoritforfattere og -bøger om emnet. Ud over Gayelord Hausers bøger vil jeg fremhæve den finske Paavo Airolas bog "How to Get Well" (1974), Udo Erasmus' "Sundt fedt og dræberfedt" (1993), Verne Varonas "Nature's Cancer-Fighting Foods" (2001), Colin Campbells "Kinastudiet" (2016) og Michael Gregors "Hvordan du undgår at dø" (2017). De står hjemme på bogreolen i mit kontor. Jeg kan varmt anbefale, at man køber bøger i stedet for at google sig til information, for det er en helt anden tilfredsstillende oplevelse at sidde med en bog skrevet af en ekspert, som brænder for at give dig så mange værdifulde informationer som muligt og går helt i dybden med dem.

Det er vigtigt at tage sig tid til at blive veluddannet om kost og ernæring – ligesom det er vigtigt at uddanne sig om det åndelige liv. Jeg bliver meget motiveret til at lave positive ændringer i mine motionsformer og min kost, når jeg lærer om, hvor godt det rent faktisk er for mig. At skaffe sig viden om sundhed er i mine øjne den bedste måde at investere i sig selv på – ud over at spise sundt og motionere dagligt i praksis. Selvfølgelig.

Da jeg er konstant nysgerrig og videbegærlig, bruger jeg med glæde oceaner af tid på at investere i mig selv og mit helbred. Og jeg er blevet fuldkommen *afhængig* af at leve sundt, fordi det får mig til at føle mig så godt tilpas.

At leve et sundt liv betyder alt for mig. I mine øjne er min sundhed min rigdom, og succes er direkte forbundet med sundhed, for fundamentet for, at både krop, hjerne og sjæl fungerer på topniveau, er den rette kost, meget motion og en god nattesøvn.

Det er efterhånden mange år siden, at jeg nærmest instinktivt valgte at inddrage den sunde livsstil i mit arbejde som hudplejeekspert. Da jeg åbnede Ole Henriksen of Denmark Skin Care Center i 1975, skabte jeg fra starten den banebrydende wellness-model, hvor mit arbejde ikke alene handlede om at pleje mine klienters hud, men også om at hjælpe dem til at bygge en helt ny sund og aktiv livsstil op.

Hvis mine klienter havde meget uren hud med f.eks. akne, lyttede jeg mig frem til deres spisevaner, inden jeg vejledte dem om deres kost.

Når de ændrede deres kost, oplevede de ikke alene at få forbedret deres hud, de fik også et højere energiniveau. Det højere energiniveau motiverede dem til at spise endnu bedre og motionere mere og til at søge nye udfordringer i livet. De begyndte i det hele taget at blomstre på en helt ny måde og føle sig meget bedre tilpas med sig selv.

Jeg begyndte også at holde foredrag om sammenhængen mellem skønhed og wellness. Jeg fokuserede ikke bare på, at man skulle bruge effektive hudplejeprodukter, for så ville alt være godt; jeg uddannede mit publikum i den store sammenhæng mellem velvære, sundhed og en sund og smuk hud.

Det var denne holistiske tilgang, der gjorde mig kendt og respekteret som ekspert, og det strømmede ind med klienter til min hudplejeklinik, da man så resultaterne af mine alsidige behandlingsformer.

Selv fik jeg mere og mere fokus på at spise plantebaseret og få en balanceret kost. Jeg var også meget fysisk aktiv. Blandt andet cyklede jeg på det tidspunkt til og fra arbejde i Los Angeles, og jeg vidste, at jo mere jeg motionerede, jo mere energi ville jeg få.

Oles gode råd

Hvis man spiser godt, har man det godt. Hvis man spiser dårligt, har man det dårligt. Du skal ikke acceptere at have det dårligt. Find i stedet ud af, hvorfor du har det skidt. Skriv ned, hvad du har spist, og hvordan du havde det bagefter. Fik du mere energi, eller blev du træt?' Svaret kan give dig en ide om, hvad der er godt for dig at spise.

Spis sundt

Derfor er jeg vegetar

Jeg har været kræsen, siden jeg var barn, men min foretrukne spise har altid været plantebaseret. Jeg har aldrig været særlig glad for kød. Jeg husker tydeligt den halve gris, der blev leveret til min morfars hus på Birke Allé i Nibe. Grisen hang på en krog i hans køkken. Den skulle parteres, så mor kunne få kød med hjem til at lave leverpostej og medisterpølse. Det var et chokerende syn. Jeg nægtede simpelthen at hjælpe min mor med at holde tarmen, som farsen til medisterpølsen skulle stoppes i, for jeg væmmedes ved det. Min mor syntes, at jeg var sart.

At jeg ikke var en ivrig kødspiser, blev bekræftet, da jeg i 8. klasse besøgte Nibe Slagteri som en del af vores undervisning. Jeg var rystet over at se de panikslagne grise stå i kø for at blive slagtet, for de skreg så højlydt af frygt, at det næsten ikke var til at holde ud.

Derfor skulle jeg heller ikke nyde godt af en rød pølse, da der senere blev serveret hotdogs i spisesalen. Der var en vammel lugt i salen, og jeg havde nok kastet op, hvis jeg ikke var løbet ud for at komme mig og få noget frisk luft.

Det var skræmmende at se grise blive behandlet på sådan en brutal måde og at mærke, hvordan de fornemmede deres skæbne. Måske det var mit første skridt mod at blive vegetar, selvom jeg først for alvor blev det ti år senere. Den dag i dag ligger dyrevelfærd mig meget på sinde, og jeg bryder mig ikke om de store industrielle landbrug, som vi har så mange af i USA.

I dag har jeg også en bredere viden om de ernæringsmæssige sider af kød, end jeg havde som barn. Det er slet ikke sundt at spise så store mængder kød, som familien Henriksen gjorde det, dengang jeg voksede op, og som mange har vænnet sig til, især i den vestlige verden. Tidligere spiste vi mennesker primært grønt og kun en lille smule kød, hvilket er sundt for os. Men i dag indtager mange store mængder kød og meget lidt grønt, og det er til gengæld ikke sundt.

En af de bøger, jeg nævnte tidligere, Colin Campbells "Kinastudiet", er baseret på verdens mest omfattende undersøgelser om forbindelsen mellem kost og helbred. Campbell konkluderer, at det er sundest at spise plantekost, og at mennesket f.eks. slet ikke behøver at spise kød for at få de nødvendige proteiner. Det beskriver et af kapitlerne i bogen indgående.

Jeg valgte at blive vegetar allerede som 23-årig, og selvom jeg senere har spist lidt kylling og fisk indimellem, holder jeg mig helt fra rødt kød.

Som vegetar spiser jeg f.eks. valnødder, bønner, forskellige former for frø og quinoa for at få komplekse proteiner i min kost. Hvis man bare spiser varieret plantekost, skal man ikke bekymre sig om at få nok protein, for kroppen danner selv de komplekse proteiner under fordøjelsen. Så det er en misforståelse, at man som vegetar er i fare for at udvikle proteinmangel.

Hvis man kerer sig om miljøet, er der endnu en grund til ikke at spise for meget kød. Produktionen af kød har store følger for miljøet. F.eks. udleder køer som bekendt store mængder af metan, hvis drivhuseffekt er 25 gange større end CO_2, så de har stor indvirkning på den globale opvarmning.

Oles gode råd

Vil du spise sundere, er det en god begyndelse at skrue op for grøntsagerne og ned for kødet. Sådan spiste vi mennesker tidligere, og det er meget bedre for kroppen end de store mængder kød, som mange elsker at sætte til livs.

Sukkergrisen Ole

Som barn elskede jeg sukker. Det gjorde min krop til gengæld ikke. Når jeg havde været nede hos min farmor, der nærmest levede af sukker og havde forlorne tænder, var jeg fuldkommen oppe at køre. Min farmor, en lille og buttet dame med gråt hår rullet op i en knold bagi, blev næsten 90 år, men klagede over, at hun ofte havde det skidt: "Ole, jeg er så træt, så træt," sagde hun med en stemme, der var meget svagere, end når hun fortalte de lokale sladderhistorier.

Min mor var til gengæld meget fornuftig og striks og lod ikke os drenge få for meget sukker derhjemme. Men hos farmor skulle vi forkæles, og som børn var vi uvidende om omkostningerne. Jeg var ærligt talt en lille sukkergris.

Jeg husker tydeligt, at min mor altid sagde meget skarpt om min farmor: "Hun er en doven kælling og et svinehoved og så spiser hun alt for meget slik og kan ikke engang lave ordentlig mad, Ole."

Hun undrede sig over, at jeg overhovedet ville indtage noget som helst, der var produceret i min farmor møgbeskidte køkken, og hun havde på sin vis ret: Farmor Laura led ikke af rengøringsvanvid.

Når jeg ikke fik slik og søde sager fra min farmor, købte jeg det bare selv. Jeg var så rig, fordi jeg tjente rigtig godt som mælkebud, og mange af de hårdt tjente kroner gik til mit slikbudget. Men det havde store konsekvenser for mit helbred. Mit største problem var, at jeg følte mig afhængig af sukker. Mit blodsukker var helt oppe og ringe, og som teenager oplevede jeg flere gange, at jeg fik så smertefulde migræner, at jeg måtte lægge mig i fosterstilling, lige meget hvor jeg befandt mig. Jeg lærte senere, at mine voldsomme migræneanfald kunne forårsages af alt for meget sukker, og jeg er ret sikker på, at jeg havde ville have udviklet type 2-diabetes, hvis ikke jeg havde sagt farvel til sukker i en ret ung alder.

Man får meget hurtigt højt blodsukker af at spise raffineret sukker, og det får kroppen og hjernen til at udskiller signalstoffet serotonin, som er forbundet med vores humør. Men der går ikke længe, så falder blodsukkeret igen, og det samme gør humøret. Man skal forsøge helt at

undgå tilsat sukker, dvs. sukker, der er tilføjet i den mad, man køber
eller laver derhjemme.

Hvis man derimod spiser sundt: grøntsager og fuldkornsprodukter,
der består af komplekse kulhydrater, vil det tage kroppen længere tid
at nedbryde det. Ens blodsukker vil være mere stabilt, og det samme
gælder den energi, kroppen skaber. Blodsukkeret vil stige langsomt og
falde langsomt igen, og man vil ikke opleve de store fysiske og psykiske
rollercoasters, som et hurtigt stigende og hurtigt faldende blodsukker
skaber.

Jeg holder mig fra søde sager i dag. Min søde tand er helt forsvundet
– og jeg har meget fine, hvide tænder som bevis på det.

Ud med vodka

Gennem årene udviklede jeg til gengæld et kærlighedsforhold til vod-
ka. Jeg tror, at det startede, da jeg var omkring 47 år gammel. Jeg var
begyndt at rejse og være meget på farten, og det blev en vane at belønne
mig selv med en dejlig drink efter en lang arbejdsdag. Jeg nød den dejli-
ge rene smag af vodka *on the rocks* med masser af is og to citronskiver.
Hvad jeg yderligere godt kunne lide ved vodka er, at det ikke indeholder
sukker, og det betyder blandt andet, at man får mindre tømmermænd.

Men i julen 2017 gik det op for mig, at jeg drak lidt for meget. Jeg var
aldrig for alvor beruset, men Laurence og jeg deltog i så mange hyggeli-
ge juleselskaber, hvor det var en nydelse at drikke.

Alligevel føltes det ikke helt så godt. Jeg begyndte at tælle antallet af
de drinks, jeg indtog i løbet af en måned, og det tal, jeg nåede frem til,
brød jeg mig ikke om.

Jeg har altid haft en fantastisk energi og elsker at motionere, men i
den periode føltes det, som om jeg skulle trække mig selv lidt ekstra i
gang og var mere træt og uoplagt end sædvanlig. Jeg så også mere træt
ud, end jeg plejede. De små blodkar var tydeligere end normalt, og det
krævede mere at 'vække' mit ansigt om morgenen. Jeg havde også poser
under øjnene, som jeg måtte rette op på med lidt ekstra af mine øjenpro-

dukter om morgenen. De løste poseproblemet, men det var ikke noget, jeg normalt havde behov for at gøre.

Det gik op for mig, at jeg havde vænnet mig til at drikke en vodka – og nogle gange to – næsten hver aften. Min indre stemme spurgte: 'Ole, hvorfor gør du det? Hvorfor har du behov for at drikke vodka om aftenen?'

Jeg kunne også bare have sagt: 'Ole, du er jo også blevet ældre. Du er snart 70 og har ikke så meget energi til at motionere, som da du var ung.' Men det ville jeg ikke høre tale om. Så jeg besluttede mig for en helt ny begyndelse efter nytår. Jeg ville skifte min 'vodka-belønning' efter en travl arbejdsdag ud med et nyt ritual, f.eks. en kop varm hybente.

Oles gode råd

Mangler du energi i hverdagen, så tjek dit alkoholforbrug. Selv små mængder kan forringe din nattesøvn og mindske din lyst til at dyrke motion.

Hybente er god til at hjælpe mig med at slappe af og en sund vane, der giver mig mere, end den tager fra mig. Den pris, man betaler for at have drukket alkohol, især for meget alkohol, er høj, og jeg betalte lidt for meget for min daglige 'vodka-belønning' og tænkte ikke en gang over det. Vanen havde for mange dårlige bivirkninger og påvirkede min evne og lyst til at motionere, fordi jeg lettere blev træt og dermed også miste- de lidt af nydelsen.

Alkohol nedsætter kroppens optagelse af thiamin, et B vitamin, som er nødvendigt for kroppens omsætning af kulhydrat. Det nedsætter også ens niveau af humørstofferne dopamin og serotonin, og thiaminmangel kan give nedsat hukommelse, tristhed og utilpashed. Desuden forstyr- rer alkohol nattesøvnen, så vanen med lige at tage et glas rødvin inden sengetid for at sove bedre holder ikke. Alkohol forstyrrer og foringer søvnens kvalitet, og da det også er vanddrivende, øger det risikoen for, at man skal op og tisse om natten.

Det var lidt chokerende at finde ud af, at min daglige vodka havde haft så meget mere negativ effekt på mig, end jeg havde regnet med. Da jeg holdt op med at drikke alkohol om aftenen, svævede jeg næsten gennem min dag. Jeg havde masser af overskud til mit arbejde og til at motionere, og når jeg først kom i gang, havde jeg slet ikke lyst til at holde op.

Jeg blev mindet om, at den naturlige *high*, som man får, når man dyrker motion, og kroppen udløser sine morfinlignende velværestoffer, de såkaldte endorfiner. Det er den bedste fornemmelse, man kan få, og min nye belønning i form af urtete er så småt ved at blive en god vane, som jeg ser frem til. Indimellem drikker jeg stadig med stor fornøjelse et enkelt glas champagne. Det risikerer aldrig at blive en daglig vane, for en champagneprop løsner man kun, hvis der virkelig er noget at fejre. Og sådan et smukt fejringsritual vil jeg gerne være en del af.

Det vigtigste måltid er morgenmad

Du har sikkert hørt din mor sige, at morgenmaden er det vigtigste måltid på dagen, og hun har ret. Når du sover trygt og godt, er din krop i gang med at forny sig og genopbygge dine celler. Når du står op, er det derfor vigtigt at give din krop ny næring og energi, så du er frisk til at klare dagens gøremål.

Mit favoritmåltid er uden tvivl netop morgenmåltidet. Jeg står op klokken halv seks og går i gang med mit morgenritual, som inkluderer et par dejlige strækøvelser nede i køkkenet foran et åbent vindue ud mod forhaven. Den friske luft, der strømmer ind, føles godt og får mig tit til at lave bensving mellem køkkenbordene som en lille abekat, mens jeg laver morgenmad.

Om morgenen spiser jeg altid havregrød lavet af økologiske havregryn og vand – uden tilsat sukker eller salt. Jeg blander den varme grød med en stor skål friske økologiske bær – hindbær, blåbær og brombær, som indeholder mange vigtige vitaminer og mineraler, antioxidanter og kostfibre. Man kan også bruge frosne bær, som er tøet op aftenen før, men her i Californien kan man sagtens få friske bær året rundt.

Jeg tilføjer valnødder, som indeholder mange vigtige stoffer, som beskytter hjernen, f.eks. E-vitamin, folat, melatonin, omega-3-fedtsyrer og antioxidanter. Valnødder styrker hjernens sundhed og modvirker desuden hjerteproblemer og kræft. Det er en mirakelspise, som også indeholder komplet protein. Derfor har jeg altid en stor pose valnødder med i bagagen, når jeg skal ud at rejse.

Endelig tilsætter jeg to spiseskefulde hørfrø, som er meget rige på både omega-3-fedtsyrer, lignaner (en slags fiberlignende antioxidanter) og andre plantestoffer, som gavner hjertet.

Det hele blander jeg sammen i grøden. Det gode ved dette måltid er, at det ikke alene smager skønt – hvilket mine gæster bekræfter, når de bliver forkælet af mig – men også giver en nærende start på dagen. Min gourmet-havregrød fordøjes ganske langsomt, og de komplekse kulhydrater giver langtidsholdbar energi til både kroppen og hjernen. Jeg drikker også en kop kaffe uden mælk og sukker. Frugtjuice drikker jeg aldrig, fordi det indeholder koncentreret frugtsukker. For at etablere et stabilt blodsukker gælder det om ikke at få søde sager om morgenen.

Efter mit morgenmåltid tager jeg mine kosttilskud: en multivitamin/mineraltablet, to Ester-C 1000 mg tabletter (stærke C-vitaminer), to 100 mg tabletter CoQ10 og to spiseskefulde Udo's Choice, Udo Erasmus' flydende kosttilskud med Omega-3, -6 og -9.

Festfyrværkeri af grøntsager

Til frokost spiser jeg en kæmpestor og farverig salat, som jeg laver af økologiske råvarer. Jo mere farverig din salat er, jo bredere vil viften af næringsstoffer også være. Jeg foreslår, at du laver salat til flere dage ad gangen, inden du går i seng. Jeg deler min salat op i tre Tupperware-bøtter til tre dages brug. Du kan variere din salat med mange forskellige superfoods, hver gang du laver ny portioner. Der er simpelthen så mange lækre grøntsager, frugter, bær, nødder og bælgplanter at vælge imellem.

Her har du en liste over mine favoritter: linser, bulgur, couscous, quinoa, tofu, avocado, æble, appelsin, valnødder, mandler, solsikkekerner, blåbær, brombær, hindbær, broccoli, rød og gul peberfrugt, revne gulerødder, kål, spinat, squash, revne rødbeder og champignon med citronjuice og olivenolie som dressing. Hvis man ikke er vegetar, kan man tilføje kylling eller tun. Som tilbehør elsker jeg grovbrød dyppet i lidt olivenolie.

Inden jeg motionerer om eftermiddagen, spiser jeg en snack. Jeg elsker f.eks. ristet grovbrød med mandelsmør og hindbær og evt. bananskiver.

Jeg indrømmer det gerne, selvom jeg er lidt flov over det: Jeg er ikke god til at kokkerere. Laurence er god til det. Men vi spiser oftest ude både til hverdag og i weekenderne, og der er heldigvis mange gode restauranter et par minutters kørsel fra vores hjem i bakkerne i West Hollywood.

Vi kører ud og spiser aftensmad mellem klokken halv syv og syv, for det skal ikke være for sent, hvis maden skal nå at blive fordøjet inden sengetid. Vi har et par stamrestauranter, f.eks. Pizzaria il Fico på Robertson Boulevard. Jeg elsker deres vegetarianske lasagne med masser af spinat og squash. Lidt længere nede ad gaden ligger den hyggelige restaurant The Ivy, som også er mange stjerners yndlingssted, og her er jeg vild med at bestille Pasta Primavera med masser af grøntsager. Jeg siger altid, at de skal smide alle de grøntsager, de har i deres køkken, ned i min pastaret. På South Beverly Grill i Beverly Hills spiser jeg en vegetarburger sammen med dampede grøntsager, f.eks broccoli.

Tjenerne kender efterhånden mine kostvaner, men i Los Angeles er det ikke svært at få sin mad serveret, som man helst vil have den, bare man spørger pænt om det. Det har jeg erfaret også er tilfældet i Danmark. Min yndlingsrestaurant Trattoria Fiat på Kongens Nytorv laver fantastiske pastaretter, og senest er jeg blevet helt vild med deres risotto med grøntsager.

Hvis jeg selv skulle lave mad, ville jeg lave enkle retter som fuldkornspasta med olivenolie og tomatsovs med gulerødder, rosenkål, broccoli, hvidløg, cherrytomater, squash, basilikum og lidt revet parmesanost. Eller jeg ville lave brune ris med to af mine yndlingsgrøntsager,

*Jeg er ikke kulhydrat-
forskrækket, og det er heldigt,
for Laurence og jeg elsker
italiensk mad.
Til gengæld er jeg vegetar.*

*Før i tiden slappede jeg
af med et glas vodka,
når Laurence skænkede
sin vin. Men alkoholen
drænede mig for energi.
Nu nøjes jeg med et glas
champagne, når vi virkelig
har noget at fejre.*

*Morgenmaden er mit
vigtigste måltid. Så
vigtigt, at jeg spiser
morgenmad to gange
hver dag.*

dampet broccoli og gulerødder. Indimellem spiser jeg også et stykke fisk til, især hvis jeg er hjemme i Skandinavien. Det kan jeg godt finde ud af at tilberede, vil jeg lige hilse og sige.

Der skal vand til

Mange undervurderer, hvor vigtigt det er at drikke meget vand, både for kroppen og for hjernen. Vand er en virkelig god *pick me up*, og hvis jeg føler mig træt og uoplagt i løbet af dagen, drikker jeg vand og bliver med det samme friskere.

Jeg drikker ikke sodavand eller sportsdrikke, hverken med sukker eller sødemidler, for ingen af delene er særlig sundt.

Jeg drikker generelt kun vand. Indimellem tilsætter jeg et par citronskiver for at gøre smagen lidt syrlig, for at gøre det lidt lækkert at se på og for at få en bedre syre-base-balance i kroppen. På Ole Henriksen Face and Body Spa serverer vi desuden altid vand med agurke- og citronskiver i, hvilket er meget forfriskende og efterspurgt blandt vores klienter.

I mit køkken har jeg også altid et stort udvalg af urtete med sunde egenskaber. Jeg nyder især hibiscuste, den afrikanske røde rooiboste og pebermyntete, som er gode for ens helbred og tit har rensende egenskaber i kroppen. Og senest jo også hybente.

Oles gode råd

Postevand er en overset energidrik.
Hvis du føler dig sløv, så prøv i første
omgang bare med et stort glas vand,
evt. med lidt agurk og citron i,
eller en lækker, velsmagende urtete

.

Dyrk motion

Træning som energikilde

Lige siden jeg var barn, har jeg været meget aktiv. Jeg lærte af mine forældre, at det var vigtigt at bevæge sig meget og holde kroppen stærk. Min mor elskede at gå til gymnastik med sine veninder, og far var god til at drible en bold og spillede fodbold i Nibe Boldklub. I det hele taget var min far meget adræt, og han var stolt over at kunne gå på én arm, til han var langt oppe i årene.

Jeg drømte om at blive trapezkunstner i et cirkus og var helt oppe at køre af begejstring hvert år, når der kom cirkus til Nibe. De stillede deres helt store telt op ude på Hestepladsen lige ud mod Limfjorden. Jeg var med fra tidlig morgen, når de ankom, og fulgte alle aktiviteterne inden aftenens forestilling. Når jeg så trapezkunstnerne svæve helt oppe under spidsen af teltet, drømte jeg, at det var mig. I forberedelserne til min cirkuskarriere kreerede jeg min egen trapez, som hang højt oppe i et gammelt træ i Nibe Skov. Her øvede jeg mig i alle former for imponerende akrobatik uden frygt for at falde ned.

I dag ved jeg, hvor vigtigt det er for ens generelle velvære, at man holder sig i god fysisk form. Jo stærkere man er, jo flere kræfter og mere energi har man til at klare de udfordringer, som dagen byder på, og man har bedre overskud til familie og venner efter arbejdstid. Det kræver meget energi og udholdenhed at have et travlt og aktivt liv. Men man får ikke så let stress eller bliver udaset, hvis man er i god fysisk form, for så har man energi til at klare sine gøremål meget mere ubesværet. Det bliver lettere at have en 'jeg kan'-attitude, når man har energien til det.

Det hele hænger sammen. Hvis man har meget energi, er man meget mere motiveret til at søge nye udfordringer. Man har lyst til at gøre den ekstra indsats på arbejdet, læse nye bøger, springe i swimmingpoolen, gå lange ture, eller hvad man vil bruge al sin opsparede energi på.

Det er lige så vigtig at tage sig godt af sin krop, som det er at passe sit arbejde. Man skal have lige så meget respekt for sin motionsplan som for sin arbejdsmæssige to-do-liste.

Det kan godt være svært at komme i gang med at motionere og komme i form. Men i gang skal man, og her har sportsmærket Nike et slogan, som er vældig motiverende: 'Just do it' – bare gå i gang. Man skal ikke forcere projektet, men tage ét skridt ad gangen og være god til at rose og anerkende sig selv, når man når sine mål. For selvom det kræver 'blod, sved og tårer', havde jeg nær sagt, at komme i gang, er der så mange fordele ved det, når man først har gjort det til en vane og endelig er kommet i god form.

Jo ældre man bliver, jo lettere er det at gå fysisk i stå. Men det skal man undgå, for så går man også i stå på alle andre fronter. Hvis man ønsker at leve et langt liv med en sund krop, er det vigtigt at investere i sig selv og motionere jævnligt – også som et modent og et ældre menneske.

Skuespilleren Jane Fonda er efterhånden omkring 80 år, så hendes træningsrutiner er anderledes nu end dengang i 1980'erne, hvor hun lavede sine populære træningsvideoer. Hun har tilpasset sine motionsøvelser efter den alder, hun har nu, men er stadig aktiv. Man skal aldrig holde op med at dyrke motion, og især skal man sørge for at træne sine muskler, så de beskytter knoglerne. Det er ekstra vigtigt, når man bliver ældre, fordi ens knogler bliver mere porøse.

Oles gode råd

Før dagbog over, hvor meget motion du dyrker, og sørg for at plotte træningen ind i din kalender, så du er sikker på at have tid til din træning. Fysisk aktivitet er lige så vigtigt som dit arbejde.

Skuespilleren Sylvester Stallone fik mig for alvor i gang med at styrketræne.
Jeg laver stadig mange af hans øvelser hver dag.

Stærk som Stallone

Vælg en motionsform, som tiltaler dig, og som gør dig glad. Jeg elsker
f.eks. at danse og danser altid rundt i mit hus. Både morgen, middag og
aften, når jeg kan komme til det. Min daglige motion foregår enten om
morgenen eller om eftermiddagen, alt efter om jeg er hjemme eller ude
at rejse, og hvordan min øvrige tidsplan er. Men jeg finder altid tid til at
motionere, og jeg finder altid på nye former for motion eller øvelser, som
begejstrer mig.

For nylig var jeg med mit firma til en 'Ole Glow Camp' på Amangiri
Resort i Canyon Point i Utah. Den tur skal jeg nok fortælle mere om
senere. Selvom jeg normalt ikke er vild med at træne i fitnesscentre,
blev jeg meget inspireret her. De havde nemlig nyt legetøj, jeg kunne få
fingrene i: vægtbolde, som jeg kunne kaste op i luften og næsten jongle-
re med, som da jeg var barn. Det gjorde mig så ellevild, at jeg for rundt
med boldene og nød hele den barnlige leg til fulde. Det føles skønt at
finde sit indre legebarn og glemme alt om tid og sted.

Oprindelig var det skuespilleren Sylvester Stallone, der inspirerede
mig til at få et mere varieret motionsprogram. Han kom jævnligt på
min hudplejeklinik, fra han var en ung mand i 30'erne, og han var som
bekendt en meget muskuløs herre med et meget charmerende ansigt og
tykt, mørkt hår. Han forsøgte bestemt heller ikke at skjule sine musk-
ler. Han mødte altid op i små shorts og så let påklædt, at man kunne
beundre så meget af den veltrænede, solbrune krop som muligt.

En af de første ting, han sagde til mig, var: "Hvordan kan sådan en lil-
le spinkel fyr som dig arbejde på min overkrop?" Selvom jeg udmærket
var i stand til at massere hans skulderparti, gik han med det samme i
gang med at vise mig diverse øvelser, som kunne styrke mine muskler.
Han viste mig nye øvelser, næsten hver gang han fik en behandling.
Dem fik jeg vældig god gavn af, og jeg laver dem den dag i dag.

Når jeg træner derhjemme, begynder jeg med at lukke øjnene og lytte
til mit åndedræt, mens jeg tager dybe indåndinger. Jeg fortsætter med
en masse forskellige balanceøvelser, og så begynder jeg at danse og lave
strækøvelser. Jeg hører altid musik, mens jeg motionerer, for rytmerne

motiverer mig. Lige nu hører jeg en masse latinamerikansk musik med fantastiske rytmer, blandt andet Ricky Martin, der er en af mine favoritter. Der er noget meget befriende ved dans som udtryksform, og jeg bliver altid helt bidt af det.

Derefter bruger jeg ringene og parallelbarrerne, som jeg har installeret på min øverste udendørsterrasse med udsigt ud over Los Angeles. Her træner jeg min smidighed og styrke og kan godt lide at bruge min egen kropsvægt som modstand. Jeg svinger rundt som et lille barn, og det føles bare så godt. Trapezkunstneren i mig lever endnu.

Hvis der pludselig kommer en god sang, løber jeg ned og danser som en vildmand på den lave terrasse uden for vores spisestue. Det er ikke helt almindelig dans, kan jeg godt fortælle dig. Jeg kan også finde på at gribe hulahopringen og stå og svinge lidt med den. I det hele taget skifter jeg mellem forskellige ting og sørger for at gøre det så varieret som muligt.

Jeg forsøger at motionere mindst 30 minutter dagligt og synes, at det er imponerende, hvor enormt stor styrke man får, når man først kommer i gang, især med dejlig latinamerikansk musik i ørene. Jeg føler mange gange, at jeg bare kunne blive ved og ved og ved.

Der er mange fordele ved at motionere. De magiske endorfiner udløses i kroppen, så man føler sig glad og helt høj af velvære. Ilten kommer bedre rundt i blodet, og det gavner også hjernen, som tænker klarere. Når du har en stærk og sund krop, fungerer hjernen optimalt, og så er den klar til at få mange af de gode – og nogle gange geniale – ideer, som du har brug for til at få succes.

Man får mere energi af at dyrke motion, hvis man også sørger for at spise rigtigt. Man forbedrer sit immunforsvar og hjælper kroppen med at forebygge sygdomme. Man bliver stærkere og i stand til at udrette meget mere, og så sover man bedre om natten, når kroppen har fået hele armen i løbet ad dagen. Der er så mange bonusting forbundet med at dyrke motion. Jeg glemte helt at sige, at ens sexliv også forbedres. Man kommer til at se sundere ud, samtidig med at ens hud bliver smukkere – igen i samspil med kosten – og så bliver bagdelen og alle de andre dele også lidt fastere. Det er jo ikke så ringe endda, som man siger på jysk

Sov godt

Mit faste godnat-ritual

Når man dyrker motion og spiser sundt, sover man bedre. Jeg har slet ikke problemer med at falde i søvn. Jeg sober med det samme, og nogle gange lidt for hurtigt. Nogle gange vågner jeg op uden min bideskinne i munden, fordi jeg nåede at falde i søvn, inden jeg fik den i.

For mig er det vigtigt at have et soveritual, som jeg følger, lige meget hvor jeg er i verden. Jeg sørger altid for at slappe helt af og slutte dagens arbejde og eventuelle tanker og bekymringer, inden jeg skal sove.

Af samme grund har jeg en lille notesbog på badeværelset. Hvis jeg kommer i tanke om ting, der skal udrettes dagen efter, skriver jeg dem ned, så jeg ikke behøver tænke mere på dem, når jeg først har lagt mig. Jeg tager aldrig problemer eller negative tanker med i seng og tænker bevidst positivt.

Inden sengetid tager jeg altid et brusebad for at rense og afslappe kroppen, så den er klar til at gå til ro. Jeg elsker fornemmelsen af at være under det dejligt varme vand, og det føles som en form for psykisk renselse at stå og vaske hår og skrubbe kroppen. Jeg bruger som regel min Clean Truth Foaming Cleanser, som skummer og renser mit ansigt i dybden og dufter så dejligt frisk. Bagefter står jeg foran spejlet og gør huden klar til natten med min Glow Cycle Retin-ALT Power Serum fulgt af Goodnight Glow Retin-ALT Sleeping Crème, som har cellefornyende egenskaber og opstrammer huden, og endelig Banana Bright Eye Crème. Huden skal nemlig ligesom kroppen have lov til at hvile og forny sig.

Jeg sover i en behagelig og farverig T-shirt og lidt større underbukser end dem, jeg går med om dagen. Det er meget vigtigt at have noget let på, der tillader, at jeg kan bruge min krop under dynen, uden at den føles spærret inde. Det er også vigtigt at ligge komfortabelt. Madrassen er lidt blød og former sig efter kroppen. Og jeg nyder en hovedpude, der ikke er for blød, for så slipper man for at vågne op med rynker fra folderne i puden og se ud, som om man er blevet skåret i hele ansigtet.

Jeg har bedt en bøn hver aften i mere end tyve år, og jeg ser altid frem til at udtrykke min taknemmelighed, inden jeg skal sove. Indimellem undskylder jeg, at bønnen bliver kort, fordi jeg er så træt. Det betyder meget for mig at folde mine hænder og tale til de højere magter og udtrykke taknemmelighed for en dejlig dag og bede for min omverden. Jeg takker for alle de dejlige mennesker i mit liv, og hvis der er nogen, der har brug for ekstra støtte, beder jeg også for dem. Desuden beder jeg altid for fred i verden, for sammenhold, for, at vi skal være imødekommende over for hinanden og byde hinanden velkommen på trods af vores forskelle.

En god nattesøvn har kæmpestor betydning for ens krop og for ens hjerne, for begge dele bliver fornyet under søvnen. Man skal ikke nægte sig selv en god søvn. Mange folk, der vil være supermennesker, hævder, at de bare har brug for at sove i fire timer. Men hvorfor prale med det, når det ikke er godt for én? Man kan ikke fungere på topniveau, hvis man ikke får en god nattesøvn. Din nattesøvn er lige så afgørende for dig som god ernæring og motion. Søvnen er den tid, hvor din krop og hjerne restaureres, så de kan fungere optimalt næste dag. Jeg kan tydeligt mærke, at jeg er blevet forynget, når jeg vågner op, og jeg springer som regel ud af sengen som en anden gazelle og slår koldt vand i ansigtet på badeværelset, så jeg for alvor bliver vækket. I spejlet kan jeg med det samme se, at her er et veludhvilet ansigt klar til dagens mange spændende opgaver.

Sundhed som springbræt til succes

Hvorfor nu al den lovprisning af sundhed og velvære? Fordi der er tæt sammenhæng mellem, hvordan man har det fysisk og ens chancer for at opnå succes. Jeg var meget ung, da denne sammenhæng gik op for mig: At succes er direkte forbundet med ens sundhed, fordi man som et sundt menneske har uanede mængder af energi til at klare dagens mange gøremål og samtidig kan udføre dem med et smil og stor nydelse.

Din hjerne er dit bedste redskab til at få succes, og både kost, træning og søvn har stor betydning for din hjernes biokemi. Hvis man er kommet ind i en ond cirkel, hvor man spiser dårligt, får for lidt motion og sover skidt, forsvinder livsglæden, og man vil på mange måder komme til at stå stille. Så skal man sige til sig selv: '*Nu* er det på tide at komme i gang.' Og man skal lave en plan over, hvornår man kan motionere i løbet ad ugen. Det er en god ide at skrive det hele ned og lave en tidsplan til at begynde med. Efterhånden vil det blive en god vane. Tilsvarende skal man lægge en strategi for sin kost og sin søvn.

Hvis du har usunde vaner, bør du ændre dem til sunde vaner. Vaner er noget, som vi har opbygget, for at vores bevidste hjerne ikke skal overbebyrdes, men vi kan sagtens tage kontrol over situationen og lave vaner om, så vores hjerne nærmest automatisk går i gang med at udføre dem efter et stykke tid. Vaner har også noget med tryghed at gøre. Men husk, at nye vaner kan gøre dig lige så tryg, som de gamle vaner kunne.

Målet er, at du skaber gode, sunde vaner, der varer livet ud. De vil gavne dig både fysisk, mentalt og følelsesmæssigt, og du vil føle mere velvære i alle aspekter af dit liv. Hvorfor ikke have det sådan hele livet? Hvorfor ikke bygge en helt ny og sund livsstil op?

Al begyndelse er svær, og det kan godt kræve hårdt arbejde at skabe sunde vaner. Især i forhold til motion, hvor det kan være sejt at få kroppen i gang. Men det er muligt at ændre vaner. Man skal bare have en god portion selvdisciplin og forstå, hvor godt det er for ens krop, hjerne og sjæl. Når du først opdager, hvor godt det føles, kan du slet ikke lade være, og du vil garanteret blive lige så afhængig af de magiske endorfiner, som jeg er.

En ny, sund livsstil er en af de mest grundlæggende forudsætninger for at opnå den optimale succes. I hvert tilfælde en succes, hvor det hele føles godt, og hvor du er i kontakt med dig selv og din krop. Hvor din krop føler sig tilpas, og hvor du har et højt energiniveau til at udrette alt det, du skal for at nå dine mål.

Min sundhed har uden tvivl betydet en masse for min succes. Min energi giver mig blandt andet den begejstring, der smitter af på mine omgivelser. Jeg lever af mit *high* og at have fart over feltet og masser af kræfter. Jeg gider ikke at føle mig dårligt tilpas eller doven. Jeg vil hellere boble af energi og bruge løs af den.

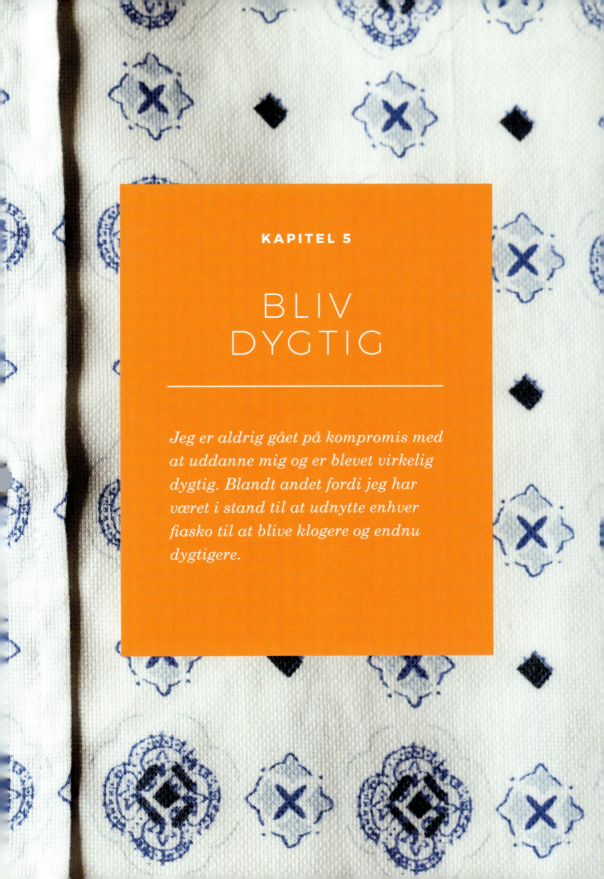

KAPITEL 5

BLIV DYGTIG

Jeg er aldrig gået på kompromis med at uddanne mig og er blevet virkelig dygtig. Blandt andet fordi jeg har været i stand til at udnytte enhver fiasko til at blive klogere og endnu dygtigere.

E n helt ny verden åbnede sig for mig i kemilokalet på Christine Shaw Health and Beauty College. Det var en lille *hidden treasure*. Umiddelbart lignede det et ganske almindeligt kemilokale med lidt sterile, hvide vægge og høje, lange og smalle skranker, hvor man kunne stå og arbejde over for hinanden. Men der duftede meget skønnere – af rosmarin, lavendel, sandeltræ, eukalyptus og mandarin. Og når man kiggede ind, var det første, man så, de mange krukker med ekstrakter fyldt med urter og æteriske olier.

Der var noget magisk over de meget tynde måleglas, og jeg husker tydeligt lyden af stålpinden, når den ramte disse glas, mens vi blandede ingredienserne til vores produkter. Vi bar sjældent masker eller sikkerhedsudstyr, for det var ikke den slags kemitime med farlige gasser eller andet, der pludselig kunne eksplodere.

Vi lagde ud med elementær kemi og lærte helt fra bunden, hvordan man skaber hudplejeprodukter. Vores dygtige kemilærer kom udefra, for det var ikke et fuldtidsjob. Men Christine og Richard Shaw sørgede for at hyre de bedste eksperter til alle fag, og især Christine var selv vældig engageret i undervisningen og stolt af, at skolen blev anset for at være en af Europas bedste kosmetologskoler.

Hun kom ofte uanmeldt forbi vores timer og stod i sine elegante skræddersyede jakkesæt og fulgte med i vores undervisning. Jeg kiggede altid spændt på, hvad hun havde på, for som en ung kvinde i 40'erne var hun altid så smart og farvestrålende klædt, og det imponerede mig gang på gang, hvor nydelig og sofistikeret hun så ud. Først stod hun lidt i døren og lyttede, og pludselig indskød hun lige et par af sine egne erfaringer i branchen, f.eks. om behandlingsprodukter fra Tyskland og Frankrig, og hvorfor de fungerede så godt. Det var altid noget vigtigt, hun havde at tilføje, og hun lagde altid vægt på at pointere, hvor meget de små detaljer betyder, når man behandler hud.

Det blev rigtig sjovt, da vi begyndte at lave vores egen lotions og cremer. Vi startede med en base, der bestod af fugtighedsbevarende og beskyttende ingredienser, og derefter påførte vi dem et bredt sortiment af vandbærende ingredienser. Der var spænding i luften. Jeg vil tro, vi havde den samme følelse, en kokkelærling har, når han eller hun står i et køkken og skal sammensætte et lækkert måltid bestående af de bedste råvarer.

I andre timer som f.eks. manicure, pedicure, makeup, massage og ansigtspleje var vi meget fysisk aktive, men når vi stod i kemilokalet, var der en vis spænding og mystik over feltet, og der var altid meget stille, fordi alle 20 i klassen fokuserede intenst og koncentreret på hver vores eksperimenter med målebægre, krukker og ingredienser.

Jeg var meget begejstret over, at jeg fik mulighed for at få produkterne med hjem og kunne afprøve dem både på både min egen hud og på mine medstuderendes, når vi øvede os i at behandle hinanden. Desuden kom der unge stewardesser fra British Airways om aftenen, som vældig gerne ville være forsøgskaniner, når vi studerende skulle træne vores teknikker.

Dengang var forskningen ikke så langt fremme som i dag, men man var i stand til f.eks. at skabe nogle fantastiske renseprodukter, øjencremer, masker og dejlige dagcremer.

Oles gode råd

Vær nysgerrig, og sørg for at sætte dig ind i alle facetter af dit fag. Afprøv teorierne i praksis, hver gang du har lejlighed for det.

Da stjernerne begyndte at myldre til mit spa, kom jeg også på tv. Her i Good Day LA hos Tawny Little, en kendt studievært med en fortid som Miss America.

Stifteren af min skole i London, Christine Shaw, afslørede mange år senere, at jeg var hendes bedste elev.

Timerne i kosmetisk kemi var en øjenåbner: Jeg har siden udviklet de fleste af mine succesprodukter i laboratoriet.

Dygtigste elev i klassen

Det har altid stået klart for mig, at jeg skulle være *at the top of my game*. Det var med den attitude, jeg startede på Christine Shaw Health and Beauty College i 1972: Jeg ville være så dygtig og god til mit fag, som jeg overhovedet kunne, og jeg arbejdede ihærdigt på at blive det lige fra dag ét.

Det var heldigvis meget nemt for mig. Jeg kunne nemlig slet ikke lade være. Jeg var ikke bare bidt af magien bag *cosmetic chemistry*, men dybt fascineret af alle vores fag. Jeg arbejdede i det hele taget meget hårdt og fokuseret under min uddannelse og sugede viden til mig, for jeg ville være tiptop til det hele. Derfor blev jeg også den dygtigste elev i klassen – i hvert tilfælde, hvis man skal dømme ud fra vores karakterer. Christine Shaw fortalte mig desuden, da hun besøgte mit spa i Los Angeles mange år senere, at jeg var hendes stjerneelev. Hun var så stolt af mig, at hun skrev en lille artikel til et engelsk blad, Hairdressers Journal, om sin tidligere studerendes kæmpestore succes.

Min succes på studiet gav mig endnu en portion selvtillid og troen på, at jeg nok skulle nå langt inden for hudplejebranchen. Også efter skoletid dygtiggjorde jeg mig, for jeg fandt arbejde hos den eksklusive skønhedsklinik Joye Byrnes, der lå lige rundt om hjørnet fra skolen på Albermarle Street, og det var en god måde for mig at observere, hvordan en hudplejeklinik fungerede i praksis, og få et indblik i, hvordan man skulle behandle sine klienter.

Det var vigtigt for mig, at jeg ikke bare dygtiggjorde mig på skolebænken, men også gjorde brug af min lærdom i den virkelige verden, for det er her, man for alvor lærer at forstå alle facetter af sit fag.

Takket være jobbet på klinikken tjente jeg også lidt penge, så jeg kunne være velklædt. Jeg gik meget op i mit tøj, for vi fik også karakter for at være velsoignerede og for vores personlige stil. Jeg gjorde mig umage, selvom jeg ikke havde synderligt mange penge dengang og boede sparsommeligt i en lille lejlighed over for Hyde Park.

Kreativ i laboratoriet

Da jeg åbnede min første Ole Henriksen of Denmark-klinik i 1975, lavede jeg mange af mine produkter hjemme i køkkenet. Men jeg kunne ikke producere alle mine produkter selv, mest fordi det rent tidsmæssigt var umuligt. Så jeg importerede blandt andet produktserien Lon fra det Døde Hav i Israel, som jeg havde lært at kende hos Fabulous Faces i San Francisco, Sothys fra Paris samt Dr. Eckstein fra Tyskland, som jeg stiftede bekendtskab med i London.

Det var hudplejeprodukter, som mine klienter aldrig havde hørt om, og jeg kunne godt lide at tilbyde dem eksklusive produkter. På det tidspunkt havde jeg allerede flere produkter med mit eget navn på, skabt af Lon, der tillod, at jeg kunne lave *private labels* til deres krukker.

Jeg sørgede for at udvikle og dygtiggøre mig hele tiden, for det blev min store lidenskab at udvikle hudplejeprodukter med spændende naturbaserede ingredienser. Jeg tog f.eks. kurser på UCLA – University of California at Los Angeles – i *cosmetic chemistry* og lærte en masse af den unge kemiker Rebecca James. Rebecca, som blev en god veninde. Hun introducerede mig for nye og meget effektive botaniske ingredienser. Min drøm var hele tiden, at jeg ville have produkter i mit spa, som jeg selv havde skabt hundrede procent.

I 1981 blev jeg introduceret for en ung mand, Jeff Light, som ejede en stor fabrik i Culver City. Den var kendt for at fabrikere naturbaserede hudplejeprodukter. Fabrikken hed Jason's og var opkaldt efter hans lille søn. Jeff var bekendt med branchen fra barnsben af, for hans far havde etableret et firma, der havde fokus på at lave krops- og hårprodukter baseret på naturlige ingredienser.

Jeff var meget imponeret over mit spa og de banebrydende behandlinger, jeg gav mine klienter. Da han opdagede min begejstring for kosmetisk kemi, åbnede han med det samme døren til fabrikken, og et helt nyt eventyr begyndte for mig. Her kunne jeg producere mine Ole Henriksen-produkter med det største udvalg af naturlige ingredienser fra hele verden, jeg nogen sinde havde oplevet.

Hos Jason's skabte jeg min allerførste Ole Henriksen-dagcreme helt fra bunden, Herbal Day Crème, som blev en bestseller over de næste mange år.

Jeff Light, der var en lille mand af statur, men et *power house* og en stor mand i mange andre henseender, blev mit *guiding light* både i forhold til at lave produkter og i andre forretningsmæssige henseender. Han var en fantastisk sparringspartner og brændte for at skabe noget stort og spændende og sagde: "Ole, jeg kan lide din energi. Jeg kan lide, at du brænder for det. Du ved, hvad du har med at gøre, og du skal møde Tofique."

Indtil da havde jeg selv lavet opskrifterne, men efter at Jeff introducerede mig for kemikeren Tofique, blev produkternes sammensætning lige en tak bedre. Tofique var inder, uddannet som kosmetisk kemiker i Paris og ligesom jeg meget holistisk indstillet.

Det var Tofique, der sagde: "Du har en dejlig ønskeliste med ingredienser, men vi skal lige arbejde på balancen mellem dem." Jeg havde en rimelig god ide om, hvordan jeg ville have det, men det var mere kompliceret end som så. Vi skulle sørge for at skabe produkterne, så synergieffekten – samspillet mellem de enkelte ingredienser – fungerede på bedst mulige vis. Baseret på min ønskeopskrift lavede vi laboratorieprøver. Jeg afprøvede dem på mig selv og mine klienter i spaet – som vel sagtens kunne beskrives som eksklusive forsøgskaniner – og bad dem give mig feedback på resultaterne.

Jeg var selv en del af hele processen, for jeg stolede meget på mig selv og mine evner og ville sikre mig, at vi fik de bedst mulige resultater, og da mine klienter var dem, der i det lange løb skulle være glade, var deres feedback også særdeles vigtig.

Jeg tilbragte meget tid hos Jason's ved Tofiques side, når vi var i gang med at udvikle nye Ole Henriksen-produkter. Det kunne tage op til tre måneder med laboratorieprøver, inden vi begyndte at komme på rette spor med en ny formel. Alt skulle testes for blandt andet stabilitet: Holder produktet sammen, eller falder det fra hinanden, og hvordan er dets holdbarhed? Mange ting skulle falde i hak, inden produktet kom på hylden i mit spa næsten halvandet år senere, så jeg måtte give mig god tid med hvert enkelt af dem.

Oles gode råd

Ingen kan være dygtig til alting selv.
Allier dig med superkompetente
samarbejdspartnere, der kan det,
du ikke selv kan, og lad dem rådgive
og inspirere dig.

Man skulle også være opmærksom på lovgivningen, især da jeg begynd-
te at sælge mine produkter uden for USA's grænser. Hver formel skal
godkendes og registreres af myndighederne i de lande, hvori de forhand-
les – som f.eks. Canada, Australien og EU. Ligeledes skal man sørge
for at registrere sit varemærke og produktnavne i hvert land. Det er et
stort plus, hvis man ejer alle rettigheder til sine produkter.

Da verdens største luksuskonglomerat, LVMH – Moët Hennessy
Louis Vuitton SE – bankede på døren i 2010 og ville købe mit brand
Ole Henriksen, var det første, de spurgte om: "Ejer du rettighederne til
alle dine produkter? For hvis du ikke ejer dem, har vi et problem." Da
var jeg meget tilfreds med, at jeg altid har været personligt involveret i
mine formler og lige fra starten sikret mig, at de var mine. Det var Jeff
med til at sørge for. Jeff var fantastisk hele vejen rundt, så vi endte med
at samarbejde, lige indtil han solgte sit firma.

Jeg har i det hele taget været god til at etablere meget solide forhold
til mine samarbejdspartnere, og det er vigtigt at skabe gode langtidsfor-
hold, for de kan komme til at betyde meget for ens succes. Min loyalitet
har fungeret godt for mig. Jeff smed alt, hvad han havde i hænderne,
for at hjælpe mig, hvis jeg havde produktionsproblemer på hans fabrik.
Det er desuden vigtigt at kunne stole på folk, man samarbejder med og
dermed lærer af. Her hjælper det, hvis man har kendt hinanden godt
igennem mange år.

Det prikker lidt

Den succes, mine produkter har fået ude på verdensmarkedet, er uden tvivl et resultat af min ekspertise i at skabe produkter, der konstant fornyer og forbedrer huden. En ting er at skabe produkter, der har en positiv effekt på folks hud, men jeg indlever mig i hele oplevelsen: Hvordan er det at stikke fingrene i krukken derhjemme, mens man dufter og føler konsistensen? Hvordan arbejder man produktet ind i huden, og hvad mærker man i huden, når det påføres? Mange gange prikker mine produkter nemlig lidt, lige når man har påført dem. Jeg tænker også på bagefter: Hvordan ser det ud, når man ser sig selv i spejlet? Hvordan føles det? Så jeg er med på hele rejsen.

Helhedsoplevelsen betyder enormt meget, og den erfaring kan man kun få, hvis man selv har været behandler og har forståelsen for, hvordan oplevelsen skal være hele vejen igennem. Mit behandlingsrum har været mit forsøgslaboratorium på så mange måder. Når man sidder og arbejder med huden på en klient, ser man det hele for sig. Man har også en dialog, hvor klienterne fortæller én, hvordan det føles, og hvordan deres oplevelse er, og så binder man de to ting sammen.

Når jeg er ude at fortælle om, hvordan man skal bruge mine produkter på den mest effektive måde, lever jeg mig ind i processen: 'Luk øjnene. Slap af i overkroppen. Tag en dyb indånding. Varm produktet op. Masser det ind. Mærk produktet. Inhaler den gode duft. Sjusk ikke – men tag dig god tid med det hele.'

Man fornemmer bedre produktet med lukkede øjne. Det bliver en nydelse og et mediterende øjeblik, hvor man giver tilbage til sin hud. Jeg har erfaret fra mit behandlingsrum, at man skal skabe en større oplevelse, som man som kunde af mine produkter kan kopiere derhjemme.

Jeg er blevet dygtig til at forstå, hvad det er, kunderne gerne vil have. Men der er mange ting, de kan lide, for der findes mange slags klienter, og det gælder også om at være opmærksom på det. Blandt andet foretrækker en gennemsnitlig amerikansk kunde lettere cremer, mens europæere synes om cremer, der er lidt kraftigere i konsistensen. Det kan man også se på salgstallene. Sheer Tranformation Perfecting

Moisturizer er nummer et i USA, mens Nurture Me Moisturizing Crème sælger bedst i Skandinavien.

Jeg er også dygtig til at få folk til at føle sig godt tilpas og være glade for sig selv, når jeg møder dem i mit spa eller i butikker, hvor mine produkter sælges. Jeg vil ikke acceptere, at de hakker for meget på sig selv. Så fortæller jeg dem alle de positive ting, jeg ser i deres ansigt eller deres kropssprog. Jeg lægger mærke til alt – stemmebånd, øjenfarve, kindben, formen på næsen osv. Jeg kan også mange gange huske, hvad kvinder havde på, to år efter jeg har mødt dem sidst. Det er de ofte imponerede over.

Indimellem kalder jeg mine produkter for *my babies* – de er alle sammen skabt i mit hoved og bragt til live via den før omtalte proces, til de står som færdige produkter på hylderne. De har alle et lille *touch* af mig, og der er meget kærlighed, omsorg og omtanke i hvert eneste produkt. Når folk standser mig på gaden og siger: "Jeg vil lige fortælle dig, at jeg er så glad for Nurture Me," siger jeg altid: "Tusind tak." Og jeg er dybt beæret over det. Det er, som når en kok får ros for sin mad på en restaurant. Hun bliver med garanti også stolt.

En guru bliver til

Jeg var klar over, at jeg ikke alene skulle være dygtig i behandlingsrummet og til at lave produkter. Jeg skulle også være god til at få mine budskaber ud. Jeg var derfor lige fra starten opmærksom på, hvor vigtigt PR og markedsføring var for mit spa. Det havde selvfølgelig førsteprioritet, at jeg leverede højeste kvalitet i spaet, men det var også vigtigt, at *Angelenos* – et af de fine kælenavne for indbyggerne i Los Angeles – hørte om det.

Jeg mødte ved et tilfælde en journalist fra avisen Beverly Hills Courier på den jødiske delikatesse Nate'N Al. Han syntes, at det lød vildt spændende, hvad jeg havde at fortælle om Ole Henriksen of Denmark, så han skrev den første artikel nogensinde om spaet. Det fik mig til at tænke over vigtigheden af at lave PR. Jeg tænkte: 'Lad mig komponere

Min danske veninde Helene havde det helt rette skandinaviske look til at markedsføre mine første produkter.

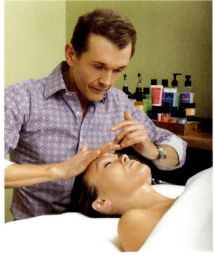

Hver eneste klient har i årenes løb fået en skræddersyet behandling. Ofte gik jeg hjem og blandede produker, der netop passede til den enkelte kundes hud.

Mit spa er blandt andet kendt for sine wetrooms, hvor man bliver overskyllet med vand fra mange brusehoveder i loftet. Som blød, silende regn i en tropisk regnskov.

nyhedsbreve og personligøre dem, så de reflekterer min wellness-filosofi, og dele dem med min nye fanskare over hele USA.'

Jeg arbejdede meget intenst på mine nyhedsbreve og komponerede dem på en måde, der var kort, tiltalende og spændende. Jeg huskede hele tiden på, hvad det var, der gjorde mig unik og spændende, nemlig min skandinaviske baggrund. Man har altid elsket Skandinavien her i USA, og man beundrer skandinavers naturlige skønhed.

Min måde at bearbejde hud på var også unik. Jeg havde i min tid i San Francisco lært at inddrage den holistiske filosofi, og det var helt nyt for mine klienter. De syntes også, at det var helt utroligt, at jeg lavede mine produkter i køkkenet – og at en ung fyr på 23 cyklede på arbejde og gik rundt i træsko.

Så i min fritid sad jeg og sendte pressemateriale ud til skønhedsredaktørerne på store modeblad som f.eks. Vogue og Glamour Magazine i New York. Vogue blev helt bidt af det første brev, de modtog, og så kom jeg i Vogue. Ganske vist kun en lille artikel, men jeg var i Vogue. Derefter bragte Los Angeles Times' søndagsudgave historien om, hvordan jeg fuldkommen transformerede deres udsendte forsøgskanin Ritas særdeles besværlige hud.

Den historie gjorde en kæmpe forskel for mit omdømme, for Ritas akne var væk efter seks ugers behandlinger, og snart begyndte kendte Hollywoodstjerner at flokkes til mit spa, og jeg blev berømt som 'skin care guru to the stars'. Det var den bedste reklame og det bedste kvalitetsstempel, man i manges øjne kunne få.

Desuden kom tidens store supermodeller. Christy Turlington var den første. Hun fortalte Naomi Campbell om mine behandlingsmetoder, og så fik Helena Christensen og Linda Evangelista også besked – og sådan byggede jeg sten for sten et klientel af stjernekunder op.

Det er meget vigtigt at opbygge et godt omdømme som ekspert, og at man er respekteret. Det hjalp meget, at jeg arbejdede på så mange stjerner og modeller, for de går som bekendt højt op i deres udseende af professionelle årsager.

Det åbnede også døre for markedsføringen af mine produkter. Selvfølgelig skulle produkterne være i topklasse og fungere virkelig godt, så

det fortsatte jeg hele tiden med at dygtiggøre mig med, for som Lauren-
ce sagde: "Dit mål skal være at dele dine produkter med hele verden.
Du kan kun give et vist antal behandlinger i dit spa, men med dine Ole
Henriksen-produkter kan du nå verdensscenen."

Oles gode råd

*Sørg for at give alle dine
kunder eller klienter den
bedst tænkelige behandling,
uanset hvilken status de har.
Du har brug for begejstrede
ambassadører på ethvert
niveau.*

Jeg gjorde aldrig forskel på mine klienter og gjorde mig lige umage med
at personliggøre alle behandlinger. Alle fik stjernebehandling og skulle
have den allerbedste oplevelse og de bedst mulige resultater. Jeg har al-
tid hadet, når man gjorde forskel på mennesker baseret på, hvad de har
og ikke har eller er, om de er berømte eller ikke berømte. Jeg behandler
alle mennesker med lige stor respekt – og det tror jeg også er kommet
mig til gode som forretningsmand.
    Det er meget vigtigt at gøre folk opmærksomme på sit talent, og at
man brænder for det, man har med at gøre. Mediedækning kan ska-
be massiv opmærksomhed på dit produkt, og du kan få en masse nye
kunder, som ellers ikke ville ane, hvem du var. Det er i den forbindelse
meget vigtigt, hvordan du præsenterer dig selv, dine koncepter og din
forretningsfilosofi, som i mit tilfælde handlede om wellness.

'In deep shit' med Ricky Martin

Man skal også være god til at vide, hvad man kan dele med sin om-
verden. Når man behandler mange stjerner, som jeg har gjort gennem
årene – Charlize Theron, David Bowie, Renée Zellweger, Daniel Craig,
Mark Wahlberg, Halle Berry, Cher og Diana Ross for at nævne nog-
le få af dem – skal man være ekstremt diskret med, hvad man siger
offentligt om dem. Man kan meget hurtigt ødelægge sit gode omdømme,
hvis man f.eks. er en sladrehank eller fortæller negative historier, som
stjernerne kun har tiltænkt dine ører i behandlingsrummet. Det har jeg
derfor altid været meget påpasselig med.

Alligevel kom jeg i *deep shit* med den populære sanger og skuespiller
Ricky Martin fra Puerto Rico. Jeg husker tydeligt, første gang han kom
til mit Ole Henriksen-spa. Han medvirkede dengang i en *soap opera*,
der hed "General Hospital", som blev optaget her i byen, og han var ung
og flot. Vildt, vildt flot.

David Orr, der var min første ansatte på Ole Henriksen of Denmark,
ligesom jeg bøsse og utrolig sød, kom løbende ind til mig, mens jeg var
ved at gøre klar til min næste klient og udbrød næsten hysterisk: "Ole,
oh my god, der er den flotteste fyr ude i receptionen. Han er så smuk.
Med tykt hår, fyldige læber og de flotteste øjne."

Jeg vidste ikke, hvem Ricky Martin var, for jeg så ikke soap operas.
Men jeg gik ud og modtog ham og var bare ved at besvime, så skøn var
han. Han havde en dejlig, varm og maskulin stemme, talte med spansk
accent og var sød over for Debbie, vores første receptionist.

Han havde langt hår og var gyldenbrun, men hans hud var ret så pro-
blematisk. Den skulle jeg gøre noget ved, for jeg var kendt som fyren,
der kunne fjerne alle former for akne.

Ricky Martin talte meget åbent om sit privatliv, når han kom på spa-
et. Blandt os var det ingen hemmelighed, at han var bøsse. Men han var
endnu ikke sprunget ud i offentligheden som homoseksuel.

Som det var tilfældet med de fleste af mine klienter, skabte vi et
langtidsforhold, hvor Ricky Martin kom jævnligt. Vi lærte hinanden
rimelig godt at kende under de relativt intime situationer, som hud-

behandlinger er. Mange år senere blev jeg interviewet til den danske gratisavis Metroxpress, der stillede mig en masse sjove spørgsmål om mine livretter, min yndlingsmotion og om kærlighed. Det var i 2007, og jeg havde lige filmet programmet "Ole Henriksens Hollywood" med den danske fodboldspiller Stig Tøfting, som jeg syntes var meget sexet – på sin helt egen måde. Han havde flotte øjne og var meget muskuløs, og en dag, hvor han stod splitternøgen i vådrummet i spaet, tænkte jeg: '*oh, my god*, man kan spille bordtennis på hans røv.' Den var så stram og så flot. Men nok om det.

Journalisten fra Metroxpress spurgte: "Hvis du kunne tage på en eksotisk ferie med en anden end din mand, hvem skulle det så være?"

Jeg svarede, at mit første valg ville være Stig Tøfting, men eftersom han ikke var bøsse, ville jeg vælge min klient Ricky Martin. Jeg sagde ikke direkte, at Ricky Martin var bøsse, men jeg indikerede det. Hvad der herefter skete, var chokerende. Ritzaus Bureau fangede dette citat, og så blev det pludselig oversat af nysgerrige spanske medier. Herpå endte det hos en af de store amerikanske sladderreportere, Perez Hilton, som skrev på sin dengang megapopulære hjemmeside: '*Skincare Guru to the Stars Out his Client Ricky Martin*'.

Siden 2005 havde jeg betalt public relation-bureauet Behrman Communications for at tage sig af min PR, fordi det blev for meget for mig at stå for dette store arbejde selv. En af bureauets ledende medarbejdere, Rachel Diamond, ringede til mig en tidlig morgen og sagde: "*Check out your computer*." Hun lød ganske rolig i den anden ende af røret og spurgte bare: "Hvad har du sagt?" Og endelig: "'Hvordan skal vi forholde os til det?'"

Jeg tænkte: '*Oh my god*' og begyndte at ryste helt uhæmmet. Sagen kunne få kæmpestore konsekvenser for Ricky Martin, der var et stort sexsymbol og elsket som sanger og skuespiller af mange kvindelige fans verden over, og omvendt kunne han også vælge at lægge sag an mod mig. *This is America.* Her sagsøger man hinanden efter forgodtbefindende. Jeg rystede og rystede og rystede og rystede. Det var, som om nogen havde sat en pistol mod min tinding.

Den samme aften kørte nyheden på det nationale underholdningsprogram E! News, og medier fra hele Sydamerika kom til Los Angeles for at dække den store nyhed. De stod linet op uden for mit spa. Nogle fandt ligefrem min privatadresse og begyndte at ringe på døren. Nyheden var nu ude over hele verden.

Jeg besluttede mig for at lytte til mit instinkt og ringede til Ricky Martins kontor i New York, hvor jeg fik fat på hans manager og forklarede ham sammenhængen. Jeg sagde: "Det er Ole Henriksen, du ved måske nok, hvem jeg er ..." Jeg behøvede ikke yderligere præsentation: De vidste lige med det samme, hvem jeg var.

"Jeg er fuldkommen slået ud over, hvad der bliver skrevet i medierne. Jeg har det så skidt med det. Jeg ved, at jeg virker som den værste sladderhank, men jeg vil lige forklare, hvad der skete, og hvordan det blev fortolket forkert," sagde jeg.

Hans manager lyttede og svarede: "Jeg forstår så udmærket, hvad der er sket. Ole, jeg har stor respekt for dig, og jeg ved, at det ikke er noget, du har gjort med vilje. Vi i *the inner circle* kender til omstændighederne. Vi har allerede snakket med Ricky, og du skal bare gøre én ting under disse omstændigheder: Du skal sige nej til alle interviews. Det er alt, hvad vi forventer af dig, og så glemmer vi det."

Efterhånden gik det i glemmebogen, og flere år senere kom Ricky Martin *out of the closet* og er i dag gift med en mand. Men jeg mistede ham som kunde på spaet og har aldrig haft mulighed for at snakke med ham om det. Det er første og eneste gang, hvor jeg har været *out of line* og græmmet mig over, at jeg kunne lave sådan en kæmpe brøler. Jeg følte, at jeg havde gjort noget forfærdeligt over for ham og var tynget af det i lang tid, for det gjorde så ondt.

Jeg er meget sensitiv over for folks følelser og føler generelt et stort ansvar over for andre mennesker, og her fik jeg den største lærestreg og det klareste bevis på, at der ikke skal ret meget til, før man kan ødelægge alt, hvad man har opbygget – og at jeg skulle være endnu mere forsigtig fremover.

Showmanship på prøve

Der har altid været lidt af en showman gemt i mig. Som dreng elskede jeg som nævnt cirkus og teater. Jeg drømmer stadig om at udfolde mig i manegen eller på scenen og er euforisk, når jeg får mulighed for at se det fantastiske Cirque du Soleil, som jeg synes er noget af det mest spektakulære, man kan forestille sig.

Det er godt nok ikke den form for show, jeg selv har udfoldet mig med, men jeg fik mulighed for at udnytte mine evner som showman til at præsentere mine produkter og mine behandlingsmetoder over for et publikum. Blandt andet på TV.

Den første gang jeg skulle på TV, var i 1979, og jeg var hunderæd, for jeg anede ikke, om jeg kunne finde ud af det. En trofast klient, produceren Henry Jaffee, havde spurgt, om jeg ville være gæst på hans show, The Dinah Shore Show. Dinah Shore var datidens helt store vært på amerikansk tv, på niveau med Oprah. Jeg blev helt euforisk.

Men så satte frygten ind. Den morgen, da jeg vågnede og skulle til optagelserne om eftermiddagen, kunne jeg slet ikke fungere. Timerne føltes som dage. Jeg skulle stå foran et levende publikum, og alt ville blive optaget live. Jeg var hunderæd og rystede indeni. Det mest pinefulde ved det var, at jeg begyndte at stille mig selv spørgsmålet: 'Ole, hvordan klarer du det overhovedet?' Der ville være et stort publikum og masser af kameraer, og jeg vidste slet ikke, hvordan det skulle gå.

Da jeg sad i min lejede bil på vej til studiet, havde jeg bare lyst til at vende om og køre hjem igen. Men jeg havde sagt ja og havde dermed et ansvar for at holde, hvad jeg havde lovet.

Lige inden jeg skulle på, stod jeg bag tæppet ind til scenen og hørte med rystende ben og fugtige hænder Dinahs blide, varme stemme sige: "Og nu er det med stor glæde, jeg præsenterer stjernernes hudplejeekspert Ole Henriksen.'

Da jeg trådte ud foran publikum, var jeg nærmest som i koma. Man så skete der noget interessant, for jeg lod mig rive med af Dinah, der med stor sikkerhed viste vej gennem indslaget, og publikum begyndte at klappe.

Oles gode råd

Sørg altid for at være velforberedt.
Ikke mindst før situationer, hvor
du har god grund til at være nervøs.
Det giver en rar sikkerhed at vide,
at man har gjort sit forarbejde
bedst muligt, og det vil komme
én til gode.

Da jeg betragtede mig selv på skærmen bagefter, kunne selv ikke jeg se, at jeg var et vrag indeni. For jeg var et kæmpestort vrag. Men jeg havde forberedt mig så grundigt, at jeg gennemførte det, og jeg undrede mig over, at min stemme ikke rystede. På trods af nervøsiteten havde jeg klaret mig så godt, at jeg fik tilbud om at medvirke i endnu et show.

Jeg havde hermed bevist over for mig selv, at jeg godt kunne klare det. Det er vigtigt at vide, at der sker magi i hjernen, hvis man er velforberedt, også selvom man er nervøs og bange for at stå foran mange mennesker og skulle præsentere noget. Det underliggende for mig er, at jeg altid har været passioneret i forhold til det, jeg laver, og altid elsket at udfordre mig selv. Og når man udfordrer sig selv, er jublen så meget større, når man får succes med det.

Gennem årene er jeg blevet meget mere scenevant og har søgt udfordringen som vært og gæst på mange store amerikanske shows som f.eks. Good Morning LA på kanalen ABC, Entertainment Tonight på CBS, CBS Morning Show og Oprah. Og jeg er blevet dygtig til det, hvilket du muligvis har bemærket på dansk tv.

Tal direkte til seerne

Da jeg lavede Good Morning LA fra 1979 til 1985, skulle jeg tidligt op om morgenen og ud til Prospect Studios i bydelen Los Feliz. Jeg ankom kvart i syv. De første gange jeg kørte gennem porten, havde jeg kriller i maven. Jeg skulle sædvanligvis være på 10 minutter live, og det er virkelig lang tid på skærmen. Så jeg havde forberedt mig forfra og bagfra og vidste lige præcis, hvad jeg skulle sige og gøre, og hvor lang tid det ville tage.

Det var mig, der skulle få ide til de 10 minutters indslag. Jeg forberedte altid et tema, som jeg ville fortælle om. Det kunne være øjenomgivelserne og alt, der relaterede sig til dem: poser under øjnene, sorte skygger, slappe øjenlåg, røde øjne osv. Så rådgav jeg om, hvad man selv kunne lave hjemme i køkkenet for at rette op på problemet. Jeg havde mine egne råvarer med, og så stod jeg og blandede dem foran kameraet, så publikum kunne efterligne mig derhjemme. Flere gange måtte jeg hyre en vogn til at komme ud med mit behandlingsgrej til det kæmpestore studie, som var på størrelse med en håndboldbane.

Jeg vidste, hvor vigtigt præsentationen var, og skrev selv skilte med smukke bogstaver. Og jeg gav produkterne navne og skrev opskriften på dem ned. Jeg havde altid stillet produkterne op på en meget smuk måde og medbragte blomster og andre regiting, der gjorde præsentationen farverig og æstetisk.

Jeg måtte ikke lave direkte reklame for mine produkter, men jeg kunne tale om spaet og om de berømtheder, der kom hos mig. Det elskede studieværterne at tale om. Jeg blev præsenteret som den professionelle Ole Henriksen, der ordnede hud på stjernerne, og selvom jeg ikke kunne promovere mine produkter, kom der gang i butikken. Telefonen på spaet kimede efter mine shows, og der blev booket behandlinger og købt produkter via postordre i lange baner.

Den kvindelige vært på programmet, Tawny Little, var min favorit. Hun havde et mørkt, flot og skinnende hår og var Miss America i 1976, så hun var en meget smuk kvinde. Hun havde også en stor udstråling, var livsglad og noget af en energibombe. Der var altid glæde i hendes stemme, og det smittede af på mig, når jeg var i studiet. Hun gik meget højt op i wellness og var selvfølgelig klient på spaet. Og hun var fantastisk til at stille spørgsmål.

Det var meget vigtigt for mig at huske på, at når man er gæst, så er man gæst, og så skal man ikke dominere. Tawny var vært, og det var hende, der havde styringen og skulle introducere mig og føre en dialog med mig. Jeg skulle svare og forklare tingene i forholdsvis korte sætninger. Hvis jeg havde tre til fire opskrifter, skulle jeg vide ned til mindste detalje, hvor lang tid det ville tage at fortælle om dem. Det havde jeg i baghovedet. Så snakkede vi: "Hvis du vågner med hævede øjne, har jeg løsningen her." Og så viste jeg opskriften med agurker i en sushirulle og demonstrerede, hvordan man kunne lægge den på øjnene i 3-4 minutter om morgenen.

Jeg skulle også vide, hvilke kameraer man var på – der var fire eller fem kameraer – og at det, der var lys på, kørte. Det var jo live. Indimellem skulle jeg huske at kigge direkte på kameraet og sende et budskab direkte til seerne.

Mange gange havde jeg modeller med i studiet, som jeg demonstrerede behandlingsmetoder på, og indimellem lavede jeg en brøler og kom til at sige *oh, shit*. Så grinede de.

Undervejs havde jeg et par mindre heldige episoder. Køkkenformler får ikke præcis den samme konsistens hver gang, og en dag, hvor jeg havde lavet en skrubbecreme med brun farin, honning, olier og fintmalede havregryn og skulle til at massere den ind, landede der en stor klat på øjenlåget af min model. Så grinede Tawny og kamerafolkene – og seerne syntes sikkert også, at det var sjovt.

"Jeg er godt nok ekspert, men jeg kan også godt *screw up*," sagde jeg så og fik klatten tørret op med en svamp.

Hård negl slår til

Man skal sørge for hele tiden at dygtiggøre sig, men man kan ikke det hele. Så det gælder om at vide, hvornår man har brug for hjælp og rådgivning fra eksperter. For mit vedkommende skete det omkring år 2000, da mit firma begyndte at vokse mig over hovedet.

Det var en fantastisk fornemmelse, at firmaet var blevet så stort og succesrigt. Men selvom jeg var omgivet af talentfulde mennesker i mit firma, havde de ikke den ekspertise, som jeg havde brug for, og selvom jeg selv var blevet en god forretningsmand, var min kompetence inden for business heller ikke stærk nok.

Jeg kunne se, at min forretning var som et korthus, der lige så godt kunne falde sammen, hvis der ikke blev opbygget et stærkt fundament. Det havde jeg forretningssans nok til at vide.

Derfor spurgte jeg min revisor, David Hinton, som jeg har den dag i dag: "David, du kender mine regnskaber. Hvad vil du foreslå, at jeg gør nu?" David mente, at jeg skulle sammensætte en bestyrelse af vejledere, som mødtes en gang om måneden for at diskutere firmaets status og fremtidsplaner for mål og vækst. Han foreslog, at jeg hyrede en kvinde ved navn Karen Boyd, som havde flere års erfaring fra kosmetikbranchen. Karen var stor fan af mine produkter og havde indgående kendskab til at sælge hudplejeprodukter på verdensplan. Det gjorde heller ikke noget, at hun selv havde den fineste porcelænshud og var meget smuk.

Som leder af bestyrelsen blev hun snart min *guardian angel* og fik en meget personlig position i firmaet. Vi snakkede om: 'Hvad er dine ambitioner? Hvor ser du firmaet om fem år? Du er allerede på verdensmarkedet, men har du en forretningsplan? Kender du nok til de forskellige lande, hvor du sælger dine produkter, og ved du nok om, hvordan kosmetikindustrien fungerer der? Hvilke brands har succes, og hvilke har ikke? Hvem er dine konkurrenter?'

Karen betonede vigtigheden af at skabe en femårsplan, så vi vidste, hvor vi stod, og hvad vi realistisk kunne nå. Vi skulle også have budgetter for, hvor dyrt det ville være for os at vokse. Hun mente, at jeg havde spredt mig lidt for meget, og at det var vigtigere at fokusere på færre områder og give den hele armen dér. Så hun anbefalede mig at trække mig ud af nogle markeder, som f.eks. det luksuøse stormagasin Lane Crawford i Asien, som jeg ellers havde syntes var så skønt at prale med, men viste sig at være en underskudsforretning. Jeg vidste det egentlig godt, men jeg kunne virkelig godt lide at rejse derover, og det var forbundet med prestige, hvilket jeg ikke helt kunne stå for. Men Karen var en hård negl og sagde: "Ole, det er ikke en god *business approach.*"

Den franske forretningskæde Sephora, der blev grundlag helt tilbage i 1969, var endelig kommet til USA. Karen så store muligheder i deres forretningsmodel, hvor man ikke behøvede at skaffe salgspersonale – en eller flere Ole Henriksen-specialister – som man forventede det i alle andre stormagasiner. Sephora er derimod en åben butik, hvor kunderne bliver budt velkommen med musik og kan gå på opdagelse på egen hånd i en indbydende, varm og afslappet atmosfære.

Kæden er banebrydende, fordi det var en helt ny måde at føre forretning på. Man skulle stadig give en del af sin indtjening til forretningen, men man ville få flere penge til rådighed til at markedsføre sig selv pga. deres forretningsmodel.

Det var Karen, der såede ideen. Men jeg skabte min egen præsentation og sendte den til Sephoras amerikanske hovedkontor på Market Street i San Francisco i marts 2002.

Der gik hele fire måneder, inden jeg blev inviteret til møde, og på det tidspunkt havde jeg egentlig opgivet håbet. Men da jeg endelig kom til møde hos dem, fortalte de mig, at de havde taget sig god tid til lave research om mig og afprøve produkterne for at se, hvordan de passede i deres sortiment.

Heldigvis elskede de produkterne, fordi de var unikke, og fordi de farvestrålende etiketter i den grad skilte dem ud fra mængden af andre hudplejeprodukter. Dengang var de desuden mere eksklusive, fordi de ikke blev solgt ret mange steder.

I Sephora havde jeg fundet så god en partner, at jeg forholdsvist hurtigt besluttede mig for at være loyal og primært basere min vækst på dem. På det tidspunkt blev mine produkter blandt andet solgt i det fornemme stormagasin Henri Bendel på Fifth Avenue i New York, men jeg var ikke repræsenteret i en masse stormagasiner.

Sephora var en stor og vigtig kæde, som var vokset konstant i de få år, den havde været i USA. Karen sagde meget klogt: "I kan lære af hinan-

Her prøver jeg at se lige så stor og stærk ud som fodboldspilleren Stig Tøfting, som jeg mødte under optagelserne til TV2-serien "Ole Henriksens Hollywood".

Det er vigtigt at lytte til andre mennesker og ikke bare til sig selv. For mig er det altid udbytterigt at udveksle erfaringer og ideer, f.eks. som jeg jævnligt gør det med mine dygtige kolleger i Ole Henriksen-hovedkvarteret i San Francisco.

den. Du kan lære af dem, hvordan de mener, at du skal forholde dig til væksten i Sephora. De kan blive en fantastisk partner."

Og Karen fik ret. Sephora, der den dag i dag er blevet verdens største kæde inden for *high end*-skønhedsprodukter, gjorde mig endnu dygtigere.

Ikke bare god, men virkelig dygtig

Når jeg siger, at man skal være dygtig, mener jeg virkelig dygtig. Ikke bare god. At være god er bare at være okay. Der er ikke nok *power* bag ved det. Dygtig er at være *at the top of ones game*, som man siger i USA.

Man behøver ikke nødvendigvis at være den bedste. Ens professionelle liv er ikke en konkurrence om, hvem der er bedst (med mindre man er professionel atlet naturligvis). Men man må meget gerne stræbe efter at være en af de bedste inden for sit felt. Jo dygtigere man er, jo større er sandsynligheden for, at man får meget stor succes.

Hvis man er dygtig, føler man sig mægtig selvsikker – uden at man ligefrem tror, at man kan det hele. Når man kan sige om sig selv, at man er dygtig, ved man, at man har lagt et stort stykke arbejde for dagen: at man virkelig har taget sig tid til at lære sit stof. Man bliver dygtig af at arbejde hårdt. Man skal aldrig springe over, hvor gærdet er lavest, og det betyder selvfølgelig, at man ikke skal vælge den nemmeste løsning, hvor man anstrenger sig mindst muligt. Man skal *virkelig* anstrenge sig og aldrig gøre noget overfladisk.

Man skal også være vedholdende og bruge meget energi på det at blive dygtig. Man bliver ikke dygtig, hvis man er doven og hellere vil sidde hjemme på sofaen og spiller videospil (medmindre man er med til at udvikle dem).

Det er en nydelse at dygtiggøre sig selv, hvis man vælger et område, man virkelig brænder for. Så har man *lyst* til at lære mere. Det føles godt – og man kan man næsten ikke lade være med at blive dygtig. Når man nyder processen, er det også meget nemmere at have selvdisciplin og arbejde fokuseret. Og det er vigtigt, at man tror på sine evner til at blive dygtig og ser udfordringer som en mulighed for at udvikle nye evner og udvide sin horisont.

Din viden er din styrke. I mit tilfælde kom mange klienter til mit spa for at suge lærdom fra mig som ekspert. Uden min ekspertise kunne de bare have købt hudplejeprodukter i en forretning og påført dem selv. Jeg har altid vidst, at det var utrolig vigtigt, at jeg dygtiggjorde mig inden for mit felt og blev respekteret som en fantastisk hudplejeekspert i topklasse – og samtidig skabte unikke spabehandlinger.

Jeg har f.eks. været særlig dygtig til at skabe mine hudplejeprodukter helt fra bunden. Det hele har været gennemtænkt grundigt. Fra ideen er blevet sået til det endelige produkt, har jeg visualiseret processen for mig i flere omgange for til sidst at opnå det bedst mulige resultatet. Det er noget, jeg har engageret mig i ét hundrede procent og bruger meget energi på at tænke over.

Oles gode råd

Man skal aldrig holde op med at dygtiggøre sig, og man kan aldrig blive for dygtig. Sug viden til dig fra blandt andet bøger, aviser og fagblade.

Tag ved lære af andre

Jeg er ikke på nogen måde en supermand, men jeg har været dygtig til at være kreativ med de mange muligheder, der har budt sig. Jeg har altid haft en åben holdning og af den årsag mødt utrolig mange mennesker, som har betydet meget for både min personlige og min professionelle udvikling. Det er nemlig vigtigt at være god til at suge til sig fra andre og byde rådgivning fra veluddannede mennesker velkommen.

Man kan lære meget af sine medmennesker, og for mig har det altid fungeret godt at søge viden og inspiration fra andre erfarne professionelle. Jeg har også været dygtig til at ansætte dygtige mennesker, som f.eks. har lært mig at udvide min verdensomspændende business og få bedst gavn af at lave PR på sociale medier. Bare fordi man har succes, skal man ikke tro, at man kan det hele. Mange, der får succes, føler sig uundværlige og udvikler et kæmpe ego. Men man kan altid blive dygtigere af at lytte til andre.

Det gælder også om at kunne uddelegere opgaver til alle sine medarbejdere og samarbejdspartnere. Det er ikke alene en lettelse for én selv, men også vidunderligt at se andre mennesker blive dygtige og få succes og den anerkendelse, de fortjener. Jeg elsker at rose dygtige medarbejdere og har været god til at finde kompetente medarbejdere og samarbejdspartnere, der, efterhånden som mit firma er vokset, har gjort mig næsten undværlig. For en dag skal de undvære mig.

Man skal aldrig holde op med at dygtiggøre sig, for man kan ikke blive for dygtig. Faren ved at sige: 'Jeg kan det hele,' er, at man let går i stå. Så kan alt pludselig begynde at gå ned ad bakke.

Folk kan desuden heller ikke lide at omgås mennesker, der tror, de altid ved bedst. Sådanne bedrevidende mennesker har ofte bygget en mur omkring sig og glemmer at suge inspiration til sig fra andre mennesker. De går med garanti glip af en masse gode ideer og muligheder.

Verden er hele tiden under udvikling, og alt omkring os er i konstant forandring. Man skal aldrig holde op med at følge med udviklingen. Det gælder om at se de positive muligheder i de sidste nye ting – også hvis det drejer sig om elektronik, som man måske ikke helt kan finde ud af.

Men man er nødt til at videreudvikle sig, og det er en god ide fortsat at tage kurser for at følge med og læse bøger, fagblade og aviser for at holde sig opdateret om de seneste trends inden for sit eget felt og andre vigtige områder.

Man skal også prøve at skifte noget af den tid, man bruger på de sociale medier, ud med fordybelse, f.eks. i en god bog. Det er meget vigtigt at udvide sin horisont, for man er, hvad man læser.

Vær nysgerrig over for din omverden, og sid ikke bare derhjemme foran TV eller computerskærmen. Kom ud, og bliv en del af den store spændende verden. Også når man bliver ældre og har mere tid, gælder det om ikke at gå i stå. Man skal være god til at tage initiativ og til at se og gribe mulighederne, når de byder sig, og ikke bare lade dem passere, lige meget hvor gammel man er.

Lær af dine fejl – og grin ad dig selv

Indimellem er det vigtigt at kaste sig ud på det dybe vand uden at være bange for at fejle. Hvis man undgår det, man frygter, kan det betyde, at man bare bliver endnu mere bange for det. Springer man i stedet ud i det og udfordrer sin frygt, kan man blive vænnet til situationer, som man før frygtede. Hvis man f.eks. er nervøs og bange for at stå foran en stor forsamling for at holde tale, skal man tage sig mod til og gøre det alligevel. Det er nemlig muligt at lære at styre og tæmme sin frygt – og det kan sagtens vise sig, at man har et stort talent for at holde tale.

Er man bange for at gå til eksamen, skal man forberede sig så godt, som man overhvedet kan, så man er så dygtig til sit stof og til faget som muligt, og herefter skal man sige til sig selv: 'Jeg har gjort mit bedste, og jeg gør også mit bedste til eksamen, og så kan jeg ikke gøre mere.' Hvis man har forberedt sig, så godt man kan, kan man holde ryggen rank, for forberedelse giver én de bedste chancer for at få succes.

Det er desuden godt at føle moderat stress og ængstelse – også når man skal til eksamen. Det lærte jeg af hjerneforskeren John B. Arden. At være en lille smule presset er optimalt for ens neuroplasticitet, dvs.

hjernens evne til at lære nye færdigheder. Derfor er det ligefrem godt at konfrontere det, man er ængstelig for. For meget stress har derimod den modsatte effekt og er skadeligt. Udskillelsen af store mængder af kamphormonet adrenalin og stresshormonet kortisol er kroppens måde at fortælle os, at der er noget galt, og at vi skal passe på os selv.

Det er også sundt at være i stand til at grine ad sig selv. Hvis man oplever en fiasko, skal man ikke tage det alt for seriøst, men se på det fra en humoristisk side. Det er en god måde at slippe af med stress på og give slip på følelsen af nederlag. Det gælder om at komme op på hesten igen og give den hele armen for at vende sin fiasko til succes. Man skal nemlig altid bruge en fiasko til at lære af den og blive endnu dygtigere.

Modgang og fiasko kommer selv de allerdygtigste mennesker ud for, og det, der adskiller folk med succes fra dem uden succes, er, at de er i stand til at overkomme deres nederlag. Alle fejler. Alle vil komme ud for nedture og uventede problemer. Og det gælder om at bruge sine fejltagelser til at forbedre sig og dygtiggøre sig endnu mere.

Det kan også godt være, at man kommer ud for udfordringer, der var sværere, end man troede. Men så må man have viljestyrke og holde fast og give den alt, hvad man kan. Det er mange gange i disse udfordrende situationer, at man udvikler sig mest, og hvis man kan vende en fiasko til en mulighed, er man godt på vej til en ny succes.

Oles gode råd

Alle laver fejl indimellem.
Se et nederlag som en mulighed for
at udvikle dig og blive dygtigere.
Denne evne kendetegner mennesker,
der er gode til at opnå succes.
Tag ikke dig selv for seriøst,
og grin ad dig selv, hvis du fejler.
Så kommer du nemmere videre.

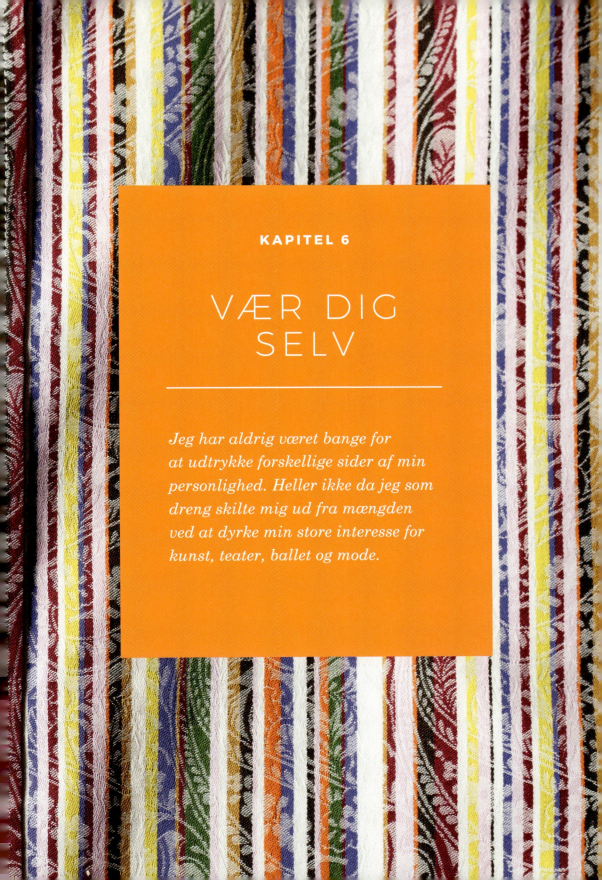

KAPITEL 6

VÆR DIG SELV

Jeg har aldrig været bange for at udtrykke forskellige sider af min personlighed. Heller ikke da jeg som dreng skilte mig ud fra mængden ved at dyrke min store interesse for kunst, teater, ballet og mode.

S om barn var jeg lidt af et *misfit* og passede aldrig helt ind. Jeg levede i to vidt forskellige verdener. I virkelighedens Nibe fungerede jeg på godt og ondt. Som jeg nævnte tidligere, stod jeg ofte alene i skolegården uden at deltage i de aktiviteter, som de andre børn var optaget af. Men heldigvis havde jeg også min egen hemmelige og beskyttede verden, hvor min fantasi fik frit løb. Denne verden kunne jeg ligesom på magisk vis hoppe ind i efter skoletid, og det var her, den lille Ole for alvor fik lov til at blomstre og være den, han virkelig ønskede at være.

Når jeg tænker på min barndom, minder den mig om H.C. Andersens. Han havde det også svært, da han voksede op under ret så fattige kår i Odense. Han var ligesom jeg meget alene, følte sig anderledes end de andre børn og levede i sin egen fantasiverden.

Som bekendt blev jeg ikke en verdensberømt eventyrforfatter, men som lille dreng drømte jeg faktisk om en karriere som journalist, for jeg elskede at udtrykke mig med det skrevne ord og havde et virkelig godt ordforråd. Sandsynligvis ville jeg være blevet kulturjournalist, for jeg sugede *alt*, der havde med film og teater at gøre, til mig.

Jeg havde en detaljeret viden om repertoiret på de danske teaterscener i hver sæson. Og jeg læste hver en anmeldelse, som jeg kunne få fingrene i, i aviser som BT, Politiken, Jyllands-Posten og Aalborg Stiftstidende, som jeg købte nede i bladforretningen på Nibe Torv, lige ved siden af Hotel Phønix.

Jeg havde også abonnement til Aalborg Teater og begav mig ofte på egen hånd med rutebil ind til den store by for at lade teatrets fiktive verden føre mig ind i et nyt og spændende univers.

I denne fantasiverden, som jeg byggede op omkring min glødende interesse for teater, var jeg meget voksen og seriøs og opførte mig nok mere modent end de fleste andre drenge på min alder. Teatrets inspirerende univers var med til at tilfredsstille min store eventyrlyst. Jeg syntes, at det var helt fantastisk at se de karismatiske danske skuespillere på scenen, og var i det hele taget dybt imponeret over den kreative udfoldelse, jeg var vidne til.

Ofte skrev jeg fanbreve til skuespillerne, hvori jeg hyldede deres talent, og jeg fik som regel venlige og hjertelige svar, som jeg straks placerede på hæderspladsen blandt avisudklippe i mine mange scrapbøger, som jeg lavede om de teaterstykker, jeg så – og ikke så.

Oles gode råd

Stræb ikke efter at være normal
eller almindelig. Det er okay
at være anderledes og speciel.
Husk på, at du er unik! Ingen andre
er som dig – og det skal du
bare være stolt over.

Jeg kan f.eks. tydeligt huske, da Lone Hertz fik rollen som Nora i Henrik Ibsens "Et Dukkehjem" i 1967. Der var store forventninger til hende, og jeg fulgte med i forløbet, som om det var min storesøster, der havde fået denne store ære. Da hun efterfølgende fik de mest imponerende anmeldelser for sin præstation, var jeg helt oppe at køre og skrev begejstrede lykønskninger til hende, som hun svarede på med det sødeste og smukkeste brev. Da jeg mødte hende mange år senere, sagde hun, at det brev kunne hun godt huske. Om det passer, ved jeg ikke. Men det var sødt af hende at sige det.

Jeg elskede også at følge med i skuespillernes karrierer uden for scenen, blandt andet via ugebladene. Mor havde abonnement på Femina og det noget kedeligere Familie Journalen, så jeg måtte selv købe det mere spændende ALT for damerne og kulørte ugeblade som Vi Unge,

Billed-Bladet og SE og HØR. Dem begravede jeg mig i, og jeg husker tydeligt artiklerne om det glamourøse liv i Hollywood, skrevet af den daværende Hollywoodkorrespondent Sven Rye, som jeg har mødt mange år senere, da jeg blev selv bosat i Los Angeles. Han interviewede mig i øvrigt som den første dansker nogensinde og skrev de første artikler om mine eventyr i byen til SE og HØR og Bien, den lille danske avis i USA.

Takket være alle de glæder og oplevelser, som jeg fik ud af min lille, hemmelige teaterverden, lykkedes det mig at holde fast i at være mig selv som barn – uanset hvor meget jeg blev mobbet og drillet i skolen. Jeg havde allerede dengang en meget stærk personlighed og styrke til at sige fra, når der var god grund til det. Som når "tangloppen" – vores dansklærer Erik Nielsen – gjorde forskel på sine elever pga. deres sociale status i Nibe.

Men jeg følte mig helt klart allerbedst tilpas, når jeg følte mig tryg nok til at give min fantasi frit løb. Når jeg virkelig kunne udfolde mig som den kreative, engagerede og farvestrålende Ole, jeg gerne ville være – den Ole, jeg er den dag i dag.

Reinkarneret verdensmand

Allerede som helt lille var jeg lidt af en verdensmand. Når jeg ser tilbage, virkede det, som om jeg var født som en verdensmand i en lille drengs krop i en provinsby i det nordlige Jylland. Uden at jeg dengang var bevidst om, hvad en verdensmand er.

I dag er jeg en sand verdensmand. Jeg kan begå mig overalt på verdensscenen og føler mig hjemme i Moskva, Shanghai, Sydney, eller hvor end jeg befinder mig. Jeg kan blive smidt ud i enhver situation uden at føle mig usikker eller *out of place*. Jeg føler mig godt tilpas, lige meget hvor jeg er.

Da jeg var barn, skilte jeg mig ud fra mine forældre, mine brødre og hele min omverden, fordi jeg drømte om den store verden og ville ud i den, så hurtigt jeg kunne komme til det. Jeg hørte til på verdensscenen. Selv tror jeg, det hænger sammen med, at jeg som nævnt i Kapitel 2 er

overbevist om, at jeg er reinkarneret. Jeg ligner mor og far rent fysisk
og har deres DNA, men jeg tror, at min sjæl er gammel og genfødt
mange gange, før den blev plantet i mig. Det kunne forklare, hvorfor jeg
allerede i en meget ung alder var i stand til at hvile i mig selv. At min
sjæl, som jeg fornemmer det, har været genfødt mange gange, er jeg me-
get taknemmelig for, for det betyder, at den rummer svaret på mange
svære spørgsmål.

Teorien om reinkarnation overbeviste mig, da jeg læste psykoterapeu-
ten Brian Weiss' bog "Mange liv, mange mestre", som jeg nævnte for dig
tidligere. Pludselig var jeg i stand til at forstå, hvorfor så mange svar
var kommet til mig på næsten magisk vis, og hvorfor jeg var i stand
til at navigere gennem livet på en mere positiv og glad måde uanset
omstændighederne. Hvis jeg indimellem har været lidt forvirret, har
jeg lyttet til min indre stemme. Jeg har fundet svar eller inspiration fra
sjælen – og det er et af holdepunkterne for mig, når jeg mediterer, at
min sjæl er forbundet med det, jeg kalder for de højere magter.

Jeg tror, at det mest fundamentale af min personlighed stammer fra
den gamle sjæl, som har levet i mange andre kroppe før min gennem
tiderne, og så har jeg yderligere suget til mig fra den verden, jeg lever
i nu. Med andre ord er jeg er en kombination af den gamle sjæl og den
sjæl, som fungerer i den eksisterende verden – og min sjæl udvikler sig
konstant med de erfaringer, den gør sig på jorden.

Sjælen er på gæstebesøg i min krop, og på et tidspunkt hopper den
over i en anden krop. Den optager alt i ens krop og især ens tankegang.
Noget har gjort min sjæl meget blid, omsorgsfuld og sensitiv, og jeg har
på fornemmelsen, at den tidligere har befundet sig kroppen på et men-
neske, der var i koncentrationslejr. Jeg har nemlig haft mange drømme
om at blive tortureret i koncentrationslejr under anden verdenskrig, og
det hele var så frygtelig virkeligt og livagtigt. Måske det også forklarin-
gen på, at jeg var virkelig god til tysk som barn, selvom jeg ikke havde
nogen forudsætninger for at være det?

Oles gode råd

*Kend dine livværdier, og lev
efter dem. Sammenlign ikke dig selv
med andre. Fokuser i stedet på
at blive den bedste version
af dig selv. Så har du større
chancer for at få succes.*

Sæt dit fingeraftryk på alt

På trods af, at jeg fornemmer, at min sjæl har en tysk fortid, har jeg
har gennem hele min karriere været meget bevidst om min skandi-
naviske identitet og mine danske livsværdier, som først og fremmest
handler om at tage godt vare på hinanden. I Danmark har vi et
sikkerhedsnet, som sikrer, at der bliver taget hånd om alle borgere i
vores land. Vi passer på hinanden.

Min danskhed kommer blandt andet til udtryk i vores arbejdsmiljø.
Mange amerikanske virksomheder kræver meget af deres medarbej-
dere, og amerikanere arbejder stort set hele tiden. Men for mig er det
meget vigtigt at have balance i livet, og derfor har jeg gennem min
karriere som chef sørget for, at både mine ansatte og jeg selv fik mu-
lighed for at have et godt hjemmeliv med vores respektive partnere,
børn og venner – og at alle fik en god løn, så de havde mulighed for
at skabe en tryg tilværelse og leve godt.

Min identitet er meget dansk – og det gælder både privat og profes-
sionelt. Jeg kaldte mit spa for Ole Henriksen of Denmark, fordi jeg
var klar over, at det var min danske identitet, der skilte mig ud fra
mængden i Los Angeles, og jeg var meget stolt af at være dansk. Jeg
personliggjorde alt, hvad der havde med min forretning at gøre, baseret
på min skandinaviske baggrund. Både mit spa og mine produkter bærer

mit navn, og begge dele er en forlængelse af den, jeg er, og hvad jeg står for som menneske. Det gælder også mit wellness-koncept. Mit spa og mine produkter har altid reflekteret min personlighed, og jeg føler mig overbevist om, at det er en af årsagerne til min succes.

Da de første Ole Henriksen-produkter kom på markedet, var emballagen, som man skulle forvente: et pænt logo med sorte bogstaver på hvidt. Men så blev jeg modig og tænkte, at mine produkter skulle have knald på med masser af farver. Hvorfor ikke skabe produktemballager i rigtig skarpe plakatfarver i rødt og gult og blåt og turkis – sådan som jeg havde set det på Per Arnoldis malerier eller finske Marimekkos design?

Jeg skiftede de anonyme labels ud med farvestrålende *stick on*-etiketter på krukkerne. De passede meget bedre til mig og vakte med det samme stor begejstring. Folk nød at have dem stående og pynte på deres badeværelser, og fotograferne fra de glamourøse modeblade elskede at fotografere dem. De så meget flotte ud på magasinsiderne – og ingen andre så ud som dem.

Jeg var heller ikke bange for at skabe nye produkter og være banebrydende, som det f.eks. var tilfældet med min Truth Serum. Den var en pioner og blev en kæmpe succes, fordi den skilte sig ud fra alt andet på markedet, og selvfølgelig var det et fantastisk produkt, som også er en bestseller den dag i dag.

Mit spa og min wellness-filosofi var også nyskabende og reflekterede mit livssyn og min sunde livsstil. Kort sagt var der en rød tråd i hele min forretning – nemlig min egen personlighed.

Oles gode råd

Sæt dit personlige fingeraftryk på alt, så der er en tydelig rød tråd i dine beslutninger. At de afspejler din egen personlighed, vil give dem stor styrke og autencitet.

Farver og fart på

Jeg er heller ikke bange for at skille mig ud fra mængden og give udtryk
for, hvem jeg er, når det gælder min tøjstil. Jeg elsker at fremhæve,
hvilken kreativ vildbasse jeg er. Nu er jeg ved at være en moden herre,
så indimellem, når jeg kommer hjem med mine farvestrålende tøjind-
køb, udbryder Laurence: "Ole! Du er altså for gammel til at bære det.
Du er 67 år gammel. Altså, Ole. Det kan du ikke."

Da jeg for omkring 15 år siden præsenterede en diamantring og et stort
diamantkors, som jeg havde købt under en tur til Hong Kong, var jeg
meget begejstret. En kollega havde pruttet om prisen på mine vegne, og
jeg syntes, at jeg havde fået en fantastisk *deal* og kom stolt hjem og viste
de særdeles *flashy* smykker frem. Jeg havde lyst til at få noget glitter
på fingeren og syntes bare, at der var noget *pow wow* over det, og at det
reflekterede noget *showmanship*, som jeg kunne identificere mig med.

Laurence delte ikke min begejstring. Mildest talt ikke. Det iøjnefal-
dende glitter var det første, han lagde mærke til, da jeg trådte ind i
stuen, og han udbrød straks måbende: "Ole, hvad er der i vejen med
dig? Du er ikke David Beckham eller Cristiano Ronaldo. Du er heller
ikke rapstjerne, og det der *bling* klæder dig slet ikke."

Jeg måtte give korset væk til min niece, Anne, og ringen blev solgt til
en af vores venner. Der satte Laurence altså grænsen.

Men bortset fra disse grænsetilfælde udtrykker jeg helt sikkert, hvem
jeg er, med min tøjstil. Jeg viser, at jeg ikke er bange for at være den,
jeg er, og at jeg hviler i mig selv. Der er noget vildt over min stil, og de
færreste mænd er lige så modige som jeg med hensyn til mønstre og far-
ver. Jeg elsker begge dele, og det er ikke for at gøre mig bemærket eller
bevidst skille mig ud fra mængden. Jeg udtrykker bare, at jeg er stolt af
at være den person, jeg er, og at der er masser af kreativitet, energi og
fart over feltet.

Klæder skaber folk, siger man. Det er selvfølgelig ikke helt korrekt,
for det, der virkelig skaber folk, er deres væremåde og menneskelige
udstråling. Men tøj og smykker kan være med til at fremhæve, hvem du
er som menneske.

Som barn var jeg meget stolt af mine forældre, fordi de lagde stor vægt på at se godt ud og være velklædte. Min mor havde en flot krop og udtrykte sig altid med farverigt tøj. Jeg var særligt imponeret til min konfirmation, hvor hun var klædt i en nedringet, blomstret kjole med korte ærmer. Hun var mere stilbevidst end de fleste og gik også op i, at hendes sønner skulle være nydeligt klædt.

   Det smittede af på mig. Jeg husker stadig tydeligt den røde Mao-skjorte, som min fætter Torben gav mig til min konfirmation. Det var ret revolutionerende for mig, at han forærede mig den, for det gav mig nyt mod til at købe farvestrålende tøj hos den sofistikerede tøjforretning Vagn Larsen i Nibe. Det var en lidt mere eksklusiv butik end Tøjhuset, hvor jeg havde fundet min blå vinterfrakke på tilbud til fem kroner. Jeg var meget prisbevidst og havde sovet uden for butikken hele natten for at få den til bundpris. Men Maoskjorten fra Vagn Larsen gjorde mig motiveret til gå ud og købe stramme, farvestrålende bukser, der sad lige under navlen, til min blå mandag. Det var ikke lige sådan en almindelig Nibe-dreng klædte sig. Men det gjorde jeg, for jeg var ikke en helt almindelig nordjysk dreng. Og hvorfor skulle jeg også være det?

Oles gode råd

Vær ikke bange for at udtrykke og understrege, hvem du er som menneske, ved hjælp af din fremtoning. Du kan trygt bekende kulør i din påklædning.

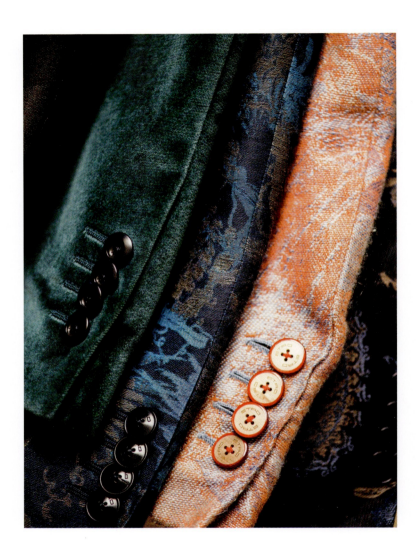

Fashion!
Turn to the left
Fashion!
Turn to the right
Oooh, fashion!
We are the goon squad and we're coming to town
Beep-beep Beep-beep

David Bowie fra albummet Scary Monsters (1980)

Jeg elsker at klæde mig lækkert og iøjnefaldende.Min garderobe er fyldt med klenodier, som både bliver luftet til hverdag og til fest. Selv et Michael Jackson-lignende Halloween-outfit kan jeg hive ud af mine skabe.

Jeg har intet mindre end 135 Etro-skjorter. De er alle sammen syet lidt ind, så de passer perfekt til mig. Jeg har dem hængende i indtil flere skabe, så jeg hver dag nemt kan vælge præcis de farver og mønstre, som jeg er i humør til. Sko har jeg også virkelig mange af – i alle farver.

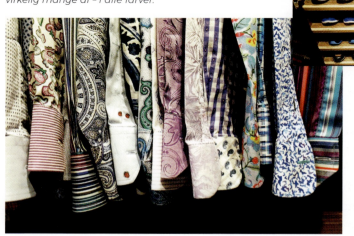

Ikke helt normal – og glad for det

Jeg er ikke helt normal. Det er de første ord, der kommer frem på læben, når jeg skal beskrive mig selv. Jeg er en energibombe med masser af gåpåmod, konstant nysgerrig og på udkig efter nye oplevelser og erfaringer, og jeg har svært ved at sidde stille for længe ad gangen. Jeg er et menneske, der hele tiden fornyer sig og tænker uden for de faste rammer, for jeg gider ikke det forventede og vil ikke kede mig selv med at gøre det forventede.

Jeg elsker at have det sjovt, har masser af humor og griner meget. Jeg er meget glad og udtrykker det ofte ved at smile stort, og indeni er jeg stadig et stort legebarn, selvom jeg nu må siges at være en moden herre

Forfængelig er jeg også. Det er vigtigt for mig at være velsoigneret og se godt ud. Jeg passer på mig selv og min krop.

Samtidig er jeg et meget omsorgsfuldt menneske, som interesserer sig for andre menneskers velbefindende og ønsker at gøre andre glade. Jeg elsker mine medmennesker. En af mine vigtigste værdier i livet er at være god og venlig mod andre. Desuden er jeg meget sensitiv og har stor medlidenhed med mennesker, der ikke har det godt.

Jeg er særdeles disciplineret og meget organiseret. Det er ikke helt ved siden af at kalde mig perfektionist, for jeg elsker, at der er taget hånd om hver enkelt detalje *i alt*, jeg har med at gøre.

Alt i alt er jeg en stærk lille mand. Både mit hoved og min krop er stærke. Der er ingen tvivl om, at jeg altid har stillet store krav til mig selv og har haft en stærk disciplin og arbejdsmoral. Den har jeg med mig hjemmefra, og jeg har altid vidst, at det kræver hårdt arbejde at kunne udvikle sig i livet og tjene gode penge.

Jeg er helt klart mere en vinder end en taber i livet, men jeg har også forstået at rejsen gennem livet er begge dele: Alle har op- og nedture. Men takket være mit kæmpe drive skal jeg nok komme op, hvis jeg har fået et dyk, for jeg vil frem i verden. Og endnu længere frem. Den følelse hører sikkert aldrig op – det håber jeg i hvert tilfælde ikke.

Jeg ville desuden aldrig tillade mig selv at være andre end mig selv. Jeg kunne måske godt have ændret karakter pga. min succes og være blevet indfanget i en falsk og overfladisk verden og f.eks. begyndt at leve højt på al den positive PR og omtale, jeg har fået gennem livet.

Men jeg er ikke blevet nogen diva og ønsker ikke at få diva-behandling. Jeg er Ole og på mange måder stadig den lille Ole fra Nibe, der godt nok var en verdensmand allerede dengang, men samtidig havde begge ben godt placeret i den nordjyske muld. For man kan ikke have succes på en falsk præmis og pludselig blive affekteret eller en helt anden person, alt efter hvem man er sammen med. Hvis man hele tiden er sig selv, og hvis alt, man gør, kommer fra hjertet, er det lettere at holde fødderne på jorden og bare være den, man nu engang er.

Bliv den bedste version af dig selv

Bemærk, at jeg brugte ordet 'lettere'. Let er det nemlig ikke altid at være sig selv. I dag kan det være nemmere at miste sig selv, fordi der er så mange ikoner at se op til på de sociale medier. Mange unge mennesker følger konstant med i, hvad der foregår på Instagram, YouTube og Facebook, og man kan blive forvirret og tro, at man bør være ligesom dem, man nyder at følge her. Men sådan hænger det altså ikke sammen. Man kan være fan af dem, lære fra dem og lade sig inspirere fra dem. Men man skal ikke forsøge at være en *copy cat* og tale, se ud og gøre som andre. Man kan måske overføre ting til sig selv som en del af sin personlige udvikling, men man skal ikke lade sig forblænde af andre, der virker, som om de er perfekte og har de perfekte liv.

I stedet gælder det om at søge og stræbe efter at være den bedste version af sig selv. Det betyder, at man skal fremhæve sine stærke sider og talenter og blive så god til det, man brænder for, som man kan, og konstant vokse med det og udvikle det.

Det er selvfølgelig vigtigt at blive inspireret af andre og beundre andre, men du skal stadig personliggøre alt, hvad du tager til dig fra andre mennesker, og give det dit eget udtryk. For du er unik som person, og det er det, du skal fokusere på.

Jeg tror, at det er blevet sværere end nogensinde før at finde sig selv som teenager. Men det er vigtigt, at man i en ung alder lærer at stole på sig selv og de talenter og værdier, man har. Måske tænker man ikke så meget over den indre stemme, når man er ung, men man har den, og den kan mange gange være meget hård ved én. Men man skal holde fast i sig selv og hvem, man er som menneske. Det er helt i orden at være anderledes. Det er også i orden at have sin egen stemme og at give udtryk for det.

Især kvinder føler et stort pres for at se ud på en bestemt måde og gå klædt på en bestemt måde. Men man skal ikke stræbe efter at følge aktuelle trends og se ud som alle andre. Det er okay at få ideer fra andre, men man skal ikke måle sig med dem, og hvis man har en kropsform, der ikke er præcis som Helena Christensens, gør det ikke noget. Du skal nyde din kropsform, fordi den er din. I det hele taget skal man ikke gå rundt og sammenligne sig selv med andre. Man skal vide, hvem man er, og arbejde på at have et godt selvbillede og være selvsikker. Så kan man også beundre andre og spejle sig i andre – uden at føle, at man ikke er god nok, som det sker, når man spejler sig i andre på den forkerte måde.

Det er positivt at skille sig ud fra mængden. Det er også spændende, for det viser, at man ikke er bange for at udtrykke, hvem man er som person, og at man har en stærk identitet. Alle har deres egen skønhed og er noget specielt, og det skal de bære med stolthed.

Hvorfor stræbe efter at være normal og passe ind, når vi er alle unikke som mennesker? Hvad er det normale i det hele taget? Det kan også godt være lidt kedeligt at være normal og gøre som forventet, og man snyder sig selv, hvis man forsøger at passe ind i det forventede billede i stedet for at være sig selv.

Jeg er indvandrer i USA. Det er ikke mit fødeland. Men efter et par slagsmål med immigrationsmyndighederne har jeg fået lov til at blomstre her som den danske, homoseksuelle mand, jeg er. Det er ikke nemt at være indvandrer, for man er ikke hjemme til at begynde med, når man kommer til et nyt land, og jeg kan godt overraskes, hvis jeg hører en dansker give udtryk for sin negative holdning over for indvandrere og flygtninge. Jeg bryder mig ikke om, at man er intolerant over for sine medmennesker, fordi de er anderledes. De har ret til at være anderledes og være sig selv – ligesom vi alle sammen har det.

*Jeg husker på,
at jeg vil nyde hvert sekund.
Jeg husker på,
at jeg vil danse verden rundt.*

Det bli'r en god dag i dag.
Solen skinner.
Jeg er dagens vinder.
Det er min dag.

Fra "Det bli'r en god dag" fra musicalen "I love it.
Musik og tekst: Claus Reenberg, Mathias Madsen
Munch og Rasmus Lundgreen.

Find dine unikke kvaliteter

I stedet for at ville være almindelig eller normal skal man arbejde på at finde ud af, hvem man er, og hvad der gør én unik i forhold til andre. Den kloge danske filosof Søren Kierkegaard sagde f.eks.: "Det Store er ikke at være Dette eller Hiint; men at være sig selv, og dette kan ethvert Menneske, naar han vil det."

Og det er okay, hvis det at være sig selv er, at man er lidt speciel og ser anderledes ud end mange andre. Det er det, der gør dig unik og interessant – og det, der gør, at du er dig. Vær glad for det – og vær dig selv. For du er unik, og ingen andre er som dig.

Det kunne måske være en god ide indimellem at stoppe op og spørge sig selv: 'Hvem er jeg? Hvad er det, der gør mig unik? Hvordan kan jeg personliggøre mit arbejde og min måde at udtrykke mig på? Hvad er mine stærke sider? Hvilke talenter har jeg? Hvordan kan jeg bedst bruge disse talenter? Hvad er mine værdier? Hvordan lever jeg på bedste vis efter disse værdier?'

Når man svarer på disse spørgsmål, skal man ikke være bange for at tale pænt om sig selv og rose sig selv for den, man er, og det, man kan. Man skal være ærlig og oprigtig, ligesom man ville være det, hvis man talte om sin bedste ven, som man holder så utrolig meget af.

Det kan godt være sværere at være sig selv, hvis man er anderledes end det forventede. Jeg oplevede det selv i forhold til at være homoseksuel, hvor man ligesom skal 'springe ud' foran sin omverden og erklære: 'Jeg er homoseksuel' i håb om at få en form for godkendelse fra andre. Det har de færreste heteroseksuelle oplevet – og måske har de ikke engang tænkt over, hvordan det må være.

Noget lignende er vilkårene for de mennesker, der føler, at de er født i en forkert krop og i virkeligheden tilhører det andet køn. Men de er også helt okay. Man skal være den, man er: et autentisk menneske og ikke det, som andre forventer af én. Det vigtigste er bare, at man er tro mod den, man er, bevidst om sine livsværdier og følger dem. De er med til at definere, hvem du er.

Vi, der lever i den vestlige verden, kan glæde os over, at den er mere åben og accepterende over for menneskers forskelligheder end nogen-sinde før. Man har lov til at blomstre og udtrykke sig som den, man er. Det gælder også mht. seksualitet. Jeg føler ikke, at det er et problem for mig, at jeg er bøsse. Det er blevet nemmere for homoseksuelle at blive accepteret og respekteret som dem, de er: mennesker, der er tiltrukket af vores eget køn.

Det samme gælder for andre seksuelle mindretal. Der er plads til alle i vores moderne verden, og man skal ikke undskylde for at gå ud i ver-den og være lige præcis den, man er. Vi skal være tolerante og forståen-de og acceptere andre mennesker. Vi skal være åbne og imødekommen-de over for hinanden og give alle andre den samme accept, som vi selv har ret til. Uanset om de har en anden hudfarve, religion, seksualitet eller social status. Man taber i det lange løb, hvis man ikke har en åben holdning over for sine medmennesker. Og man taber, hvis man ikke er åben over for at være sig selv.

Oles gode råd

Accepter dine medmennesker
for at være dem, de er –
og vær altid åben og imødekommende
over for andre.

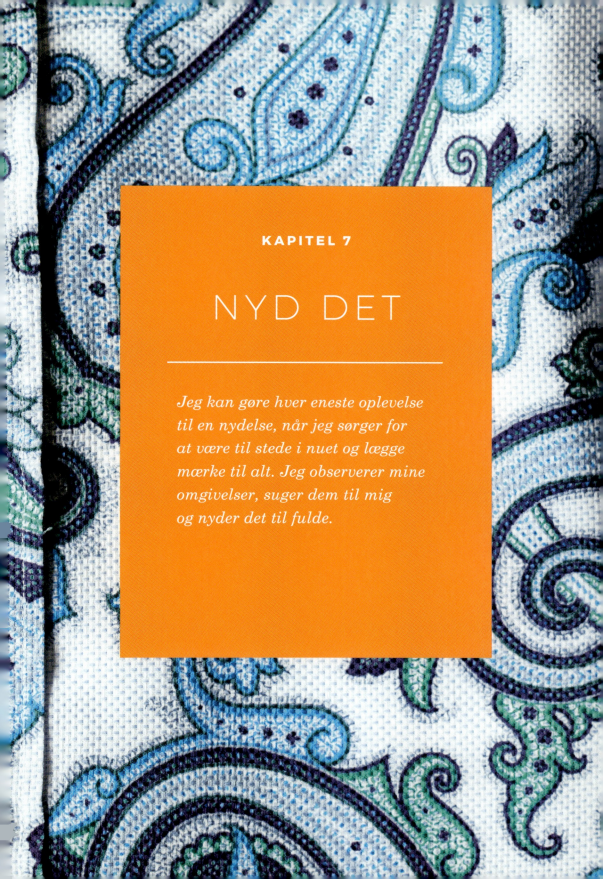

KAPITEL 7

NYD DET

Jeg kan gøre hver eneste oplevelse til en nydelse, når jeg sørger for at være til stede i nuet og lægge mærke til alt. Jeg observerer mine omgivelser, suger dem til mig og nyder det til fulde.

Midt under et stort show på rådhuset i København fandt jeg ud af, at mit firma var blevet solgt til verdens største luksuskonglomerat LVMH, Moet Hennessy Louis Vuitton. Det var i begyndelsen af 2011, og jeg stod på scenen som vært til Eccos Walk in Style-arrangement for kvinder, der har gjort en forskel inden for velgørenhed. Mit job var som vært at forbinde indslagene og sørge for, at der var humor, seriøsitet og god energi på scenen.

Vi var på det tidspunkt langt fremme i forhandlingerne om salget af mit firma til LVMH, som havde kontaktet mig og givet mig et købstilbud. Det var et stort vendepunkt for mig. Mit firma var vokset fantastisk godt globalt, men det var også begyndt at føles overvældende på trods af alle de dygtige ansatte, jeg havde ved min side.

Jeg havde haft en mindre god oplevelse i Kina, hvor mine produkter blev lanceret, og det havde givet mig en masse hovedpine. Selvfølgelig var det et gennembrud for mit brand at komme til Kina, for det var den største ordre, jeg nogensinde havde fået, men den kinesiske regering gjorde det meget besværligt. Den spændte mildest talt ben for mine planer. Så jeg brugte meget energi på at finde løsninger på problematikken, og selvom jeg ikke personligt ville opgive kampen, var jeg lidt frustreret og havde et stort ønske om at få en organisation med større muskler bag mig.

Det var altså på det helt rette tidspunkt, at LVMH viste deres interesse for at opkøbe mit firma. Jeg var klart moden til det, for selvom jeg elskede at drive min virksomhed, kunne jeg samtidig se, at det ville være fantastisk at samarbejde med en stor gruppe som LVMH, der netop havde den nødvendige power.

Forhandlingerne var gået godt, men LVMH ville vide alt om mig og mit firma. Alt blev tjekket og dobbelttjekket, så man skulle være meget tålmodig. Men jeg havde nydt den lærerige rejse og at blive udfordret sammen med alle mine advokater og diverse eksperter, der var på min side under forhandlingerne. Mod slutningen af vores forhandlinger opstod der små problemer, men min hovedadvokat, Cameron Smith, forsikrede mig om, at vi nok skulle finde en løsning. Han havde ringet til mig, inden jeg tog til Danmark, og sagt: "Ole, der er et gennembrud lige om hjørnet. Det skulle ikke undre mig, om det sker den aften, du står på scenen i København."

Hvad jeg elskede ved Cameron, var, at han var far til fem drenge og en meget varm og personligt engageret mand – en mand med hjerte. Det er en stor fornøjelse for mig at arbejde med den slags mennesker. Det skal ikke bare være business, business, business, og Cameron forstod mine livsværdier, og hvor vigtigt det var for mig, at disse værdier blev tilgodeset i de ind imellem tørre forretningsforhandlinger.

LVMH er fransk, og det betød meget for mig, at det var en europæisk luksusbrandgruppe, der købte mig. Jeg kendte til deres verden og havde læst alt om den franske forretningsmand Bernard Arnault, der har skabt dette imponerende luksuskonglomerat med fantastiske kvalitetsmærker under sine vinger. Med LVMH følte jeg mig tryg ved, at mine medarbejdere ville få de arbejdsforhold og goder, de havde fortjent: ordentlige lønninger, pensionsopsparinger, fine barselsforhold for kvinderne og sygeforsikring. Alt sammen goder, som er meget usædvanlige i USA. De ville respektere de værdier, mit firma byggede på, og allervigtigst: De ville værne om de mennesker, som jeg samarbejder med, og meget gerne videreføre den måde, jeg behandler mine ansatte på.

Jeg vidste også, at de ville opretholde mit firmas dna og identitet. Afgørende for dem var, at jeg blev i firmaet som kreativ leder og fortsatte med at skabe produkter og dermed hjalp dem på vej med at skabe vækst og gøre firmaet større.

Der blev skrevet om mit muligt forestående salg til LVMH over hele verden. Salgsprisen og min nye kontrakt blev heldigvis holdt hemmelig. Jeg bryder mig generelt ikke om at tale om penge. Men nu var jeg altså her på scenen i København og havde selvfølgelig talt med Laurence, inden jeg skulle på, for det lå i luften, at der lige var ved at ske noget, og jeg var bare *så* spændt.

Jeg lagde dog tankerne om salget på hylden og fokuserede ét hundrede procent på at være til stede i nuet. Undlod at tjekke min mobiltelefon hele tiden for at se, om der var nyt hjemmefra, men sørgede i stedet for at præsentere showet i København på en underholdende og levende måde. Jeg nyder at underholde – og elsker den kontakt, man opnår med sit publikum, når man står på en scene, og jeg var i den grad i hopla denne vinteraften i København.

På ægte Ole-manér kom jeg dansende ind på scenen, og for første gang nogensinde var jeg trukket i et par høje hæle, for som jeg sagde til publikum, der også omfattede vores tidligere statsminister Poul Nyrup Rasmussen: "I må forstå, at jeg er en lille mand – og jeg refererer ofte til mig selv som en lille dværg. Nu skal jeg stå her ved siden af alle disse høje topmodeller, og derfor har jeg høje sko på, så jeg kan være lige så høj og flot som dem." Det grinede folk så lidt ad.

Jeg gennemførte aftenen i bedste stil og formåede at holde balancen på de ti centimeter høje hæle, sikkert fordi jeg er tidligere danser. Men senere på aftenen fik jeg konsekvenserne at føle: Jeg fik meget smertefulde kramper i fødderne og var i det øjeblik taknemmelig for, at jeg ikke har seriøse problemer med at være en lille mand og ikke føler mig tvunget til at spankulere rundt i høje hæle hele tiden.

Jeg var desuden glad for at se den tidligere danske topmodel Renée Toft Simonsen vinde prisen, få sine blomster og takke på vegne af skolepigerne i Zimbabwe, som den kvarte million kroner, hun vandt, skulle gå til.

Men nu, hvor aftenen var ved at være forbi, begyndte tankerne så småt at pible frem fra deres skjul i mit baghoved: Mon der var nyt fra USA?

Da jeg endelig kom hjem til Hotel Skt. Petri, hvor jeg boede i disse dage, fik jeg en opringning fra Cameron med beskeden: "*It's a deal*, Ole." Papirerne var blevet underskrevet, og mit firma var blevet købt af LVMH.

Jeg var så begejstret og på grådens rand af glæde. Selvfølgelig ringede jeg som det første til Laurence, og vi begyndte at skrige og skabe os over telefonen. Han i huset i Los Angeles, og jeg i København. Og vi snakkede og snakkede, selvom vores samtale vist mest artede sig som en form for skrigeri, hvor jeg ikke rigtig husker, hvad der blev sagt. Vi opførte os som to vilde drenge, der slet ikke kunne styre sig. Jeg hoppede op

Det var en stor dag, da mit firma blev solgt til den franske luksuskoncern LVMH, Louis Vuitton Möet Hennessy, og dermed kom i familie med en hel perlerad af legendariske brands.

Vi fejrede salget af Ole Henriksen of Denmark med at invitere hele min familie og mine allernærmeste venner til den italienske ø Ischia.

og ned, som jeg har en tendens til, når jeg bliver ovenud begejstret – og sammen jublede og jublede vi. Det var så skønt at deles om den succes, vi havde opnået som par. Jeg kunne ikke vente med at komme hjem og fejre det i stor stil med Laurence.

Senere inviterede jeg hele familien og min veninde Helenes familie til den smukke italienske ø Ischia for at fejre salget af mit firma til LVMH. Jeg havde lejet den største villa på øen med udsigt til det smukke Middelhav. Vi havde egen pool og kok og nød samværet blandt andet med at spille spil og sidde oppe til sent om aftenen og kigge ud over havet.

Det var den største gave, jeg kunne give mig selv: at tilbringe tid med min familie og Helene og hendes familie. At fejre med familie og venner er noget, man virkelig skal bære med sig. Det er sådan, man allerbedst nyder og fejrer livet – og sådan man bør fejre sine succeser: med dem, man holder af.

Oles gode råd

Vær til stede i nuet, og sug alt til dig. Nyd hver eneste sejr, stor som lille, og hver en spontan stjernestund sammen med dem, du holder af.

Nyder nyt kapitel

Der er nu gået otte år, siden jeg solgte mit firma til LVMH, og jeg har ikke fortrudt det, selvom der var et par gnidninger i begyndelsen. Jeg sad i førersædet det første år, fordi de havde svært ved at finde den rette person til lederrollen.

Min chef, David Suliteanu, var blevet imponeret over en ung kvinde, Ali Kole, der tidligere var blevet brugt som konsulent under vores kontraktforhandlinger. Hun blev hyret som chef. Det viste sig dog hurtigt, at hun slet ikke havde den samme ledelsesfilosofi som jeg. Da jeg nævnte mit store fokus på at værne om alle medarbejdere og tage sig tid til det menneskelige i dagligheden, var hendes kommentar: "Jeg har altså ikke tid til den slags. Jeg har en meget stram struktur og tænker i bund og grund kun på én ting: Profit."

Da jeg hørte det, tænkte jeg: '*Oh my God*' og var dybt bekymret over, at en kvinde med den holdning nu sad på toppen af mit brand. I den periode nød jeg ikke mit arbejde helt så meget, som jeg plejede. Jeg var faktisk ret ked af det og gik længe rundt og grublede over, hvad jeg skulle gøre. Jeg overvejede ligefrem, om jeg skulle forlade firmaet. Det var smertefuldt. Heldigvis gik der ikke længe, før Ali Kole valgte at søge nye udfordringer, for det var vist også gået op for hende – og for flere af mine nye chefer – at vi måske ikke passede helt så godt til hinanden.

Men jeg har for det meste haft positive oplevelser. Jeg elsker simpelthen at samarbejde med mine nye medarbejdere. Noget af det, jeg sætter allermest pris på, er at sidde ved et stort konferencebord sammen med mine talentfulde og meget kreative kollegaer i vores hovedkontor på Market Street i San Francisco. Min nye familie, som jeg kalder dem, består af de mest vidunderlige mænd og kvinder. Vi nyder vores samarbejde meget, mens vi arbejder hårdt og fokuseret på vores Ole Henriksen-brand. Vores møder kører som smurt, planlagt til mindste detalje – men altid med tid til humor og grin. Alle har forberedt materiale, som ofte bliver præsenteret for os på en storskærm.

Et Ole Henriksen-møde starter typisk med en status: Hvor er vi nu? Hvordan er vores salg i USA og på verdensscenen? Hvor meget er vi vokset inden for de seneste måneder? Hvad er vores næste mål på hjemmefronten og ude i verden? Det er især mine medarbejdere fra marketingsafdelingen, der står for denne præsentation.

Dernæst kommer vi ind på PR, som i disse moderne tider handler mest om vores strategi for de sociale medier, der er blevet en vigtig drivkraft bag hele vores *launch pad* for nye produkter og *brand awareness* generelt. Vi holder konstant øje med responsen på alting på vores egne sociale medie-platforme og vores samarbejde med bloggere og andre influencers.

Oles gode råd

Man er mere villig til at give den hele armen, hvis man nyder sit job. Skab et hyggeligt arbejdsmiljø, hvor folk føler sig godt tilpas og entusiasmen kan blomstre.

Så er det min tur til, i samarbejde med vores produktafdeling, at tale om vores planer med nye produkter. Vi arbejder normalt to-tre år på produktudvikling, så i øjeblikket taler vi om de produkter, der skal ud i 2020 og 2021. Som en del af det kommer vi ind på alle detaljer omkring design på indpakningen og vores generelle look.

Jeg har stor fornøjelse af dette samarbejde og elsker at være en del af et team og se mine medarbejdere stråle. Jeg føler mig altid inspireret af at lytte til deres kreativitet, for de er så engagerede og brænder virkelig for det, de laver. De finder hele tiden på noget nyt og spændende. Jeg sidder og tænker: '*Wow!*' og kniber mig selv i armen af begejstring over at være en del af denne fantastiske LVMH-familie.

Jeg havde et stolt øjeblik, lige efter at vi havde underskrevet vores kontrakt. LVMH sponsorerede en event i luksusferiestedet Hamptons på Long Island i New York, hvor meget rige mennesker ynder at holde strandferie. Der var blevet lavet en T-shirt med sponsorlogoerne på, og der stod blandt andet: Marc Jacobs, Louis Vuitton, Moët Hennessy, Tag Heuer, Donna Karan – og så var der pludselig ham Ole Henriksen.

Jeg tænkte stolt: 'Gud! Alle dem – og så Christian Dior, Bulgari og Fendi oveni! Jeg er kommet i familie med denne fornemme gruppe brands – det er mine brødre og søstre'. Og jeg kunne ikke lade være med at tænke, at det var ret godt gået af den lille Ole fra Nibe.

Jeg er ikke længere chef som sådan. Jeg er vores ansigt ud mod verden. Jeg laver interviews og motiverer – og er så småt som 67-årig ved at gøre mig klar til at gå på pension. Men jeg nyder hvert øjeblik, jeg har tilbage, og er lige så motiveret og engageret i mit arbejde, som jeg altid har været.

Mennesker er vigtigst

Nydelsen har været en rød tråd gennem mit arbejdsliv, lige siden jeg begyndte på Christine Shaw Health and Beauty College, og jeg har elsket at behandle mine mange klienter i behandlingsrummet lige fra den første dag, jeg slog dørene op til min Ole Henriksen of Denmark-klinik.

Også her var det især kontakten til mine medmennesker, jeg nød. Det var interessant for mig at være omgivet af spændende mennesker. Ikke bare de mennesker, jeg selv havde valgt med omhu og ansat i mit spa, men også de mange, som jeg lavede behandlinger på og rådgav i forbindelse med min wellness-filosofi. Det er menneskerne, der har været og stadig er de vigtigste.

Jeg nyder næsten alt ved mit arbejde, som er meget fokuseret på menneskers velbefindende. Det er en livsfilosofi, som jeg deler ud af, og jeg elsker at inspirere mennesker til at føle sig godt tilpas med sig selv og leve et sundere liv.

Jeg bruger meget af min tid på at minde alle om, hvor let det er at passe godt på sig selv, og arbejder intenst på at gøre folk opmærksomme på, at de har alt, der skal til for at leve efter min wellness-model og mærke forskellen både fysisk og psykisk. Som ekspert er jeg bare en formidler, der skal motivere andre til at følge den tankegang og livsfilosofi, som jeg selv lever efter og nyder til fulde. Og det er en fornøjelse at se mennesker vende op og ned på deres liv og blive sundere og lykkeligere.

Gennem årene kom der mange forskellige mennesker ind på mit spa, og adskillige af dem var berømtheder, som jeg lærte at kende fra en mere personlig side end mange andre. I mit behandlingsrum følte de sig trygge, næsten som om de var til psykolog – eller i det mindste åbnede de op om mange ting, der gik dem på. De fortalte også om oplevelser og succeshistorier, som de var ovenud glade for, og de var særligt dejlige at høre om.

Jeg var fascineret af at høre deres personlige historier om deres koner, mænd og elskere, og ved flere lejligheder fik jeg helt røde ører af at høre meget intime historier fra meget kendte mennesker, som samfundet har en tendens til at sætte op på en piedestal. Disse historier holdt jeg selvfølgelig altid for mig selv.

Mest betaget var jeg, når mine klienter talte begejstret om deres arbejde og gav udtryk for, hvor meget de nød det. F.eks. David Bowie, som var en fantastisk mand. Han var så flot klædt, når han kom til mit spa, og han bar sine habitter elegant med en flot, rank holdning. Han havde en skøn britisk accent, og hans stemme var smuk, varm, blid og indbydende, men samtidig mandig og dyb. Han havde to forskellige øjenfarver, hvilket gjorde hans blik endnu mere intenst, og han udstrålede en stærk intelligens. Der var en helt særegen aura omkring ham.

David Bowie var en venlig mand, helt nede på jorden. Han elskede blandt andet at sidde og sludre med min veninde Helene, der dengang arbejdede som receptionist i spaet. Han var meget nærværende, og man mærkede aldrig på ham, at han var en stor verdensstjerne. Det var skønt at fornemme, hvordan han brændte for sit arbejde. Han talte altid meget lidenskabeligt om sin musik, og den måde, han var begejstret og engageret på, smittede af på mig. Jeg var vild med ham som menneske.

I behandlingsrummet var det interessant at se ham tage sit tøj af, for det gjorde han med meget elegante bevægelser og på en lidt sensuel og udfordrende måde. David lagde ikke skjul på, at han også var tiltrukket

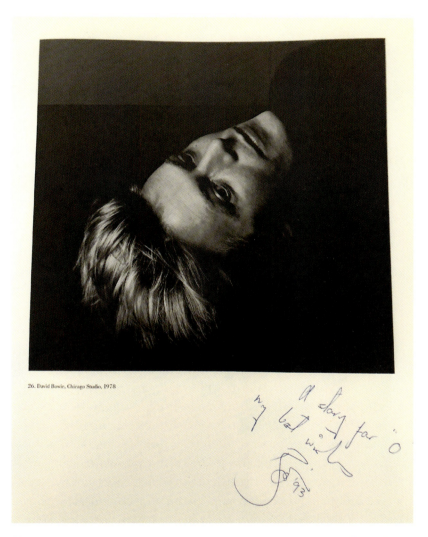

26. David Bowie, Chicago Studio, 1978

Gennem årene opbyggede jeg et meget fortroligt forhold til sangeren David Bowie, der fik behandlet sin hud i min spa. I behandlingsrummet turde han tale om alt, også om sin svære kamp med narkotikamisbrug.

af mænd. Han havde fedtet hud med urenheder og blev derfor meget begejstret for mine behandlinger, som blandt andet forfinede hans porer, så de var mindre synlige. Det var dejligt at se hans udstråling få lidt *Ole Glow*. Det glædede mig altid, uanset om jeg arbejdede på kendte mennesker eller ej.

David talte om alt. Om sine hårde år i Berlin, om kampen om at holde op med at tage narkotika, om sit fantastiske forhold til den smukke somaliske supermodel Iman Abdulmajid, som han var blevet gift med i 1992. Det var hende, der havde anbefalet ham at komme til mig med sine hudproblemer. Han fortalte mig glædeligt, hvor meget han nød, når de to var alene hjemme, og hun lavede de skønneste måltider til ham. Han var så dejlig at lytte til, og indimellem nynnede han en sang. Han gjorde det ikke for at underholde mig, men fordi han ikke kunne lade være.

Mennesker er vigtigst

Da menneskeligt samvær altid har været den største nydelse for mig, har jeg som chef sat en stor ære i at værne om mine medarbejdere. Jeg havde aldrig forestillet mig, at jeg skulle være chef, og det skete jo nærmest tilfældigt, fordi jeg ikke kunne finde et job, da jeg kom til Los Angeles. Beslutningen om at starte min egen hudplejeklinik tog jeg ganske hurtigt efter et møde med min nye forretningspartner Moe Kaufman.

Den første, jeg ansatte, var David Orr, som jeg tidligere har omtalt. Ham havde jeg kendt, inden jeg startede Ole Henriksen of Denmark. Jeg elskede allerede dengang at se potentialet i mennesker, udpege dem og hjælpe dem sætte gang i deres karriere. Og jeg nød den proces.

Det er meget vigtigt, at folk føler sig trygge, når man ansætter dem. De er pludselig *on the spot* – og kan godt være lidt nervøse, når de skal i gang med noget nyt. Men det var skønt at se David vokse både som en talentfuld hudplejeekspert og som menneske – og blive gladere og mere selvsikker.

Jeg trænede David om aftenen, når arbejdsdagen var forbi, og vores klienter var taget veltilfredse hjem med fornyet og glansfuld hud. Så gennemgik vi nye sofistikerede behandlingsmetoder, så David kunne blive endnu dygtigere inden for sin profession. Hvis der var noget, han ikke klarede helt rigtigt, var jeg meget pædagogisk: "David, der er lige et par småting, som jeg vil demonstrere for dig igen."

Vi arbejdede meget harmonisk sammen og hyggede os gevaldigt imens. Jeg skrev noter om det hele, og det blev begyndelsen på mine første lærebøger, hvor jeg meget detaljeret beskrev de mange hudplejebehandlinger, som jeg udviklede lidt efter lidt.

Disse lærebøger gik i dybden med hvert behandlingstrin og gjorde det lettere for nyansatte at lære min unikke måde at behandle hud på. Vi kaldte det *the Ole touch*. David opbyggede trin for trin en stor kundekreds, der var glad for hans arbejde. Kundernes glæde gjorde ham glad, og hans glæde gjorde mig glad, så det var en win win-situation.

At være en god chef gennem hele min karriere har været en nydelse for mig. I takt med at mit firma voksede globalt, blev jeg pludselig chef for rigtig mange mennesker, og det var en spændende udfordring, som jeg satte pris på. Jeg har erfaret, at et godt arbejdsmiljø giver tid og plads til det hele – masser af hygge, godt humør og hårdt fokuseret arbejde.

Som chef skal man ikke opføre sig som en diktator eller alfahan. Hvis man ikke arbejder på at være en god og omsorgsfuld chef, vil man tabe i det lange løb. Det er vigtigt, at man kender hvert led i sit firma – og værner om dem. Jeg har aldrig følt mig hævet over mine medarbejdere, og det har gjort nydelsen ekstra stor for mig. Jeg var altid hundrede procent på niveau med mine ansatte, og det har faldet mig ganske naturligt at være det. Jeg er ingen *bossy Boss*.

Det er afgørende – chef eller ej – at tage sig tid til at etablere et forhold til sine medarbejdere og lære dem at kende som mennesker: deres personlige liv og deres livsværdier. Hvis man kender sine medarbejdere, viser dem omsorg og roser dem, når det er fortjent, bliver de meget mere engagerede. Husk på: Det menneskelige aspekt af ens arbejdsliv er det allervigtigste og dér, hvor man kan finde den største nydelse.

Undgå stress med planlægning

Når jeg bliver spurgt, hvordan det er muligt for mig at nyde alt det arbejde uden at blive stresset, svarer jeg: "Planlægning." Jeg har altid ført en meget detaljeret kalender, hvor alt, hvad jeg skal i alle døgnets timer, er skrevet ned. Selvfølgelig med forbehold for, at noget kan gå galt – og med plads til frirum og spontane indslag.

Det er naturligvis vigtigt, at man ikke har *too much on one's plate* – at man ikke overbebyrder sig selv med alt for mange opgaver. Man kan godt ind imellem undervurdere, hvor lang tid en opgave tager, men normalt kan man undgå stress ved at planlægge alt ned til mindste detalje. Hvis man er velorganiseret, har man styr på, hvad man skal hvornår – og så kan man bedre koncentrere sig. Jeg føler mig aldrig overbelastet, for jeg ved præcist, hvad der forventes af mig og hvornår – og jeg har sørget for, at der er tid til pusterum ind imellem.

Med god planlægning kan man tillade sig selv at være i nuet og fokusere på det, der er på dagsordenen. Alt det andet har man sørget for tid til senere. Man undgår derved stress, og tilbagevendende eller vedvarende stress skal man for alt i verden undgå.

Det gælder om at give sig selv frirum i løbet ad dagen, så man f.eks. kan nyde sine måltider. Det lærte jeg på den hårde måde. Gennem nogle år midt i 1990'erne valgte jeg at være booket *back to back to back* uden frokostpause. Jeg havde fået en fiks ide om, at det var vigtigt at komme lidt tidligere hjem til Laurence, så vi havde mere tid til at dyrke hinanden om aftenen. Efter amerikansk standard er det meget tidligt at tage hjem omkring klokken halv fem om eftermiddagen.

Jeg mødtes med min receptionsmanager Debbie Redlich om morgenen klokken 7, så vi kunne gennemgå alle de mange vigtige ting, som jeg behøvede hendes hjælp til i løbet af min dag. Det var blandt andet planlægningen af de TV-shows, som jeg var gæst i, hele mit publicity-maskineri med de store amerikanske blade, udvikling og produktion af Ole Henriksen-produkter osv. Debbie var uundværlig og noget så sød.

Den første klient kom klokken 8 om morgenen, og så tog jeg syv klienter i træk. Jeg sørgede for at spise et par bider i pausen efter hver klient og lavede 50 armbøjninger efter Sylvester Stallones opskrift.

Under min minipause kom Debbie tit ind med opdateringer og spørgsmål til mig. Jeg knoklede løs non-stop – og det er mere fysisk krævende, end man umiddelbart skulle tro, at lave ansigtsbehandlinger dagen lang, så jeg var ret så udmattet, da sidste klient havde forladt mit behandlingsrum.

Jeg tog kun disse maratondage et par dage om ugen, for de var alt for hårde og gjorde mig mere træt end normalt, både mentalt og fysisk. Det var en dum beslutning at arbejde non-stop på den måde, og det erfarede jeg hurtigt. Jeg fungerede lidt for meget, som om jeg stod ved et samlebånd og bare automatisk tog fat om den ene ting efter den anden. Jeg nød processen som altid og gav den hele armen, så alle klienter fik en stjernebehandling. Men jeg nød ikke at gå glip af mit frokostritual, hvor jeg kunne have fået et pusterum, nydt min mad og hyggesnakket med mine kollegaer, hvilket altid har været meget vigtigt for mig. Det føltes ikke godt at gå glip af dette ritual.

Oles gode råd

Husk at sætte plads af i kalenderen til lidt afvigelser og livsnydelse også. Man undgår stress og er bedre i stand til at nyde sit arbejde, hvis man er god til at planlægge sin tid.

Det er også vigtigt at skabe et hyggeligt arbejdsmiljø, så man føler sig godt tilpas og nyder at gå på arbejde. Vi er så gode til at hygge i Danmark, så det tror jeg, de fleste danskere har sans for. Jeg tog det danske hyggebegreb med til USA og indrettede mine behandlingslokaler med masser af hjemlig atmosfære. Jeg har altid skabt smukke omgivelser for mig selv og mine medarbejdere og lagt stor vægt på at sætte et personligt – og særligt skandinavisk – præg på alt.

Jeg tror, at det betyder meget for menneskers trivsel, at de arbejder i et miljø, hvor de føler sig inspirerede, komfortable, velkomne og trygge. Så er der mere overskud til at være kreative og hundrede procent engagerede i arbejdet.

Mindre stress, mere nydelse

Lysten driver værket, siger man på dansk, og det kan ikke siges meget bedre. For jo mere man nyder sit arbejde, jo mere engageret, motiveret og vedholdende vil man være. Hvis man virkelig nyder sit job, kan det nogle gange ligefrem være svært at sige stop og holde fri – fordi man bare elsker det, man har gang i. Man kan næsten ikke lade være, fordi det bare giver én så stor nydelse.

Der er mange ting, jeg nyder. Men jeg nyder først og fremmest samværet med mine medmennesker – uanset om det er mine dejlige klienter, mit fantastiske team på arbejdspladsen, andre samarbejdspartnere eller min søde familie. Samværet med andre mennesker har større betydning for ens livskvalitet end alt andet. Det er der skrevet mange bøger om.

Det er vigtigt at nyde livet. Det siger næsten sig selv. Men det er også videnskabeligt bevist. Den danske hjerneforsker Morten L. Kringelbach har forsket i, hvad der foregår i hjernen, når vi føler nydelse, og når vi ikke føler nydelse. I sin bog ”Den nydelsesfulde hjerne – Nydelsens og begærets mange ansigter” (2008) beskriver han betydningen af nydelse for mennesket, og hvordan fraværet af nydelse kan få store helbredsmæssige konsekvenser for vores liv. Vi kan ligefrem risikere at blive syge af ikke at nyde livet, påviser den danske hjerneforsker.

Nydelse er helt centralt for vores velvære, vores livskvalitet og altså også vores helbred. Måske det er derfor, jeg aldrig har været alvorligt syg og næsten aldrig går til lægen. Jeg har nemlig nydt hele mit liv til fulde. Det er ikke en nydelse at være stresset. Stress er et tegn på, at man er overbelastet – eller at man ikke planlægger sin tid godt nok. Længerevarende stress er som bekendt ikke godt for ens helbred og kan medføre

mange alvorlige sygdomme som blodpropper og depressioner. Man kan
også forværre sygdomme med stress. Så hvis du føler dig stresset i læn-
gere tid ad gangen, gælder det om at sadle om og overveje, om du har
taget for meget ansvar, eller om du kan planlægge din uge anderledes.
Det er spild af et godt liv at være kronisk stresset.

Man skal være god til at organisere sit liv, når man arbejder hårdt
og fokuseret og konstant stræber efter at nå nye mål. Man kan und-
gå at blive overvældet ved at have en notesbog med sig overalt – og
skrive alt ned, man skal huske, lige så snart man kommer i tanke om
det. Det er også en god ide at organisere alt i foldere og charteques
på den gammeldags måde – det føles mere håndgribeligt, end når det
f.eks. er skrevet på ens computer.

En anden god måde at undgå stress på er at være til stede i nuet og
ikke tænke på alt muligt andet. Den spirituelle lærer Eckhart Tolle
skrev en meget interessant bog "Nuets kraft – Nøgle til personlig
frigørelse" (2009), som jeg også har stående på mit kontor. Den var
måske en anelse for filosofisk efter min smag, og jeg var ikke helt
enig i alle hans betragtninger. Men nogle af dem kan jeg fuldt ud
tilslutte mig.

Han sagde blandt andet, at stress er, hvis man er 'her', men i virke-
ligheden ønsker at være 'der', altså et andet sted og ikke hundrede
procent til stede i nuet. Men hvis man i stedet lukker alt andet end
selve nuet ude og fokuserer hundrede procent på at være åben over
for det, der sker omkring én i øjeblikket, vil man være i fuld balance
med sig selv.

Uvedkommende tanker om, hvad man f.eks. ellers skal nå i løbet af
dagen, forstyrrer bare ens fokus på at være nærværende. Han mente
lidt ekstremt, at der ikke findes andet end 'lige nu', men han havde en
god pointe: Hvorfor ikke fokusere og nyde det, du har med at gøre lige
nu? Det er jeg er ret god til.

Når man er i nuet, er man hundrede procent koncentreret om det, der
lige sker i øjeblikket og kan nyde det til fulde. Hvis man f.eks. læser en
bog og sidder med et tæppe pakket godt omkring sig og har skruet op
for hyggen med ild i pejsen og tændte stearinlys, fremhæver man sanse-

oplevelserne – det bløde lys fra pejsen og den dejlige varme og duft, som den spreder.

Det er også vigtigt at tage sig god tid til at nyde de små ting i livet. Det kan være en middag med familien, hvor man skaber en dejlig atmosfære og tager sig tid til at smage sin mad, tid til at spørge ind til hinanden og tid til at lytte. Tid til at være til stede i nuet og bare nyde det. Man opdager en masse ting, når man er i stand til at nyde nuet. Tiden går dejligt langsomt, når man nyder hvert sekund. Man holder den indre glød i sjælen ved lige. Livsglæden.

Læg telefonen væk, og vær til stede

Det er også lettere at være til stede i nuet, hvis man ikke hele tiden sidder med sit hoved begravet i sin telefon eller iPad. Folk er alt for optagede af deres teknologi – de kan ikke lade deres telefoner ligge og sidder med dem i hånden hele tiden. De er fraværende, befinder sig i en anden verden og lever ind imellem gennem deres yndlings-instagram-blogger. Det synes jeg er synd.

Vores telefoner fjerner os fra nuet og stjæler opmærksomheden fra det, der sker lige nu og her. Man har mange gange alt for travlt med at præsentere, hvad man laver, for omverdenen og for folk, man ikke kender, men hvis man hele tiden er aktiv på de sociale medier, kan man jo slet ikke rigtig koncentrere sig om det, der sker lige omkring en i virkelighedens verden.

Det ville gøre en kæmpe forskel, hvis folk kunne lægge deres telefoner bort og ikke var så optaget af, hvad der sker på de sociale medier. Jeg tror, at vores brug af de sociale medier er medvirkende årsag til, at vores kreativitet går i stå. Kreativiteten er en af de skønneste gaver, vi har fået som mennesker, og for at kreativiteten kan blomstre, kræver det, at man er i stand til at være i nuet og kan trække sig ind i sit hoved og udfolde sig der.

Nogle videnskabsmænd mener, at det kan være direkte skadeligt for os
at være for meget 'på' i forhold til al den teknologi, der er til rådighed,
og at vi ligefrem er blevet mere eller mindre afhængige af det. Den ame-
rikanske professor i hjerneforskning Gary Small fra UCLA, University
of California Los Angeles, påpeger, at man kan tale om afhængighed
af teknologi på lige fod med afhængighed af alkohol og stoffer. I sin bog
"iBrain: Surviving the Technological Alteration of the Modern Mind"
fortæller han om, hvordan vores brug af teknologi påvirker hjernen og
laver om på, hvordan vi tænker og fungerer.

Fordi vi bliver mere og mere forbundet til vores teknologi og vant til
at omgås hinanden på de sociale medier, kan den også have stor ind-
flydelse på, hvordan vi er sammen med vores medmennesker. Den kan
skabe afstand mellem mennesker, så vi skal huske at minde hinanden
om, hvor vigtigt det er at holde kontakt med hinanden ansigt til ansigt
og værne om det sociale nærvær, som er så centralt for vores velvære
som mennesker.

Og vi skal huske på, at hjernen også skal have ro indimellem.

Gør selvforkælelse til en dyd

Måske synes du ikke, at begrebet nydelse hører naturligt hjemme på
din to-do-liste. Men som du kan fornemme i dete kapitel, anser jeg
langt fra nydelse for at være spild af tid. Tværtimod er det en forud-
sætning for succes. Det er meget vigtigt at tage sig tid til at nyde, hvis
man får succes med at nå sine mål – både de små og store mål – ved at
belønne og forkæle sig selv. Det gælder også i dagligdagen, når noget er
lykkedes over al forventning. Du fortjener at gå ud og forkæle dig selv
– måske med en lille middag eller en fest, hvor du har det sjovt med
venner og bekendte. Eller du kan købe dig en luksusting, som du har
ønsket dig i lang tid. Hvorfor ikke forkæle dig selv, når du har gjort det
så godt?

Jeg synes især, at kvinder fortjener at blive forkælet med kreati-
ve ting. Hvis man har drømt om at få en ny designertaske, skal man

købe den i sådanne succes-situationer, for så vil tasken altid være en påmindelse om en succes og måske blive en daglig motivation for at opnå endnu mere succes. Man vil f.eks. tænke på dengang, man fik en lønforhøjelse, fordi man havde gjort et godt stykke arbejde og var blevet anerkendt af chefen for det. Eller hvis man havde bestået en eksamen med en højere karakter end forventet.

Man skal anerkende de mål, man har nået. Man skal fejre hver succes, for det er milepæle, der er med til at forme én som menneske og bliver en del af ens livshistorie. Når man fejrer det, trænger det dybere ind i hovedet på én, og man registrerer det bedre.

Disse belønninger, hvor man er god ved sig selv og fejrer sig selv, er af afgørende betydning. Husk på, at du er nummer ét i dit liv, og du skal være god mod dig selv, for når du er god mod dig selv, har du også overskud til at være det over for dine medmennesker.

Alle fortjener at blive forkælet. Det er ikke et spørgsmål om, hvor mange penge man forkæler sig med. Jeg sparede op i mange år til ting, som jeg havde drømt om – f.eks. har jeg altid elsket mapper, og det har givet mig stor glæde at forkæle mig selv med nye mapper. Det er noget, jeg altid har nydt.

Du skal ikke på nogen måde have dårlig samvittighed over at være en livsnyder. For det er sundt og godt at nyde livet. Det er jeg selv et levende bevis på.

Oles gode råd

Hvis du vil nyde, kræver det,
at du er mentalt til stede. Og det er
du kun, hvis du lægger telefonen
fra dig. Det er ikke godt at være
afhængig af sin telefon.

KAPITEL 8

VÆR KLAR TIL AT SIDDE I FØRERSÆDET

Jeg har næsten hele livet igennem haft kontrol over, hvilken vej jeg skulle i mit liv. Ikke mindst fordi jeg har været villig til at sidde i førersædet og været klar til at træffe vigtige beslutninger – og tage ansvaret for dem.

Første gang jeg følte, at jeg sad i førersædet, var jeg lige fyldt 6 år: Det var den dag, jeg fik min første tohjulede cykel i fødselsdagsgave. Gaven var en stor hemmelighed, som mor og far havde holdt på i længere tid. Åbenbart havde de ikke råd til at købe en ny cykel til den lille Ole. Men gennem flere måneder havde cykelsmed Bertelsen på deres opfordring arbejdet ihærdigt på at samle en lille barnecykel af flere forskellige cykeldele, inden det blev den 4. maj 1957.

Cyklen blev præsenteret for mig som en morgengave. Mor og far havde begge kæmpe smil på læberne, da de trak den frem fra bagskuret i Tyvedahlsdage, hvor vi boede på dette tidspunkt, og jeg var fuldkommen overvældet, for de havde flere gange sagt: "Ole, du skal ikke gå og drømme om at få en cykel, for det er der simpelthen ikke penge til." Så jeg havde slet ikke forventet det og gik fuldkommen amok af glæde, da det lille sorte køretøj med det flotte styr med ringeklokke stod foran mig. Cyklen havde også en fin bagagebærer, som senere blev brugt flittigt til at køre ærinder og transportere lillebror Per rundt på.

Jeg elskede først og fremmest tanken om, at jeg kunne køre hurtigt på min cykel. Allerede dengang var jeg vild med at trykke på *fast forward*-knappen og komme hurtigt videre. Jeg nød at leve vildt! På min første cykeltur løb far bagved for at sikre sig, at jeg kunne holde balancen, men der gik ikke mange sekunder, før jeg havde fuld kontrol over cyklen og kunne bevæge mig ud på eventyr alene. Da jeg senere på eftermiddagen havde afsluttet mit hyggelige fødselsdagsselskab, var jeg igen ude på vejen for at cykle. Denne gang stod jeg op på sadlen!

En cykel er ikke bare en cykel. Jeg var lige med det samme meget bevidst om, hvad den kunne bruges til. Jeg så større muligheder i den og drømte jo om at blive akrobat, så jeg fandt som det første på at lave tricks på cyklen. Det var ikke godt nok for mig at cykle normalt, hvilket sikkert siger meget om den person, jeg var dengang – og stadig er som voksen.

Den sorte cykel repræsenterede også frihed. Jeg kunne komme vidt omkring på den, og det var så skønt. Når jeg sad på min cykel, følte jeg, at jeg havde mulighed for at erobre alt. Jeg sad i førersædet og kunne bestemme, hvor jeg skulle hen, og hvad jeg skulle lave. Selvfølgelig kunne jeg kun komme så og så langt på den lille cykel. Men jeg havde f.eks. mulighed for at køre ud til stranden om eftermiddagen efter skole.

Min lillebror Per, der var tre år yngre end jeg, kunne også komme med på tur, og han sad ofte på bagagebæreren. Vi kunne cykle ud til Lynbæk strand, som lå alt for langt væk på gåben, og vi kunne cykle til Sebbersund, en lille strandby, hvor min veninde Helene er vokset op. Det var lidt mere eventyragtigt derovre, fordi det var en ferielandsby, hvor der kom mange turister om sommeren. Der var også en lille bro over Limfjorden, og det var spændende at køre over den. Dengang havde min familie ikke bil, så jeg måtte ud og udforske verden på egen hånd ved hjælp af min lille cykel. Jeg var meget begejstret for den nyvundne selvstændighed.

Buler i boblen

Efter jeg havde forladt Nibe, og mine forældre havde købt hus på Østervangen, fik de en cremefarvet folkevogn, der holdt resten min fars levetid. Den fine VW-boble blev konstant vedligeholdt og repareret, så den kunne holde så længe som muligt. Senere blev den lakeret i en knaldrød farve og var ret så flot, som jeg husker den.

Desværre var min far ikke så god til at sidde i førersædet. Bogstaveligt talt. Han fik sit kørekort i en sen alder, og familien åndede lettet op og kom i feststemning, da han endelig fik det, fordi han var dumpet flere gange.

Jeg husker tydeligt spændingen i huset, da han skulle op til sin tred-
je prøve. Alle var så frygteligt nervøse på hans vegne, for han kunne
næsten ikke holde til presset. Han var gået ud af skolen som 14-årig,
og selvom han var en kvik fyr, var han bestemt ikke god i eksamens-
situationer, og han var generelt en meget usikker mand.

Jeg husker, at min mor var ret så blid ved ham i den periode, for hun
havde ondt af manden. Hun brød sig ikke om at se ham gå rundt som et
omvandrende espeløv, og hun støttede ham og fejrede ham, som om han
havde vundet en stor sejr, da han endelig fik sit kørekort i hus.

Mindre forstående var hun en lun søndag formiddag i 1976. Jeg var
hjemme på visit fra USA, og hele familien Henriksen var samlet i den
lille røde folkevogn for at tage på frokosttur til Aalborg. Bilen var lige
blevet repareret. Alle dens buler var blevet rettet ud, og der var taget
hånd om alle dens skavanker, så den var i helt perfekt stand.

På turen ind mod Aalborg sad vi tre drenge klemt godt sammen på
bagsædet af den lille bil. Jeg sad i midten og mine to yngre brødre, Per
og Hans Henrik, der var noget større end mig, på hver sin side af mig.
Vi sad mildest talt som sild i en tønde og kunne på ingen måde stræk-
ke benene – heller ikke jeg med de korte ben. Min mor sad derimod og
tronede på forsædet og sørgede som altid for at dirigere med min far, så
han kørte sådan nogenlunde, som det passede hende. I virkeligheden
burde det have været hende, der tog kørekort, men sådan var det altså
ikke dengang: Det var hovedsageligt mandfolkene, der kørte familiens
biler, når de skulle på familietur.

Far var lige fra begyndelsen af turen meget nervøs, og vi var be-
gyndt at småskændes om dagens forløb: Hvor skulle vi spise frokost?
Hvilke restauranter var åbne om søndagen? Hvor skulle vi parkere?

Mens vi diskuterede det, blev min far mere og mere febrilsk i sit
førersæde, og da vi endelig var blevet enige og havde besluttet at
parkere i et parkeringshus tæt ved Budolfo Kirke, var han grangive-
ligt blevet så forfjamsket, at han ikke længere kunne koncentrere sig
om at styre bilen op ad den smalle opkørsel, der snoede sig op gennem
parkeringshuset. I hvert fald ramte han ind i muren, og min mor
begyndte med det samme at skrige: "Henrik, hvornår lærer du at køre

Jeg har altid oplevet det som en fantastisk frihed selv at kunne sætte kursen – lige siden jeg fik min allerførste cykel. Og ligesom jeg har begge mine brødre, Per og Hans Henrik, fået jobs med masser af indflydelse. Men vores far brød sig ikke om at styre. Specielt ikke vores folkevogn, når min mor sad ved siden af og dirigerede.

bil? Hvad er der i vejen med dig? Jamen, Henrik, kan du da slet ikke se? Er du blind, mand?"

Min far blev bare endnu mere forvirret og forfjamsket, og jeg tror, at det lykkedes ham at lave hele tre store buler under flere højlydte kollisioner med muren på vejen op i parkeringshuset.

Far var generelt set ikke glad for at køre bil. Jeg tror, at han følte sig tvunget til det, og med min mor ved sin side var resultatet katastrofalt. Man fornemmede hans stigende nervøsitet, når hun begyndte at hakke på ham under hans kørsel, og han så helt forkert ud i ansigtet. Denne dag i Aalborg var han efterhånden så frustreret, at han af fuld hals råbte: "Hold nu for fanden da kæft, Anny!"

Mine brødre blev også gale på min mor, som var så rasende, at hun slet ikke kunne styre sig, og som den ansvarlige ældste søn forsøgte jeg at få lidt mere ro på situationen og sagde: "Far, det er okay. Du skal ikke tænke over det. Jeg skal nok betale for bulerne." Og da vi endelig stod ud af bilen, gik rundt om den og så al den skade, han havde forvoldt i den røde lak, tænkte jeg: 'Gud! Han fik den virkelig smadret godt og grundigt.' Der var buler overalt.

Oles gode råd

At sidde i førersædet betyder,
at man har frihed til at styre
lige i den retning, man vil.
Og du skal ikke være usikker:
Du har ligeså meget ret til
at tage styringen som alle andre.

Min far var generelt set ikke så god til at have styringen. Han startede på Nibe fabrik som 14-årig og tilhørte en generation, hvor arbejderklassen havde stor respekt for autoriteter. Han så f.eks. op til en kommunalarbejder, der havde en skranke og en smule mere magt end andre. Min far følte, at han bare var fabriksarbejder og var i mine øjne hjernevasket til at tro, at han var mindre værd end andre. Det var ikke, fordi han gik omkring og rystede af usikkerhed hele tiden. Men man mærkede bare, at han følte sig mindre godt tilpas og *out of place*, hvis han var sammen med mennesker, som han anså for at have højere social status end han selv.

Min fornemmelse var, at min far led meget under sit mindreværd, for når han var sammen med sine venner fra fodboldklubben i Nibe eller de andre fabriksarbejdere, var han kvik, sjov og charmerende. Han var dygtig til sit arbejde og en stolt mand, men han var stadigvæk sat i bås. Det tror jeg var tilfældet for mange mennesker fra den generation.

Det var jo ikke, fordi manden ikke havde hjerne. Da han senere gik i skole for at videreuddanne sig til at sidde på kontor og blev opgraderet på J. Petersens Beslagfabrik i Nibe, følte han, at han var steget i graderne og fik lidt mere selvtillid. Men min far fungerede bedst inden for en mindre verden og kom ikke meget uden for Nibes grænser.

Mine forældre havde slet ikke penge til at rejse ud i den store verden, og måske var det derfor, at han ikke kunne se sine muligheder i et lidt bredere perspektiv. De havde heller ikke store ambitioner på mine vegne og anså det for at være meget fint, hvis jeg blev bankelev i Nibe Bank. Det ville have været en rigtig god social opgradering i deres øjne.

Men jeg havde andre drømme, lige modsat min far: 'Hvorfor skulle jeg føle mig mindreværdig? Hvorfor skulle jeg ikke have store drømme om at komme ud i verden? Hvorfor skulle jeg være bankelev, når jeg slet ikke havde lyst til det? Hvorfor skulle jeg blive i Nibe, når der lå en hel verden for mine fødder? Hvorfor skulle jeg ikke kunne styre min egen karrierevej?' Jeg vidste allerede dengang, hvor vigtigt det var, at jeg selv sad i førersædet og tog beslutninger, som ville pejle mit liv i den retning, jeg ville det.

Jeg forstod ikke, hvorfor mine forældre havde sat sig selv i bås, og jeg gav også udryk for det. Flere gange sagde jeg til dem: "Jeg forstår ikke, hvorfor I er så usikre. Det har I absolut ingen grund til." Jeg beundrede begge mine forældre og så særligt meget op til min far, fordi han havde et stort hjerte, et fantastisk humør og livsværdier, som jeg den dag i dag værdsætter. Han var meget hjælpsom over for sine medmennesker og en meget glad og positiv mand. Men han var ikke god til at skulle bestemme over nogen og tage styringen.

Det blev alle hans drenge til gengæld. På hver vores måde. Vi var vidt forskellige af udseende, lige fra vi var børn, og havde lige så forskellige personligheder. Når folk mødte os tre brødre sammen, sagde de ofte: "Jamen, I ligner da slet ikke hinanden." Gang på gang hørte vi det. Jeg var den ældste og den mindste og havde meget fine ansigtstræk. Jeg havde et stærkt hageparti og dybtliggende øjne. Per og jeg havde de høje kindben og fine ansigtstræk tilfælles. Men han havde en næse, der så ud, som om en plastikkirurg fra Beverly Hills havde lavet den – perfekt hele vejen igennem. Hvor jeg havde lyst hår, havde han knaldrødt hår. Han havde også fregner og en meget sart hud, der havde svært ved at klare solen.

Min yngste bror, Hans Henrik, var høj og slank, men mere robust og mere bredskuldret end jeg. Han havde læber som Mick Jagger – kæmpestore læber, som vi kaldte sugelæber, og en bred næse, der fyldte godt i hans ansigt. En nydelig fyr, som man ikke kunne undgå at lægge mærke til.

Som brødre havde vi dog meget tilfælles, fordi vi havde så mange fælles oplevelser, mens vi voksede op. Der var mange hændelser, som vi kunne grine ad og more os over. Som familie har vi samme humor, og vi har altid grinet meget i hinandens selskab. Når vi først er begyndt, kan vi næsten ikke holde op – så skvaldrer vi bare. Det er helt vildt.

Vi har alle elsket at læse og slugte bøger, fra vi var børn. Per har slået rekorden, for han er den akademiske i familien og forfatter og gymnasielærer. Han arbejdede også i en længere periode for Undervisningsministeriet. Han læser gennemsnitligt to bøger om ugen, og det er jeg ret imponeret over.

Vi var også alle sammen meget engagerede i politik og diskuterede meget, hvilket min far nød. I dag er Hans Henrik lokalpolitiker og sidder i Aalborg storkommunes byråd, hvor han står for meget af byens kunstneriske liv.

Vi har også det tilfælles, at vi er virkelig gode til at stå foran et publikum og udtrykke os. Vi er ikke bange for at gøre det. Men vi gør det på vidt forskellige måder. Per er fantastisk til at holde taler. Hans stil er mere seriøs, men han inkluderer morsomme anekdoter, så man ikke kan undgå at grine ad hans historier. Hans Henrik er mindre seriøs og mere lun og fortæller med et smil på læben. Jeg elsker at holde sjove taler, og min humor er nok lidt mere plat – og måske en smule mere pervers. I hvert tilfælde, når jeg udtrykker mig på en scene, hvor jeg f.eks. godt kan finde på at lave frække vittigheder om agurker, der kan bruges til lidt af hvert.

Alle vi tre brødre har haft en meget stærk drivkraft. Vi er hårdtarbejdende og særdeles ambitiøse på hver vores måde. Ligesom jeg sidder også mine brødre i stillinger med masser af indflydelse, og de har begge udrettet det i deres liv, som de ønskede at udrette. Jeg har aldrig mærket samme usikkerhed hos dem som hos vores far, og jeg lærte fra barnsben, hvor afgørende det er, at man lægger usikkerheden på hylden og tror på sig selv. For så er man klar til at styrer sit liv i den retning, man selv vil.

Til kamp mod autoriteterne

Der vil altid forekomme modvind på ens vej i livet. Det undgår man ikke, og det skal man være klar over fra begyndelsen, især hvis man begiver sig ud på eventyr i den store verden. Når man selv har styringen, kan man bedre navigere igennem konflikterne eller de uheldige situationer og få det bedste ud af dem, end hvis man er afhængig af andres dømmekraft og beslutninger.

Det er meget vigtigt for os mennesker aldrig at holde os tilbage, og man skal altid vide, at man har mulighed for at udtrykke sig i et demokrati. Hvis man bliver behandlet uretfærdigt, skal man råbe op. Man skal ikke bare læne sig tilbage og tage imod de slag, man får.

Da jeg i 1977 fik besked fra den kyniske Immigration Officer om, at jeg var *a sexual pervert* og *a danger to society*, pakkede jeg ikke min kuffert og forlod USA med halen mellem benene og et forlist eventyr bag mig. Jeg blev stædig og tog kampen op. Jeg var måske nok lidt slukøret, lige da jeg havde fået besked på at pakke sammen og tage hjem. Men der gik ikke længe, inden jeg begyndte at udtænke løsninger på den problematik, jeg stod over for. Jeg gik i gang med at samarbejde med the American Civil Liberties Union og andre eksperter, som kunne hjælpe mig med at få mit *green card*. Men alle de gange, jeg spurgte til min sag, sagde de mere eller mindre, at de ikke var kommet nogen vegne. Selvom jeg fokuserede på min forretning i det daglige, lå det altid i baghovedet på mig, og jeg tænkte: 'Hvorfor?' Men selv immigrationsadvokaterne, som jeg i perioden 1977 til 1984 hyrede en del af, havde ingen svar på, hvad der skete med min ansøgning. Det var en meget langsommelig bureaukratisk proces: Der gik hele ni år.

Jeg vidste, at jeg var blevet behandlet som et mindreværdigt menneske, fordi jeg var homoseksuel, og jeg havde klaget over den immigrationsofficer, der mente, jeg var en *sexual pervert*. Han var blevet fyret. Men der skete stadig ikke noget i min sag. American Psychiatric Association havde fjernet homoseksualitet fra deres liste over mentale forstyrrelser i 1973, så jeg tænkte, at jeg ville kontakte dem og få dem til at lave en officiel bedømmelse af min personlighed til immigrationsmyndighederne. Jeg tænkte: 'Hvorfor ikke udfordre myndighederne? Hvis jeg stiller mig til rådighed for alle disse psykiatere, kan de afgøre, om jeg virkelig er til fare for samfundet, som jeg tidligere var blevet beskyldt for.'

Jeg har altid haft denne kampånd og aldrig været bange for at tale åbent om uretfærdigheder. I dette tilfælde drejede det sig om hele min fremtid i USA: Kunne jeg blive i landet og føre min forretning videre – eller kunne jeg ikke? Der var meget på spil. Så nu foreslog jeg immigrationsmyndighederne, at de skulle arrangere et møde. American Psychiatric Association bakkede mig op og sagde; "Det har du så absolut ret til, Ole," og et par måneder senere kom mødet i stand. Det var i 1983 – året inden jeg endelig fik mit *green card*.

Jeg overvejede ikke, at jeg skulle være forsigtig med at ligne en per-vers mand, da jeg klædte mig på til mødet. Jeg var altid klædt, som det passede mig. Jeg havde kakifarvede bukser på, et lysebrunt bælte og sko, der matchede – og en blå skjorte. Dengang gik jeg meget i Ralph Lauren-skjorter med *button down* og oprullede ærmer.

Da jeg kom ind i det meget neutrale konferencelokale i den store officielle bygning, blev jeg modtaget af en lille gruppe professionelle psykiatere – fire kvinder og seks mænd. De sad i en hestesko, og jeg sad som en anden kriminel på en stol i *spotlightet* i midten, så de alle kunne se mig. Jeg var meget spændt og dødnervøs og tænkte: 'Gud, hvordan kommer dette til at foregå?'

Selvom jeg aldrig har stået for retten, tænkte jeg, at det måske ville foregå sådan. Men jeg havde ingen grund til bekymring, for modtagel-sen var meget varm, og jeg følte mig på ingen måde som anklaget. De havde hørt alt om mig og min situation, og jeg følte mig med det samme meget afslappet, fordi de spurgte oprigtigt nysgerrigt om mit tidlige familieliv, min baggrund og den lille by Nibe fra 1400-tallets Danmark, som de synes lød som et spændende sted.

Der var ikke spørgsmål om min seksualitet som sådan – kun til mit møde med den skeptiske immigrationsofficer – og der var ingen direkte spørgsmål om mit sexliv. I stedet spurgte de meget til mit professionelle liv. De spurgte om min uddannelse. De ville vide, hvad Ole Henriksen Skin Care var for noget, og de læste de anbefalinger, jeg havde med. Jeg havde blandt andet en anbefaling fra den anerkendte plastikkirurg Har-ry Glassman, der senere blev gift med Victoria Principal, der spillede den populære karakter Pamela i TV-serien "Dallas". Han havde en klinik lige rundt om hjørnet fra min forretning og var klient tidligt i min karriere.

Jeg havde også en anbefaling fra Arnold Klein. Han var en meget berømt dermatolog, der nok blev mest kendt for at diagnosticere Mi-chael Jackson med hudsygdommen vitiligo, der ændrede hans hudfarve, så han blev mere og mere bleg. De var meget nære venner, og Arnolds sekretær, Debbie Rowe, blev mor til Michael Jacksons to børn.

Disse to højt respekterede eksperter i branchen beskrev mig som en hårdtarbejdende og dygtig hudplejeekspert. De udtalte sig også om, hvordan jeg altid opførte mig pænt og var hundrede procent professionel. Man havde vel nok en forestilling om, at jeg, hvis jeg virkelig havde været en *sexual freak*, ville hoppe på alle lækre mænd, så snart jeg fik øje på dem. Det forsikrede disse eksperter indirekte psykiaterne om, at jeg ikke havde tendens til.

Mødet varede i alt to timer, så vi kom ind på mange forskellige emner. Jeg fik også forklaret dem, at jeg altid har følt mig godt tilpas i min krop som homoseksuel mand. Jeg fik meget tidligt i livet personlig accept fra min mor og far og mine omgivelser i det hele taget i forhold til min seksualitet. Jeg gav udtryk for, at det heller ikke har haft en negativ effekt på min forretning. Jeg forklarede, at man som homoseksuel er som alle andre, og at jeg bare var en ung fyr, der elskede sit arbejde, levede et normalt liv – og tilfældigvis var tiltrukket af mænd, hvilket jeg jo ikke rigtig kunne gøre noget ved.

Først seks år efter jeg fik mit *green card*, fjernede USA's Immigration and Nationality Act *sexual deviation* fra immigrationslovgivningen. Men det lykkedes mig åbenbart at overbevise myndighederne om, at jeg hverken var psykisk syg, pervers eller til fare for samfundet. Jeg husker tydeligt, da min immigrationsadvokat ringede og fortalte, at nu kunne jeg hente mit *green card*. Jeg ræsede i min bourgogne-farvede Toyota Camry ned til hans kontor på Wilshire Boulevard, som ligger i nærheden af LA County Museum of Art, og kort tid efter det fløj jeg hjem til Danmark for at fejre, at det endelig var lykkedes mig at få min opholdstilladelse.

Oles gode råd

Hvis du føler dig uretfærdigt behandlet, så råb op og kæmp! Livet har lært mig, at det nytter noget, selv mod magtfulde autoriteter.

Åben for at tage chancer

Jeg har altid været åben over for nye ideer og har grebet mulighederne, når de viste sig. Da jeg mødte den unge kvinde Bahar Etminam, som havde kontaktet mig via e-mail fra Australien, var jeg imponeret: Her sad en kvinde, der var klar til at sidde i førersædet og havde startet sit eget lille distributionsfirma, som allerede havde et anerkendt fransk mærke, Caudalie, under sin paraply. Det viste mig, at hun havde styr på tingene. Så da jeg mødte hende på det daværende Hyatt Hotel lige ved siden af The Comedy Store på Sunset Boulevard i Los Angeles, var jeg meget åben over for hendes forslag.

Det første jeg lagde mærke til, var hendes energi. Hun smilede og grinede meget og var lidt af en *fire cracker*. Det tiltalte mig. Hun var en *petite* kvinde med en velformet figur og et stort, flot og mørkt hår, som hun slog dramatisk om sig med. Hun var fuld af selvsikkerhed og udstrålede en urokkelig styrke. Der var virkelig fart over feltet hos denne iransk-fødte kvinde, og jeg blev med det samme smittet af hendes entusiasme.

Hun var meget velforberedt til vores møde. Hun havde opdaget mit hudplejebrand i Harvey Nichols i London, og hun havde prøvet mine produkter og var imponeret. Hun solgte sig selv og sit firma godt, og da jeg tre måneder senere tog til Sydney i Australien for at møde hende i hendes flotte kontorer lige i nærheden af et af de Myer-stormagasiner, som hun ville distribuere mine produkter til, var jeg solgt. Hun *blew my socks off*, som man siger i USA. Man mærkede, at hun var en meget god forhandler, og der var ingen, der fik lov til at sige nej til Bahar. Det gjorde jeg heller ikke.

Inden min afrejse havde hun sendt en liste over interviews, som hun havde sat op for mig under mit besøg, og det var her, jeg for første gang mødte Mary Zavaglia, der var skønhedsredaktør på Woman's Day. Hun skrev en fire sider lang artikel om mig i bladet, hvori hun kaldte mig for *skin care guru to the stars*. Vi bevarede kontakten, og Mary blev en vigtig brik for min gennemslagskraft i Australien.

Jeg havde også en god fordel i timingen af mit besøg. Da jeg ankom i

Skønhedsjournalisterne har altid elsket mig, men det samme kan man ikke sige om de amerikanske immigrationsmyndigheder, der anså mig for at være en pervers sexgalning, fordi jeg var bøsse. Først efter mange års kamp fik jeg min arbejdstilladelse. Selvom der stod 'alien' på kortet, var det en kæmpesejr. Og en nødvendighed for min videre succes.

I dag sidder Sarah Koch i førersædet i det firma, der bærer mit navn. I mine øjne en fantastisk leder, der forstår værdien i at behandle medarbejdere ordentligt.

2004, havde australske Vogue lige skrevet en længere forsideartikel om kronprinsesse Mary, der for nylig havde giftet sig med den danske kronprins. Så når redaktørerne hørte, at jeg var dansk, åbnede det mange døre, og de var nærmest med det samme vilde med mig. Jeg lavede også interview med Marie Claire og Harper's Bazaar og deltog i flere TV-shows om morgenen og adskillige radioprogrammer. Jeg etablerede meget gode forhold til de australske medier, og Bahars store forarbejde betød, at vores lancering i Australien blev en succes.

Jeg havde skrevet en treårig kontrakt med Bahar, men da den udløb, valgte jeg ikke at forny den. Noget af det allervigtigste inden for forretningsverdenen er at skabe et solidt fundament og ikke sprede sig så hurtigt, at man ikke kan følge med. Det skete desværre for Bahar. Hun havde fået for mange varemærker under sin paraply, og måske levede hun også lidt over evne rent økonomisk. Efter to år kunne jeg mærke, at hun gabte over for meget og var overbebyrdet. Hun overholdt ikke længere betalingsfristerne og klagede pludselig over ting, som hun mente, at vi gjorde forkert i vores ende. Jeg forsøgte at rette op, indtil det gik op for mig, at hun ikke længere kontrol over situationen på den måde, som hun burde – og at problemet ene og alene lå hos hende selv. Jeg besluttede mig for ikke at levere flere varer, før hun betalte.

Så lavede hun den største brøler, som slog hovedet på sømmet. Hun havde arrangeret, at den største detailkæde i Australien, Priceline Pharmacies, skulle føre Ole Henriksen. Produkterne var blevet meget populære i de eksklusive butikker David Jones og Myer, og nu mente Bahar, at det var på tide med en ordre på over 100.000 US-dollars fra en mindre eksklusiv kæde. Hun sagde: "Tænk på, hvor mange penge du vil få ud af det," men jeg tænkte: 'Det er dig, der har brug for pengene, for du kan ikke betale dine regninger.'

Jeg mindede hende om, at hun ikke kunne skrive kontrakt uden mig, og at vores kontrakt i øvrigt stipulerede, at hun kun kunne distribuere til *high end* forretninger. Jeg var så rasende over, at hun var gået bag om ryggen på mig, at jeg med det samme bestilte fly til Sydney for at se de omtalte forretninger. Jeg så dem og tænkte: '*No way.*' Jeg var nu klar over, at jeg ikke ville forlænge kontrakten, når den snart udløb.

Bahar ringede og græd. Men jeg sagde meget bestemt: "Jeg skifter ikke mening. Du fortjener ganske enkelt ikke kontrakten." Hun skyldte mig ikke alene penge, hun var også klar til at tage mit produkt ud til *mass market* og ødelægge dets omdømme. Året efter gik hun fallit – og for mig var hun et levende eksempel på, hvor vigtigt det er, at man ikke har for mange bolde i luften og mister sit fokus. Det var det, der blev enden på denne ellers så dygtige kvindes succes, og det var sørgeligt at se hende misbruge sit potentiale og ødelægge sin ellers så lovende forretning.

Utålmodighed bag rattet

Der er tæt sammenhæng mellem, hvordan jeg kører i min Range Rover, og hvordan jeg driver virksomhed. Jeg er et gennemført ordensmenneske. Der er ikke noget rod omkring mig til at distrahere, og alt er organiseret på bedste vis, så det er let tilgængeligt.

Jeg har altid styr på, hvor jeg skal hen, og hvilken vej jeg vil køre. Men der er også plads til impulsive udflugter, hvis jeg pludselig ønsker at udforske en smuk og spændende vej. Jeg elsker eventyr.

Bilen er altid vedligeholdt og i topform. Det er lige så vigtigt for mig, at den er nyvasket, støvsuget og pæn indeni, som at den fungerer optimalt rent mekanisk.

Jeg sidder ikke med min telefon fremme hvert andet øjeblik, for det stjæler koncentrationen fra det, jeg er optaget af: at køre bilen hen mod min destination.

I øvrigt bliver jeg ganske irriteret, hvis de andre bilister sænker trafikken pga. deres manglende opmærksomhed. Jeg har nok en tendens til at være ret så utålmodig i trafikken, hvis jeg ikke kommer hurtigt frem, fordi andre ikke følger reglerne, kører ukoncentreret eller slet og ret er elendige bilister. Man er i trafikken for at nå fra punkt A til punkt B, så hvorfor forsinke processen, når det ikke er nødvendigt? Jeg kan ikke lide unødige forsinkelser.

Der skal være fokus på det, der skal være fokus på, og når man kører bil, handler det om at køre bil og komme så effektivt frem som muligt.

Min utålmodighed er ofte forbundet med, at der helst skal ske noget hele tiden: at jeg skal hurtigt videre til næste punkt på dagsordenen. Jeg bryder mig ikke om at sidde i kø. Jeg kan ikke bare sidde der og vente på, at der sker noget. Det gælder også i forretningslivet. Min tålmodighed er ikke altid lige stor. Hvis jeg har sat noget i gang, og mine medspillere ikke er lige så hurtige på tasterne som jeg, kan jeg godt på diplomatisk vis minde dem om, at der må komme lidt mere fart på.

Jeg følger dog altid færdselsreglerne, når jeg kører bil – undtagen når jeg laver en ulovlig U-vending, hvilket nogle gange gør Laurence gal. Jeg indrømmer gerne, at Laurence har ret: Det er ikke helt okay. Men hvis man kigger sig omkring, og der ikke er noget politi, og man ikke er til fare for nogen, kan man godt lige tage chancen. Jeg har været heldig indtil nu – syv, ni, tretten. Jeg er aldrig blevet opdaget og er sluppet af sted med mine U-vendinger uden at få en bøde. Når jeg laver en ulovlig U-vending, handler det altid om lige at komme lidt hurtigere frem, og jeg føler ikke, at jeg gør noget ganske forfærdeligt.

Selvom jeg er en vildbasse, kører jeg aldrig alt for stærkt. Det skyldes blandt andet, at jeg skal kunne følge med i alt, der foregår omkring mig. Det er vigtigt at observere sine omgivelser og tage sig tid til det, for måske opdager man en ny vej, som man ellers ikke ville have opdaget, og bliver inspireret af den. Jeg holder øje med alt, der sker omkring mig, og er god til at kigge i sidespejlene også, så jeg har et godt overblik over, hvad der sker hele vejen rundt om mig.

Jeg ved også udmærket, hvornår det er tid til at bruge bremsen. Den skal man heller ikke være bange for at bruge, når man sidder bag rattet – og nu taler vi både om biler og livet i al almindelighed.

Kompetent afløser

Jeg har siddet i førersædet hele mit liv og gør det på sin vis stadig. Men jeg er ikke længere ejer og leder af hverken Ole Henriksen Face/ Body Spa, som jeg solgte til min bestyrer Vance Soto i 2013, eller Ole Henriksen-produkterne, som jo ejes af LVMH. Ole Henriksen hører til i den underafdeling af luksuskonglomeratet LVMH, der hedder Kendo. David Suliteanu, der tidligere var direktør for Sephora, er i dag chef for Kendo, som blev skabt med LVMH's store boss, Bernard Arnaults, *blessing*. Nu er de begge mine chefer, og jeg har givet slip på rollen som primus motor af det brand, der bærer mit navn.

I dag er Sarah Koch direktør for Ole Henriksen. En ung kvinde i begyndelsen af 30'erne og i mine øjne en fantastisk leder. Hun har overblik, hun tager hensyn til sine medarbejdere og er en god samarbejdspartner. Hun er dygtig og tænker selvstændigt, men er på ingen måde en diktatorisk leder. Hun har ingen problemer med at spørge til råds og blive vejledt. Naturligvis er hun en anderledes leder, end jeg var og er, og hun har især imponeret mig med sin store erfaring inden for marketing. Hun har fuldkommen styr på, hvad der sker på den store marketingscene i forretningsverdenen inden for skønhedsbranchen, og hun kan se, hvor Ole Henriksen passer ind.

Hun har også en force, som var og er en af mine store styrker: forståelsen for produktudvikling. Det var den, der for alvor fik mig til at føle, at jeg sad godt og solidt i min stilling, da jeg lancerede mine produkter i forskellige forretninger verden over. Også Sarah har flair for, hvilke produkter der er i Ole Henriksens ånd og samtidig kan frembringe høje salgstal. Min forretning er jo primært opkøbt af LVMH og Kendo, fordi man både har sans for kvalitet, og hvad der er profitabelt.

Jeg har stadig en vigtig position i vores firma, og den er beskrevet meget klart i vores kontrakt. Jeg er som *founder* blandt andet virksomhedens ansigt udadtil, samtidig med at jeg produktudvikler og kommer med gode råd til markedsføringen. Det drejer sig især om det skandinaviske marked, som er meget vigtigt for os. Jeg har kunnet fortælle Sarah om den skandinaviske kultur, hvilke værdier man lægger vægt på, og hvordan man har tradition for at sælge produkter her.

Jeg har tidligere personliggjort måden, jeg markedsførte Ole Henriksen-produkterne på, og det har Sarah taget til sig. Hun er ligesom mine andre kolleger god til at lytte til mine observationer.

Jeg bliver hørt og respekteret og føler derfor på sin vis, at jeg stadig har masser af indflydelse. Nu har jeg det bare på en anden måde og er blevet mere *teamplayer* end manden med det sidste og afgørende ord. Men det vidste jeg jo godt den aften, jeg sad på Hotel St. Petri i København og fik opringningen fra min advokat Cameron Smith om, at mit livsværk var blevet opkøbt af LVMH. Selvfølgelig ville min rolle blive anderledes. Men jeg vidste også, at jeg stadig ville sidde i med ved bordet, når beslutningerne skulle tages, for det kan Ole Henriksen ganske enkelt slet ikke lade være med.

Tag styring på dit eget liv

At sidde i førersædet betyder, at man tager ansvar for sit eget liv. Man skal tage meget bevidste beslutninger om, hvad man vil med det, baseret på konkrete ting og på sine instinkter og mavefornemmelse. Det gør man som beskrevet i Kapitel 1 gennem indre dialog, når man har alenetid, hvor ens intuition kan fortælle én, hvad der er det rigtige at gøre i en given situation.

Det handler om på bedst mulig vis at styre og navigere gennem tilværelsen og bevidst tage beslutninger, som gør ens liv til det, man virkelig ønsker, det skal være. Som voksne har vi alle potentiale til at udfolde os og selv bestemme over den kurs, vi ønske at følge. Der er muligheder for det hver eneste dag, og vi har et ansvar over for os selv og vores medmennesker – især vores nærmeste – for at gøre det.

Det er vigtigt at føle sig godt tilpas med sig selv og være sikker på sig selv og sine evner til at sidde i førersædet, for at det skal blive en succes. Man skal have selvtillid og tro på, at tingene kan lykkes for én. Det er meget afgørende for, at man tør sætte sig i førersædet og styre mod de mål, man sætter sig.

Jo mere man selv kan bestemme, jo mere er man i stand til at sidde i førersædet. Hvis man selv bestemmer, hvad man vil, hvilken vej man vil, hvor man vil hen, hvornår man vil det og med hvem, har man virkelig styr over sit liv. Det behøver man ikke at være chef for at kunne, men jo mere indflydelse og frihed man har, des nemmere er det at have styringen.

Det er altid muligt at sige fra, hvis andre bestemmer for meget over ens liv. Det gælder både på det private og det professionelle plan. Generelt skal man aldrig lade andre tage styringen over ens liv, og man skal ikke *please* andre og gå imod sine egne ønsker og behov. I hvert tilfælde ikke ret længe ad gangen.

Oles gode råd

En god leder tyranniserer
ikke andre mennesker og
misbruger ikke sin magt.
Som leder af et team er ens
fornemste opgave at få alle led
i teamet til at fungere bedst muligt,
både hver for sig og sammen.

Tryghed skaber resultater

At sikre sig indflydelse handler ikke om at have magt over andre. Hvis man er leder, er ens rolle ikke at bestemme over eller tyrannisere andre mennesker. Det handler om holdindsats, og når man er leder af et team, gælder det om at få dette til at fungere optimalt. Man har et ansvar for sit team og skal hjælpe alle led med at opnå det bedst mulige.

Det er vigtigt ikke at være egoistisk og dominerende i et teamwork – hverken som teamleder eller som teamspiller. Det skal ikke bare være *my way or nothing at all*. Et negativt element ved at have magt er, at man kan ende med at misbruge den og få et stort ego. Når et ego er *out of control*, bliver man mindre tiltalende som menneske. Mennesker, der udvikler et alt for stort ego, har en tendens til hurtigt at blive utålmodige og tale nedsættende til dem, de samarbejder med, og det er meget beklageligt.

Det er bedre at være vellidt og have en venlig personlighed. Ens team er mere villigt til at give den hele armen i et venligt og imødekommende arbejdsmiljø, hvor teamet føler sig godt tilpas. Alle skal føle sig trygge og i stand til at komme med deres input – og som chef skal man lytte til alle, for det er nemt at miste sin motivation, hvis man ikke føler, at man bliver hørt.

Det er også vigtigt at stille sig selv til rådighed for andre. Man skal være et overskudsmenneske og give af sig selv. Og man skal være god til at rose. Det skal være oprigtig ros baseret på noget konkret. Man skal få folk til at føle sig dygtige og kompetente. Jeg elsker at få medarbejdere til at føle sig værdsatte. Og når rosen er oprigtig og kommer fra hjertet, føles det godt for begge parter.

En god *teamleader* ved, at man når længst ved en fælles indsats. Det kan godt være, at man hedder teamleder, men man er stadig en del af et team – og alle led i dette team er vigtige, og alle led skal værdsættes og respekteres på lige fod med alle andre. Ens primære funktion som teamleder er at motivere og inspirere og være god til at uddelegere opgaver og få sit team til at løse disse opgaver, så man i fællesskab opnår succes.

Som teamleder skal man gå forrest og vise vej for alle andre i sit team som et godt eksempel på, hvordan man kommer fremad på bedste vis og får andre til at følge med, så godt de kan. Man skal kunne inspirere og motivere sit team til at være så kreativt og nytænkende som muligt på vejen mod et fælles mål. Det er en ære at kunne bestemme over andre – og et stort ansvar.

Hvis man træffer de forkerte beslutninger, kan de være katastrofale for ens medarbejdere. Man skal have overblik over de større sammenhænge og virkelig have gennemtænkt alle store tiltag, som skal føre virksomheden fremad. En virksomhed skal ikke vokse på bekostning af medarbejdernes liv. Der er så meget på spil. Der er virksomheder, der fungerer med et stort hjerte, og andre, hvor det ikke er tilfældet. I mine øjne er det altafgørende at kere sig om andre, når man sidder med ansvaret for dem, og det positive ved det er, at det åbner for en masse dejlige muligheder, hvor man kan få lov til at give af sig selv og have en positiv indflydelse på folks liv. Det er f.eks. skønt at kunne belønne sine medarbejdere økonomisk for en god indsats.

Selvom man sidder i en overordnet stilling, kan man stadig lære en masse nyt. Ofte er en af grundene til, at man er nået til tops, at man har lært af så mange andre mennesker på rejsen mod succes. Det er essentielt at suge til sig fra sine omgivelser, selvom man er i lederrollen, og det er en særdeles god ide at omgive sig med et team, der er klogere og ved mere end en selv.

Når man sidder i en lederstilling, er noget af det vigtigste desuden det netværk, man kan etablere. Man kan også forbinde mennesker og give andre muligheder, når man sidder i førersædet. Det føles godt at hjælpe andre på vej.

Det gælder om ikke at isolere sig, når man sidder som leder af et team. Der gør nogle ledere, når de rykker op i højere positioner og mister forbindelsen til deres underordnede. Men man skal ikke behandles anderledes, fordi man er chef. En chef skal ikke have særbehandling og sættes op på en piedestal, for han eller hun er en del af hele gruppen. Det sender de forkerte signaler. Man skaber distance til sit team, og så ser man måske ikke *the whole picture* og kan ikke handle derefter.

Det er ikke godt at være uvidende om, hvad der foregår i de forskellige afdelinger af ens virksomhed, og hvis man ikke konstant er involveret på alle niveauer, har man svært ved at forstå den større sammenhæng. Er man derimod en del af teamet, har man styr op alt, hvad der foregår, og kan tage hånd om det, når der opstår et problem, der skal løses.

Isolerer man sig selv i sit lederjob, går man også glip af en masse oplevelser med sine medmennesker, og det er i sidste ende dem, der virkelig betyder noget for én som menneske. At sidde med ansvaret for de store beslutninger handler ikke om at adskille sig fra andre mennesker, men om at hjælpe sig selv og sine medmennesker til at tage styringen i deres eget liv – og det har jeg altid været god til.

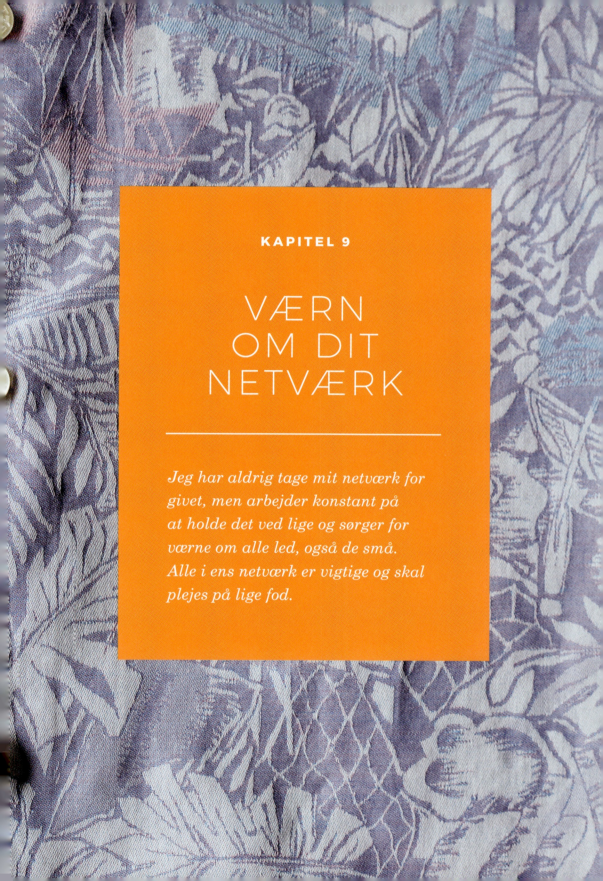

KAPITEL 9

VÆRN
OM DIT
NETVÆRK

---

*Jeg har aldrig tage mit netværk for
givet, men arbejder konstant på
at holde det ved lige og sørger for
værne om alle led, også de små.
Alle i ens netværk er vigtige og skal
plejes på lige fod.*

en kort periode drømte jeg om at blive skuespiller. Det begyndte, dengang jeg som 12-13-årig var begyndt at gå regelmæssigt i teatret i Aalborg og sluge alle anmeldelser og artikler om skuespil, som jeg kunne komme i nærheden af. Når jeg havde set et teaterstykke, stod jeg bagefter ved scenedøren og ventede på, at skuespillerne kom ud, så jeg kunne få autografer og rose dem. Jeg sendte som tidligere fortalt også breve til de skuespillere, jeg beundrede, og opbyggede navn for navn et lille netværk af kendte skuespillere, som kunne tænkes at være mig behjælpelige, når jeg selv skulle stå på scenen en dag.

Jeg havde allerede som helt ung sans for, hvordan man opbygger et netværk. Som 18-årig satte jeg et møde i stand med Ebbe Langberg, som dengang var direktør for Aalborg Teater. Jeg havde ingen erfaring med at være på scenen eller lave teater i Nibe. Det havde jeg aldrig fået lov til at opleve. Det var derfor et vigtigt møde, for det kunne eventuelt åbne døre for mig.

Jeg var vildt imponeret over, at denne dygtige skuespiller ville mødes med mig, for jeg kendte ham fra alle de film, han havde lavet med Ghita Nørby, Hanne Borchsenius og Lone Hertz. Han var meget populær i dansk film. Jeg var lidt nervøs, men jeg var ikke *starstruck*, for jeg følte, at jeg kendte ham efter alle de gange, jeg havde set ham på film. Men jeg beundrede ham selvfølgelig.

Jeg vidste i øvrigt også, at Ebbe Langberg var bøsse. Hvordan jeg havde fundet ud af det, kan jeg ikke huske. Jeg vidste også, at jeg var tiltrukket af mænd, og det gjorde det endnu mere fascinerende at sidde over for denne flotte og sofistikerede mand. Jeg husker tydeligt, at "Hamlet" havde premiere på Aalborg Teater det år. Det var en ny fortolkning og med en svensk mandlig stjerne, Lars Passgård, som Hamlet. Han talte svensk under sin optræden, så jeg forstod ikke et ord, han sagde. Men godt så han ud. Han var sikkert også bøsse, tænkte jeg, og jeg forestillede mig, at der var *hanky panky* mellem Ebbe Langberg og ham. Men det var ren fantasi i mit unge drengehoved og kan på ingen måde dokumenteres.

Jeg troppede op på det lille teater klokken tre om eftermiddagen. Inden da havde jeg nydt min frokost i ro og mag i stormagasinet Sallings cafeteria. Jeg elskede at få en mad med fjordrejer og en citronskive som pynt, og da det var lige i nærheden af teatret, havde jeg god tid til at trave derhen.

Da jeg præcis klokken tre trådte ind i Ebbe Langbergs kontor, bemærkede jeg med det samme, at det var meget smukt og smagfuldt indrettet. Væggene var dekoreret med masser af farverige teaterplakater, og selv sad han midt i lokalet bag et solidt gammelt træskrivebord, hvorpå papirarbejde var linet op i store bunker.

Han var en meget flot fyr. Med rødbrunt, bølget hår, der var friseret til den ene side, uden at der var en decideret skilning. Han var meget rank og pænt klædt på. Der var stil over ham. Han kiggede nysgerrigt på mig med sine intense øjne og spurgte mig med en venlig og omsorgsfuld stemme: "Hvorfor vil du være skuespiller?" Først ville han vide, hvad der tiltrak mig ved hans profession, så jeg forklarede, at jeg var fascineret over, hvordan man kunne skabe karakterer – hoppe ind i rollerne og blive de personer, man skulle spille. Jeg var også fascineret af fællesskabet og samarbejdet bag en teaterproduktion. For jeg var klar over, at det handlede om teamwork og om at skabe noget sammen på teaterscenen, og at det også gjaldt for film. Jeg fik naturligvis også rost ham meget som en del af samtalen, for allerede dengang havde jeg tydeligvis et behov for at rose andre.

Han lyttede stille til, hvad jeg havde at sige, og begyndte så at rådgive mig. Han gjorde mig først og fremmest klart, at det at være skuespiller var et meget krævende job, og at det derfor var meget vigtigt at dygtiggøre sig. Det var et job, hvor man skulle kunne klare meget modgang, for man ville blive afvist mange gange og ikke få ret mange af de roller, man havde håbet på at få. Man ville altså blive skuffet gang på gang, og det krævede en stærk karakter at kunne klare afvis-

ningerne og have mod på at blive ved med at søge nye stillinger. Kort
sagt skulle man være hårdhudet og stole meget på sine egne evner.

Han talte også om, hvordan man skulle uddanne sig på teaterskolen,
og hvor disciplineret man skulle være. Til slut sagde han, at han støtte-
de min drøm, og hvis han havde mulighed for at hyre mig i fremtiden,
ville han lade mig det vide.

Da jeg forlod hans kontor, jublede jeg indeni. Jeg var meget begejstret
og helt klart motiveret og glad for den opbakning, jeg havde fået. Efter
denne dejlige samtale var jeg stadig bidt af teatret, men lidt efter lidt
kunne jeg mærke, at jeg hellere ville prøve noget andet. Teaterdrømmen
viste sig bare at være en dille. Jeg bevarede min interesse for teater og
film, og det fungerede nu mere som en hobby end som en drøm om en
professionel karriere.

Denne oplevelse med Ebbe Langberg og de mange skuespillere, der
svarede på mine mange entusiastiske fanbreve, viste mig, at man aldrig
skal holde sig tilbage. Man skal være modig og kontakte de mennesker,
man beundrer. Måske kan de hjælpe én på ens karrierevej – eller de
kan hjælpe en med at finde ud af, at man ikke er helt på rette vej. Man
ved aldrig, hvad en god kontakt kan føre til.

Hvis jeg havde ønsket at gøre skuespil til min karrierevej, er der in-
gen tvivl om, at Ebbe Langberg havde hjulpet mig, for han var et over-
skudsmenneske, der gerne ville hjælpe. Sådanne mennesker kan være
afgørende for ens karriere og vigtige at have som en del af sit netværk.

Stjerner i kontaktbogen

Senere i livet var det ikke alene danske stjerner, der havnede i min adres-
sebog. En for en opbyggede jeg et kæmpe netværk af Hollywoodstjerner og
popstjerner, for jeg var jo kendt som *skin care guru to the stars*.

Jeg har stadig telefonnumre og adresser på de kendte, jeg har givet
behandlinger gennem årene, og jeg har altid kunnet kontakte dem og
bede om tjenester i forbindelse med at promovere min hudplejeklinik.
Mit netværk var meget bredt, så jeg havde en lang række mennesker,

jeg kunne henvende mig til, når jeg havde brug for det. Men jeg misbrugte det aldrig og havde en god fornemmelse for, hvad jeg kunne tillade mig at bede om.

Det drejede sig for det meste om at få stjernernes accept til at nævne dem som kunder over for de mange journalister, som skrev om min hudplejeklinik. Men nogle stjerner stillede gerne op til lidt mere. Det gjaldt f.eks. skuespilleren Nastassja Kinski, der var en stor stjerne i slutningen af 1970'erne og 1980'erne og vandt en Golden Globe for sin præstation i Roman Polanskis "Tess" i 1980. Hun var en af mine mange begejstrede kunder og derfor også ivrig for at stille op som forsidemodel til min første bog "Ole Henriksen Seven Day Skin Care Program" fra 1985.

Laura Dern er et andet eksempel. Hun var blevet min klient pga. sin mor, Diane Ladd, der også var skuespiller og jævnligt kom på min hudplejeklinik. Laura opsøgte mig, cirka et års tid inden filmen "Rambling Rose" kom ud i 1991. Her spillede Diane og Laura over for hinanden, og Laura fik sin første Oscarnominering nogensinde for sin rolle, kun 25 år gammel.

Oles gode råd

Vær modig, og kontakt de mennesker, du beundrer mest. Måske kan de hjælpe dig videre ad din karrierevej – eller med at finde ud af, om du er på rette kurs.

Jeg husker, at hun skulle til Hawaii med Steven Spielberg og spille hovedrollen i den første Jurassic Park-film, og jeg kunne tydeligt mærke på hende, at hun stræbte efter at gøre et godt stykke arbejde. Jeg kunne også fornemme, at hun som de fleste andre unge kvinder (og mænd) var lidt usikker og nervøs over den store udfordring, og hun lagde et stort pres på sig selv, hvilket hendes hud afspejlede. Den var ret sensitiv og havde flere urenheder dengang. Så det var vigtigt for mig at få hende til at føle sig godt tilpas med sig selv, forklare hende om min wellness-filosofi og opfordre hende til at spise godt, så hun blev klar til *the red carpet* ved den store Oscaruddeling.

Det blev hun. Hun havde flot porcelænshud på den røde løber og så meget smuk ud i sin flotte Giorgio Armani-kjole, da hun blev fotograferet på vej ind til showet.

Jeg fik til gengæld lov til at tale om, hvordan jeg havde behandlet hendes hud, så den var helt perfekt til denne store aften. Det gjorde jeg blandt andet til det populære tv-program Entertainment Tonight, som blev set af millioner af amerikanere over hele landet. Da TV-holdet filmede mig, forklarede jeg, hvordan man fik glans over huden og fremhævede den naturlige glød, så makeupartisten ikke var tvunget til at bruge for meget makeup. Jeg forklarede også, hvordan seerne derhjemme kunne få stjerneglød i deres hud, og jeg kom med forslag til, hvordan de kunne lave produkter hjemme i køkkenet.

Det fungerede som et stort kvalitetsstempel, at jeg gjorde flere stjerner klar til den røde løber, og det var med til at trække kunder i butikken.

Jeg forsøgte aldrig at blive nære venner med stjernerne og havde egentlig ikke behov for at se dem privat. Men jeg mødte dem så tit i min hudplejeklinik, at vi automatisk udviklede private og relativt nære forhold, især fordi de talte meget indgående om deres personlige liv, når de befandt sig i mine trygge omgivelser. Mange klienter søgte også at få vejledning hos mig, fordi de var så unge og havde mange spørgsmål om det ene og det andet. Det gjaldt blandt andet topmodeller som Linda Evangelista, Naomi Campbell og Christy Turlington, der kun var teenagere, da de begyndte at komme hos mig, og derfor og en smule usikre uden for rampelyset.

Mit store netværk betød også, at jeg fik tilbud om oplevelser, som jeg aldrig i min vildeste fantasi havde forestillet mig, jeg skulle få. Som ung havde jeg en drøm om at flytte til Paris og blive indretningsarkitekt, så da Christy Turlington inviterede Laurence og mig til et fornemt Gianfranco Ferré-coutureshow i Paris, var vi ovenud begejstrede. Det var

Skuespilleren
Nastassja Kinski,
der var en stor
stjerne i 70'erne
og 80'erne, var
model på min
første bog. Film-
stjernerne har i
det hele taget
åbnet mange
døre for mig.

i 1991, inden den dygtige italienske designer forlod os i en alt for ung alder. Han var kun 62, da han døde i 2007.

Showet foregik i Carrousel du Louvre, som ligger under og i forlængelse af kunstmuseet Louvre og til dagligt fungerer som et eksklusivt indkøbscenter. Vi syntes bare, at det var eventyrligt, og var meget imponerede over at sidde på første række med alle modeverdenens VIP'er, f.eks. Vogues berømte og magtfulde chefredaktør, Anna Wintour, der som sædvanlig sad med sine solbriller på, så man ikke kunne se hendes reaktion på det smukke designertøj, der blev fremvist.

Den kendte amerikanske designer Diane von Fürstenberg og hendes mand, Barry Diller, var der også, så vi var i meget fornemt selskab på den prominente og attraktive første række, hvor alle de meget vigtige tilskuere sad.

Det var tydeligt, at vi ikke helt hørte til der, for da min søde bekendte Linda Wells, som var chefredaktør på magasinet Allure så os, var det skægt at se hendes forbløffede reaktion og den måde, hun udtrykte sig på.

"What are you doing here?" sagde hun måbende, og det var bevis på, at vi måske var lidt malplacerede i denne glamourøse couture-verden.

Men jeg svarede bare prompte, at vi var inviteret af min dejlige klient Christy, der ville give os en treat. Vi syntes, at vores position som et par outsiders gjorde det endnu mere skægt. Vi morede os gevaldigt under hele forestillingen og beundrede de smukke kreationer, som de skønne modeller viste frem under deres catwalk. Jeg lagde selvfølgelig også mærke til, at Christys hud var helt perfekt.

Man opbygger ofte et forhold til sine klienter, som kan være meget nærende for én. F.eks. den inspirerende yogainstruktør Debra Stoller, som introducerede mig for Brian Weiss' bog "Mange liv, mange mestre", som var vigtig for mit spirituelle liv. Eller skuespilleren Sylvester Stallone, der inspirerede mig til at dyrke styrketræning. Eller forretningskvinden Karen Boyd, som lærte mig utrolig meget om at drive virksomhed.

I mit netværk var der vigtige kontakter, som man kunne trække på i bestemte situationer, f.eks. de anerkendte lægevidenskabelige eksperter Harry Glassman og Arnold Klein, der som nævnt i det foregående kapitel skrev de anbefalinger til mig, som jeg kunne fremvise for psykiaterne og de amerikanske immigrationsmyndigheder.

Oles gode råd

Man skal aldrig holde op med at udvide sit netværk, for med nye mennesker i netværket kommer nye ideer og nye muligheder.

Der var folk, der inspirerede til både små og store ting i livet. F.eks. musikeren Prince, der var en god klient i mange år. Han kom tit efter lukketid, for han var meget genert og tilbageholdende og fik faktisk senere sit eget lille Ole Henriksen-spa derhjemme, så han ikke behøvede at køre til West Hollywood. Så tog min medarbejder Narine Nikogosian hjem til Prince og servicerede ham med hudplejebehandlinger der.

Prince var en meget lille mand på omkring en meter og tres og dermed noget mindre end jeg. Jeg husker tydeligt, at han havde store plateausko på, når han kom ind på spaet, og det var ikke sådan, at han tog dem af og stillede dem fra. Han ligesom gled ud af dem for så at springe elegant op på behandlingsbordet, så man ikke skulle lægge mærke til, hvor lille han var. Men jeg kunne jo se, at han ikke fyldte ret meget på behandlingsbordet og så meget kort ud, når han lå der. Samtidig var han en meget flot og elegant mand og meget fokuseret på de små detaljer ved sit udseende. F.eks. hans øjenbryn, der altid var helt perfekte, og hans øjenvipper, der lige havde fået et lille fint lag mascara.

Hans hæle var meget høje, og de inspirerede mig til at gå til skomageren og få lavet mine egne sko tre til fire centimeter højere. Det fortrød jeg senere. Men jeg føler stadig, at jeg bærer mig selv lidt bedre og med en mere rank holdning, hvis jeg har et par ekstra centimeter på skoene. Nu hvor jeg er ældre og er skrumpet en smule, tænker jeg ofte på Prince, når jeg lige får en centimeter ekstra på mine nye sko.

Tasker til damerne

Det er lige før salgspersonalet ruller den røde løber ud for mig, når jeg træder ind hos taskedesigneren Tory Burch på Rodeo Drive i Beverly Hills ved juletid. De ved nemlig, at jeg kommer ind og køber håndtasker i stakkevis. Hver jul køber jeg gennemsnitlig 60 tasker til kvinder i mit nære netværk, der skal have en belønning.

Jeg elsker at personliggøre mine gaver, så alle kvinder får en taske, som er særligt udvalgt til dem. Jeg nyder at gå ud på juleindkøb med mine lange navnelister og overvejer nøje, hvad der f.eks. tiltaler Tina, Mette og Helle hver især, når jeg vurderer, hvilken taske de skal have. Jeg bruger lang tid på det, og der er heldigvis et lille sofaarrangement i den nydelige forretning, hvor jeg kan sidde og gøre mine overvejelser, mens jeg betragter hver enkelt taske indgående. Indimellem løber jeg tilbage til forretningen og bytter, fordi jeg er kommet i tvivl om, hvorvidt en taske sidder lige i øjet. Det går jo ikke.

Jeg køber tasker for at skabe glæde og for at værne om mit netværk på en meget positiv måde. Der er noget spændende ved at kunne overraske vigtige mennesker i ens netværk, og jeg nyder at opleve den, der modtager gaven, og måden, vedkommende reagerer på, når hun pakker den ud. Jeg nyder hele processen ved disse taskekøb og elsker at forkæle mine medmennesker.

Jeg husker f.eks. tydeligt Nadine Tapias reaktion, da jeg havde en helt særlig gave til hende. Nadine sad i førersædet i mit firma i en del år og er en kvinde, som jeg beundrede meget pga. hendes talent, hendes kreativitet, arbejdsmoral og evne til at hjælpe mig med at netværke ude på verdensscenen. Hun fik en virkelig god løn, som jeg syntes, at hun fortjente, og efter det første år i rollen var jeg så imponeret over det arbejde, hun havde lagt for dagen, at hun skulle forkæles lidt ekstra.

Vi havde planlagt vores store årlige juleselskab på restauranten Boa på Sunset Boulevard, og jeg var forinden taget til Cartier på Rodeo Drive for at købe et fint Cartier-ur til hende. Det præsenterede jeg for hende i en flot rød Cartier-æske med en stor buket røde roser og et kort, hvor jeg beskrev, hvor meget jeg beundrede hende og takkede hende for at være så dejlig en samarbejdspartner. Da jeg overrakte hende gaven, bad jeg hende åbne den med det samme. Hun blev så overrasket, at hun næsten skreg af lykke, og jeg blev så glad for at se hendes begejstring. Det er en kæmpe luksus at kunne gøre den slags som chef.

Dengang jeg arbejdede som min egen PR-mand, sendte jeg også gaver til redaktører og journalister, når de havde skrevet en fin artikel om mig. Mens Linda Wells var chefredaktør for Allure, fik hun også en meget fin gave tilsendt, efter at magasinet havde udgivet en stor feature, hvor de talte meget rosende om mine behandlinger. Det betyder meget for væksten af ens virksomhed at blive omtalt positivt i medierne, for det bringer budskabet om ens gode omdømme videre til mennesker, der måske aldrig ville have hørt om ens forretning. Jeg ville derfor vise min taknemmelighed. Men jeg har aldrig forsøgt at købe mig til journalisternes positive dækning. Takkekortet og gaven kommer altid først bagefter.

Jeg har altid elsket at forkæle mennesker med gaver, og jeg gør det stadig den dag i dag. Det er min måde at sige tak på og anerkende folk for deres arbejde og det, de betyder for mig og mit brand.

Jeg nød hele processen med at skabe et netværk af redaktører og journalister. Det var ret så let at finde frem til dem. Jeg købte alle de store blade på en *newsstand* på South Beverly Drive, og så kiggede jeg efter *the beauty director* og skrev et fint brev adresseret til hende, hvor jeg forklarede, hvordan mine hudplejebehandlinger skilte sig ud fra andre, og hvad der gjorde mine produkter specielle.

Efterhånden udviklede jeg gode forhold til redaktører og journalister fra prominente magasiner som Glamour Magazine, Mademoiselle, Harper's Bazar, Cosmopolitan, Allure og Vogue, som alle skrev om mig i deres skønhedssektioner. I årenes løb lærte jeg også magasinbranchens kvinder, som jeg havde meget tilfælles med, personligt at kende, og nogle af disse relationer udviklede sig til venskaber. F.eks. med Daina Hulet, som var redaktør for modebladet Glamour, og Paddy Calistro, der var en vigtig freelancer for LA Times og VIP som skønhedsjournalist. Det gjorde mig i den grad glad, da hun skrev om mig i en artikel: "*Ole Henriksen was sent from skincare heaven*". Laurie Drake, der havde en stor profil som freelance-journalist i skønhedssektionerne i magasiner som Allure og W, etablerede jeg også et langtidsforhold til.

Jeg blev ved med at opbygge et stort netværk blandt journalister, som jeg kunne trække på, når jeg havde brug for at få omtalt nye produkter i medierne.

Forholdene var selvfølgelig også afhængige af, at jeg havde et produkt, som de kunne stå inde for at skrive om. Her var mit store netværk af stjerner vigtigt, for jeg kunne bruge dem som *name dropping*, i forhold til hvem der kom på mit spa, og hvem der brugte mine produkter.

Sig pænt farvel

Det er meget vigtigt ikke at brænde broer bag sig. Man ved aldrig, om man kan få behov for et menneskes hjælp senere i sit liv, og så er det afgørende, at man har bevaret et godt forhold til dem – eller i det mindste sagt farvel til dem på en pæn måde. Det gælder også, hvis man har besluttet sig for, at ens arbejdsrelation ikke længere fungerer. Det kan meget nemt ske, at man vokser fra hinanden og ikke længere passer sammen – ligesom det nogle gange sker i ens private forhold.

Det oplevede jeg med Nadine Tapia, som jeg til at begynde med havde været så imponeret over. Der skete uheldigvis det, at succesen steg hende lidt til hovedet. Det gav hun udtryk for ved et bestyrelsesmøde, hvor vi talte om budgetter og den vækst, vi havde oplevet. Vi sad alle omkring konferencebordet med vores papirer foran os, da Nadine pludselig hævede stemmen og sagde, at det rent faktisk var hendes skyld, at væksten i virksomheden var steget så voldsomt, og at hun fortjente chancen for at købe en procentdel af virksomheden, mens hun stadig kunne gøre det for en billig pris.

Jeg var dybt chokeret, for i det øjeblik mindede hun mig om Linda Blairs præstation i gyserfilmen "The Exorcist" – så frygtindgydende var hun. Hun var som forvandlet og formidlede sit ønske med så meget raseri i stemmen, at Karen Boyd og jeg mildest talt var chokerede og mundlamme i flere sekunder. Da hun var færdig med at rase ud, fik jeg efterhånden sundet mig og sagde i et meget fattet og roligt tonefald: "Nadine, jeg anerkender dig konstant. Jeg roser dig for det fantastiske arbejde, du lægger for dagen. Men jeg vil lige minde dig om, at det er mit firma, du taler om her. Det er *mig*, der har opbygget det, og det er *mig*, der har skabt konceptet og produkterne, som er grundlaget for vores succes. Det er *mig*, der rejser ud på verdensscenen og spreder budskaberne. Du er dygtig som forretningskvinde, og du hjælper mig meget, men du er også virkelig godt lønnet – mere end hvad normalt er for sådan et lille firma som mit. Nu siger du, at du vil have procentdele af mit firma? Det er min pension, vi taler om her. Hvorfor skal jeg give dig en procentdel af det firma, som jeg har arbejdet hårdt for i mange år, og som jeg har investeret i og stadig investerer alt, hvad jeg har, i?"

På det tidpunkt investerede jeg konstant i firmaet. Jeg levede ikke noget *high society*-liv. Jeg levede godt, men jeg investerede hele mit overskud i virksomheden, samtidig med at jeg sørgede for at betale alle mine ansatte en høj løn. Så jeg forstod ikke hendes holdning og var skuffet over den, og det blev begyndelsen til, at vores forhold blev surt. Det skete, samtidig med at vores indtog i Kina var blevet lidt problematisk og at LVMH bankede på døren, så det var en brydningstid i det hele taget.

Efterfølgende var der lidt mere kold luft mellem Nadine og mig, men jeg gik ikke rundt og skabte mig over for hende. Det havde jeg slet ikke lyst til. Jeg holdt lidt mere distance til hende, end jeg plejede, men jeg tvivlede ikke på, at hun ville gøre et godt stykke arbejde, for hun var en kvinde med en meget høj arbejdsmoral. Hun deltog i mine forhandlinger med LVMH og modarbejdede dem på ingen måde. Da min virksomhed var solgt, skiltes vores veje. På en fin og diplomatisk måde. Vi sagde pænt farvel.

Mange år senere ville hun mødes til frokost, og det sagde jeg ja til. Hun undskyldte for sin opførsel og sagde, at jeg havde god grund til at være skuffet over hende. Hun var taknemmelig for, at jeg havde skrevet en flot anbefaling til hende, hvilket jeg selvfølgelig havde gjort med glæde som tak for hendes store indsats. Hun indikerede, at hun var ledig på arbejdsmarkedet og ville være åben for et nyt samarbejde. Men jeg havde ikke lyst til at lukke hende ind i mit netværk igen, for mine instinkter modsagde det. Der satte jeg grænsen.

Hvis et forhold viser sig ikke at være værd at bevare, skal man sige pænt farvel. Man skal ikke brænde broer. Det kommer der ikke noget godt ud af. Med mindre der er en meget god grund til at brænde den af. Der kan være gange, hvor man har fået brændt fingrene så frygteligt, at det er nødvendigt. Men man skal altid opføre sig pænt. Ellers kan det skade ens ry og omdømme.

Oles gode råd

Lad være med at smække med dørene eller lave for meget drama, hvis du ønsker at bryde en relation. Opfør dig altid pænt og ordentligt. Ellers kan det gå ud over dit omdømme.

Ud i marken

Som jeg nævnte i foregående kapitel, skal en leder ikke sidde på en piedestal hævet over alle andre. En leder er en del af et team. Som leder har man blandt andet et ansvar for at personliggøre virksomhedens image udadtil, og det er derfor ofte ham eller hende, der repræsenterer virksomheden ude i den store verden. Som grundlægger af den virksomhed, der bærer mit navn – Ole Henriksen – har det altid været vigtigt for mig at have kontrol over vores image, og det har jeg blandt andet haft ved at værne om alle led i forbindelse med salget af Ole Henriksens produkter.

Det gjaldt også for de kvinder og mænd, der solgte mine produkter verden over. Jeg har altid været bevidst om, hvor afgørende det er, at det ikke bare var distributørerne og indkøberne til stormagasiner og butikker, der skulle have et personligt forhold til personen Ole Henriksen og vores hudplejeserie. Salgspersonalet var også vigtigt – om ikke endnu vigtigere. For det er salgspersonalet i blandt andet Matas, Magasin, Harvey Nichols og Sephora, der har den direkte kontakt til kunderne, og det er dem, der skal kunne formidle over for kunderne, hvorfor Ole Henriksens produkter er de helt rette for dem. De skal ikke bare have indblik i produkterne og deres egenskaber og virkning, de skal også kende til Ole Henriksens wellness-model og til livsfilosofien og værdierne, der ligger bag hele konceptet. De er på sin vis også vores ansigt udadtil.

Jeg har rejst kloden rundt for at besøge stormagasiner og salgspersonale i forbindelse med mit arbejde. Jeg har i samarbejde med distributionsfirmaet i Skandinavien, Sæther Nordic Group, arrangeret inspirerende arrangementer, hvor jeg har mødt det personale, der sælger mine produkter. Derfor kender jeg i dag titusindvis af mennesker verden over.

Jeg er virkelig god til at huske de mennesker, jeg møder, for jeg taler ikke overfladisk med dem, men nyder at have den menneskelige kontakt. Det handler om at vedligeholde forhold, ikke alene til ejeren af Sæther, Ellinor Sæther, men også til alle andre, der står for salget af Ole Henriksens produkter. Ingen skal glemmes.

Der er ikke mange grundlæggere af de store kosmetikmærker, som tager ud i butikkerne for at netværke med salgspersonalet, og hvis de gør det, kan de godt finde på at opføre sig som en anden konge eller dronning. Jeg nyder derimod det sociale samvær på lige fod med de andre og at tale med alle, jeg møder. Jeg bruger meget tid med personalet og sikrer mig, at alle føler sig værdsat.

Jeg besøger nu gennemsnitligt 80 Sephora-forretninger i USA hvert eneste år og flyver rundt til byer som Dallas, New York og Las Vegas for at deltage i forskellige arrangementer. De bliver arrangeret af Kendo, som er den del af LVMH, som min virksomhed hører under. Vi har arrangementer fra tidlig morgen, inden butikkerne åbner klokken 10, og her orienterer vi om wellness-filosofien og de nye Ole Henriksen- produkter, der skal ud på hylderne. Det foregår ofte med musik og dans som start på arrangementet, og herefter formidler jeg budskabet om produkterne på en underholdende måde.

De ansatte i Sephora-forretningerne er meget begejstrede, og jeg bliver ofte budt velkommen, som om jeg var en anden rockstjerne. Især hvis jeg skal præsentere noget for et stort publikum, som jeg senest gjorde i Las Vegas foran 1000 mennesker. De hujede og skreg, som om det var Mick Jagger, der kom ind på scenen. Min chef, David Suliteanu, har rådet mig til ikke længere at springe ud til publikum fra en meget høj scene, som jeg plejer, for han mener, at jeg er ved at være for gammel til den slags. Men jeg fløj ud fra scenen alligevel som den ægte showman, jeg er.

Selvom jeg får en varm og overvældende modtagelse, holder jeg altid – undtagen når jeg *stagediver* – fødderne på jorden. Jeg sørger for at minde alle om, at jeg bare er en almindelig fyr – ligesom dem. Jeg skal ikke have rockstjernebehandling, for det kan jeg slet ikke forholde mig til, og det er spild af tid, hvis de skal opvarte mig.

Under disse arrangementer bliver der udtrykt så meget kærlighed til mig. Jeg kan så inderligt mærke, at det gør en kæmpe forskel for personalet, at de kender mig personligt. Jeg gør meget ud af at anerkende alle for deres talent, og jeg sørger for, at de føler, at vi er et team, som samarbejder om at gøre Ole Henriksens brand til en succes. Jeg spørger ofte personalet: "Er der noget, I føler mangler i hudplejeserien?" På den måde er de involveret, og samtidig informerer de mig om, hvad kunderne er på udkig efter, når de står i butikken.

Oles gode råd

Når du opbygger dit netværk, så gå især efter ligesindede med samme etik og livsværdier som du selv. Men gerne andre talenter.

Jeg holder mit ord. Hvis jeg lover noget, holder jeg det, og jeg sætter en ære i at tilfredsstille mit netværk for ikke at skuffe nogen. Det handler om mit omdømme og mit renommé. Folk skal ikke tænke: "Han holder ikke, hvad han lover." Jeg skriver derfor alt ned, så jeg kan huske, hvad jeg har lovet andre mennesker. At holde ord og være til at stole på er en egenskab, som jeg også lægger stor vægt på hos mine medmennesker – og den betyder meget for mig, når jeg udvælger mennesker til mit nære netværk.

Som hudplejeekspert har jeg arbejdet hele mit liv i servicebranchen. Jeg er god til service, fordi jeg elsker mennesker, og fordi jeg nyder det. Der er så mange dejlige mennesker i min verden, som forkæler mig på samme måde, som jeg forkæler dem. Jeg har altid ønsket at gøre en forskel på den måde, og det kommer helt naturligt til mig at værne om mit netværk. For det er et dejligt netværk, fyldt med kærlighed og omsorg.

Når man værner om sit netværk på en oprigtig måde, føles det godt og bliver en win win-situation for alle parter. Det skaber glæde for alle involverede.

Jeg går ofte meget bevæget fra disse arrangementer, hvor jeg møder personalet. Jeg er rørt, når jeg modtager scrapbøger fra Sephora-per-

sonalet, der med personlige billeder, tekst og tegninger beskriver, hvor glade de er for mig og mine produkter. Det føles så godt.

Jeg er sikker på, at min nære kontakt til salgspersonalet er afgørende for salget af mine produkter verden over. Dette netværk er *the frosting on the cake* og betyder uendeligt meget for mit mærkes succes. Og det betyder uendeligt meget for mig som menneske også.

Vigtige menneskelige brikker

Gennem min lange karriere har jeg skabt kontakt til mange mennesker, der er blevet vigtige brikker i mit netværk, og adskillige af dem har været afgørende for min succes. Men en af de vigtigste beslutninger, jeg har truffet, var at gøre den franske kæde Sephora til min samarbejdspartner. Som jeg nævnte tidligere, kontaktede jeg dem uopfordret og tilbød dem et samarbejde, og det blev begyndelsen på et nyt eventyr, der i sidste ende førte til salget af Ole Henriksen til LVMH. Det var nemlig min forbindelse til Sephora og en af mændene bag denne kæde, David Suliteanu, der blev en afgørende faktor for at føre Ole Henriksen-brandet videre uden at gå på kompromis med mine idealer og værdier.

Jeg havde fået flere tilbud om at blive opkøbt gennem årene. Blandt andet havde adskillige store amerikanske kapitalfonde kontaktet mig. Af ren og skær nysgerrighed mødtes jeg med et par stykker af dem. De fortalte mig alle, hvor imponerede de var over mine produkters succes på verdensscenen, og tilbød mig store millionbeløb mod at få en andel i mit firma. Med deres millioner på min bankkonto lovede de så at sætte mit firmas vækst på *speed dial*. Men jeg var klar over, at denne type investeringsselskaber sandsynligvis ville overtage ledelsen og magten over min virksomhed fuldkommen og fokusere på profitter uden at have hjertet med.

De ville ganske givet forsøge at lave *cost cutting*, så de kunne tjene mange penge på nul komma dut, og så ville de sælge virksomheden igen. Det er min erfaring, at ledelsen i denne form for virksomheder sidder i deres elfenbenstårn og laver budgetter, som er *written in stone*, som man

siger på amerikansk. Der ville jeg ikke have haft noget at skulle have
sagt, og jeg ville miste enhver medbestemmelse over, hvad der skulle
ske med mit brand. Hermed ville jeg ikke kunne fortsætte med at sidde i
førersædet – og jeg ville ikke gang have siddet på bagsædet.

Derfor var jeg altid på vagt, når jeg blev kontaktet af den slags opkø-
bere, som først og fremmest havde profit i kikkerten. Jeg forklarede, at
jeg var beæret over deres interesse, men gjorde dem samtidig klart, at
jeg ville være eneejer af min virksomhed og fortsætte med at sidde i fø-
rersædet i forhold til virksomhedens fremtidige kurs. Det handlede om
mit livsværk, som jeg havde lagt al min kærlighed i, og jeg ville ikke gå
på kompromis. Jeg tænkte: '*don't sell your soul to the devil*,' og det ville
jeg have gjort, for den type firmaer havde ikke de samme værdier, som
var fundament for min virksomhed.

LVMH var allerede perifert en del af mit netværk, for jeg havde
samarbejdet med David Suliteanu i mange år, mens han var CEO for
Sephora. Jeg kendte til hans fantastiske visioner, og han havde været
dygtig til at undervise mig i mulighederne for mit brand, så vi havde
et nært samarbejde, allerede inden jeg blev opkøbt. Han var en mand,
der kunne tænke langt ud i fremtiden, og det var ham, der skabte den
underafdeling af LVMH, der hedder Kendo. De var interesserede i at
få Ole Henriksen ind under deres paraply, og det var derfor, at LVMH
ville opkøbe mig.

David Suliteanu er en meget imponerende forretningsmand og en su-
perstjerne og et ikon inden for vores branche. Han har et helt særegent
talent og meget store visioner, så jeg er taknemmelig for at have så
nært et forhold til ham. Selvom jeg er en moden mand, er det fantastisk
for mig at have en samarbejdspartner, som jeg ser op til. Lige meget
hvor man er i sit liv, skal man sørge for at omgive sig med folk, der er
klogere end en selv og har større visioner end en selv.

David var også en god samarbejdspartner, som var meget involveret i
Ole Henriksens rebrand fornyligt og sørgede for, at jeg var med hele vejen
igennem. Når han fandt på nye ideer, henvendte han sig til mig: "Ole, er
det sådan, du vil have det? Er det også din vision for dit brand? Jeg vil
være sikker på, at du kan stå inde for det, og at det føles autentisk."

Mit fantastiske samarbejde med David Suliteanu, dengang han var CEO for Sephora, førte til, at LVHM købte mit firma. Her styrer han nemlig i dag den division, hvor Ole Henriksen-produkterne hører til.

Jeg siger aldrig nej til en selfie. At netværke med helt almindelig mennesker, også fremmede, er nemlig også vigtigt. For slet ikke at tale om de mennesker på gulvet, der skal sælge mine produkter. På billederne til venstre giver jeg den fuld gas til et Ole Henriksen-arrangement sponsoreret af Matas.

I dag, hvor jeg har solgt min hudplejeklinik til Vance Soto og ikke længere servicerer kunder i mit behandlingsrum på Sunset Boulevard, er mit nære netværk hovedsageligt mine kollegaer i Kendo i San Francisco. Dem værner jeg om hele tiden ved at have nær kontakt til dem. Jeg er taknemmelig for, at jeg ikke længere er chef og ikke har helt så mange bolde i luften som tidligere, hvor jeg mange gange skulle jonglere med tungen lige i munden. Men jeg elsker at være inddraget i vores teamwork og sørger for at gøre opmærksom på, hvor meget jeg værdsætter vores samarbejde, for de menneskelige relationer er de allervigtigste i forhold til mit professionelle liv – og derfor har det altid været førsteprioritet for mig at værne om alle i mit netværk. Alle skal have det godt. Og alle skal have en lille bid af Ole.

Vælg de rigtige til dit netværk

Det er ikke bare altafgørende for ens succes at have et godt netværk. Det er også altafgørende i forhold til, hvordan man fungerer i verden. Vi mennesker er meget sociale væsener og trives bedst i samvær med andre mennesker. Det kan ligefrem skade ens sundhed, hvis man lever et mangelfuldt socialt liv. Man har brug for menneskelige relationer og bør derfor bruge meget energi på at opbygge gode og loyale forhold til sine medmennesker – både privat og professionelt.

Når man opbygger sit netværk, er det vigtigt at finde ligesindede mennesker, som har samme etik og livsværdier som en selv. For mig tæller det især, at mennesker er kærlige, venlige, troværdige, positive, energiske og målrettede. Og så skal de helst have god humor og få mig til at le – det er især Laurence ekspert i.

Jeg værdsætter mennesker, der har en positiv indflydelse på mig, og som inspirerer og motiverer mig – og andre omkring mig. Jeg vil omgås mennesker, jeg kan stole på. Folk kan stole på mig – mit ord er mit ord, og det er noget, jeg lægger stor vægt på. Jeg bliver mest tiltrukket af mennesker, som jeg har flere ting tilfælles med. Man behøver ikke at være enige om alt og interessere sig for alle de samme ting, men der skal være vigtige fællesnævnere. Jeg værdsætter loyalitet særdeles højt, for jeg er født i tyrens tegn, og det betyder, at jeg er loyal – det er på det grundlag, at jeg har opbygget så mange langtidsforhold.

Det har også stor betydning, at alle mennesker i ens netværk både giver og tager. Alle parter skal have gavn af netværket. Du skal kunne tilbyde dine medmennesker noget, og de skal omvendt også kunne tilbyde dig noget. Og man skal give og tage ligeligt.

Det er lige så vigtigt at have et godt team på sin arbejdsplads, som det er privat. Det gælder om at vælge de rette mennesker som sine medspillere. Dit team er din klippe – din *Rock of Gibraltar*, som jeg plejer at sige. Det er dem, der blandt andet står for at bakke dig op, og dem, der, som man siger her i USA, *have your back*, hvis du fejler og har brug for støtte til at komme på rette spor igen.

Derfor skal man vælge sit team med omhu. Ens team skal helst bestå af mennesker, der har kompetencer, som man ikke selv har – og de skal være dygtige til disse kompetencer. De skal helst være klogere og dygtigere, end man selv er, og have større visioner, så man kan lære fra dem og blive inspireret af dem. Det gælder især, hvis man er leder og har ansat folk, som har en særlig ekspertise og skal fungere som rådgivere. De mest effektive teams deler desuden de samme visioner og værdier og arbejder mod de samme mål og resultater.

Det er vigtigt at have den rette støtte bag sig på vejen mod succes. Det giver en følelse af tryghed at have rådgivere og teammedlemmer med den rette uddannelse og de rette menneskelige værdier. Tryghed skal ikke undervurderes i et forhold. Det er fundamentet for, at kreativiteten kan spire optimalt.

De lange menneskelige relationer er meget værdifulde. Når man har langtidsforhold, har man også opbygget tillid. Man kender hinanden indgående og stoler på hinanden og er tryg i samarbejdet. Vær loyal, for hvis du er loyal, vil loyaliteten mange gange blive gengældt.

Plej dit netværk

Man skaber ikke netværk ved at være passiv. Man skal aktivt opsøge
sine medmennesker, og når kontakten er formidlet, skal man dyrke
forholdet – hvis det er værd at bevare.

Hvis man som privatperson føler, at man er venneløs og asocial, skal
man tage ansvar og gøre noget ved det. Man kan selvfølgelig vælge at
sidde derhjemme og have ondt af sig selv og være negativ og lade de
mindre gode følelser tage overhånd, men det skal man ikke gøre ret
længe ad gangen. I nogle situationer kan man lige have brug for at føle
sig nedtrykt og sur på verden, men herefter skal man bearbejde det og
sørge for at melde sig ind i verden igen, både den nære verden med tæt-
te relationer som familie og venner og den større verden, hvor man har
bekendte, kollegaer og fremmede, som man møder på sin vej.

Det er nemlig også skønt bare at falde i snak med folk, man møder
tilfældigt. Uden at være anmassende. Det kan være meget berigende,
for i samtalen med de fremmede kan der åbnes nye døre og nye ideer –
og hvem ved, hvad det kan føre til? Man får så mange oplevelser med
sine medmennesker foræret, hvis man vælger at åbne op og lader dem
komme ind i sit liv. Og måske de kan blive de næste vigtige kontakter i
ens netværk?

Det er klart, at sociale medier kan være gode til at skabe netværk. De
gør det let for én at opnå og holde kontakt til mennesker i ens professi-
onelle og private liv. Men de sociale medier og de netværk, man indgår
i her, er på ingen måde noget, man skal læne sig op ad. Bare fordi du
har lavet en fin profil på LinkedIn og fået 500 kontakter, skal du stadig
aktivt vedligeholde de kontakter, du har i dit netværk. Du skal op af
stolen og ud at møde folk ansigt til ansigt. Det er i mødet mellem men-
nesker, der kan opstå magiske øjeblikke, og fantastiske ting pludselig
kan udvikle sig.

Vær ikke være bange for at tage kontakt til folk. Det kan godt være,
at det er lidt intimiderende at bede om et møde med et menneske, som
man har stor beundring for og som virker uopnåelig. Men man skal
ikke være nervøs for at skabe kontakt til selv de største kanoner inden

for den branche, man ønsker at profilere sig i, for de kan være over-skudsmennesker, der er klar til at række en hånd ud og hjælpe. Det var Ebbe Langberg helt klart med mig, og det har mange andre også været gennem årene. Man skal huske på, at også de store kanoner har skabt deres karrierer fra bunden og sikkert søgt råd fra kloge mennesker, der virkede mægtige og imponerende engang.

Et netværk skal plejes og holdes ved lige. Man skal tage sig god tid til at skabe forhold og god tid til at værne om dem. Man skal dyrke dem, for hvis man ikke gør det, kan man miste kontakten til mennesker, som man sætter stor pris på, og som er vigtige og betydningsfulde for én.

Jeg er fuldkommen sikker på, at jeg kan takke de mange relationer, jeg har opbygget gennem mit liv (og stadig udbygger), for den succes, jeg har været i stand til at skabe med mit firma og mit brand. Man skal aldrig holde op med at udvide sit netværk, for med nye mennesker i netværket kommer nye ideer og nye muligheder.

Jeg har skabt forhold overalt, hvor jeg har været, og i dag har jeg tu-sindevis af mennesker i mit netværk verden over. Mit store, verdensom-spændende netværk har været altafgørende for min succes. Men det er de helt nære i mit netværk, der er de mest værdifulde. Og dem værner jeg ekstra varmt om.

Oles gode råd

Et netværk skal holdes ved lige og plejes. Man skal tage sig god tid til at skabe et forhold – og mindst lige så god tid til at værne om det.

KAPITEL 10

FORNY DIG

Verden er konstant i forandring, og man er nødt til at følge med udviklingen og forny sig, hvis man vil gøre sig gældende. Jeg har altid nydt at forny mig hele livet igennem og gør det stadig.

det øjeblik Harvey sigtede på mit ansigt med en pistol, gik det op for mig, hvor hurtigt det hele bare kan være forbi. Jeg var lige ankommet til vores fælles hjem for at hente mine sidste ting og flytte ud i et lille gæstehus, jeg havde lejet, og starte på en frisk.

Harvey, der var bipolar, var blevet mere og mere syg og fuldkommen utilregnelig, og jeg havde besluttet mig for, at jeg ikke længere kunne stå inde for at leve sammen med ham, selvom jeg følte stor omsorg for ham og havde ondt af ham og den måde, hans liv udviklede sig på. Desuden havde jeg få måneder tidligere mødt Laurence, der for første gang i lang tid fik mig til at mærke, hvor lyst og positivt livet kan være.

Jeg følte, at jeg med Harvey var faldet ned i et dybt, mørkt hul, som jeg ikke længere ønskede at befinde mig i. Jeg var dog nervøs for hans reaktion og havde valgt at snige mig ind, når han ikke var til stede. Men han må have fundet ud af, at jeg havde planlagt at flytte fra ham, og her stod han altså med en pistol rettet direkte mod mig og beskyldte mig med raseri i stemmen for at stjæle.

I disse sekunder stod det mig klart, at jeg meget vel kunne dø. Senere tænkte jeg, at det må være mærkeligt for mennesker at miste deres liv fra det ene sekund til det andet uden at kunne nå at reagere. Hvis Harvey havde skudt mig i det øjeblik, havde jeg bare været væk. Ikke en tanke mere. Ikke et åndedrag mere. Ikke mere. En ret så skræmmende tanke. Men i øjeblikket, hvor man opdager truslen, når man ikke at tænke særlig meget over noget som helst. Man er bare i chok og handler instinktivt, og jeg handlede ved at blive ved med at undskylde og undgå at møde Harveys blik, mens jeg flygtede ud ad døren og ræsede ned ad trappen.

Den dag i dag er jeg stadig i tvivl om, hvorfor Harvey ikke skød mig. Han var helt klart i stand til at trykke på aftrækkeren. Det beviste han senere, da han først skød en ung mand og derefter sig selv. Noget inden i mig forklarer det med, at han respekterede og elskede mig. Men jeg er ikke helt sikker på, hvorfor han lod mig løbe ud ad døren den dag, og det finder jeg aldrig ud af.

Da jeg senere samme dag delte denne grusomme oplevelse med Laurence, føltes det, som om noget havde suget al luften og energien ud af mig. Jeg var fuldkommen udmattet, da jeg kollapsede foran ham. Vi kendte endnu ikke hinanden ret godt, og det var meget tidligt i et forhold at blotte sig fuldkommen for et andet menneske og vise, hvor skrøbelig og sårbar man var. Men det gjorde jeg. Jeg kunne ikke andet, så voldsom var den oplevelse for mig. Jeg lå i fosterstilling på gulvet foran Laurence og hulkede som et lille barn.

Oles gode råd

Trangen til fornyelsen ligger dybt i menneskets natur. Lad ikke frygt og vanens magt stå i vejen for din lyst til at skabe et bedre liv.

Jeg fik fremstammet, at vi var nødt til at holde op med at se hinanden, for jeg kunne ikke bringe ham ind i min verden, fordi den var alt for farlig. Harvey var farlig. Jeg følte mig som et voldsoffer og reagerede som sådan et. "Jeg frygter for dit liv," sagde jeg oprigtigt til Laurence.

Men Laurence var stærk. Mens jeg lå og tudbrølede og ikke kunne styre mig, havde han fuldstændig kontrol over situationen. Han sagde meget bestemt: "*I am not going to let this come between us.*" Han nægtede at lade Harveys dominerende og truende opførsel ødelægge vores forhold. Selvom det var meget nyt, havde vi begge på fornemmelsen, at vi havde indledt et forhold med potentiale til at blive rigtig godt. Den fornemmelse viste sig at være korrekt.

Der er aldrig nogen, der har knækket mig, som Harvey kunne. Han var dødintelligent og så *fucked up* og fuld af løgnehistorier og dygtig til at manipulere folk omkring sig med sine løgne. Selvom jeg aldrig blev trukket helt ned af Harvey og bevarede min livsglæde uden for hjemmet, var de sidste år sammen med ham en meget mørk periode i mit liv, som jeg husker med gru. Det var åbenbart en af de oplevelser, jeg skulle have i livet. Jeg følte, at jeg var fanget i denne situation og havde svært ved at komme væk. Men væk kom jeg, og jeg traf en beslutning om, at nu var det nok. Nu måtte jeg videre med mit liv.

Det var en vigtig beslutning. Man skal ikke hænge fast i sådanne situationer i sit liv. Jeg ved, at det er nemmere sagt end gjort, fordi jeg selv har været der, men man skal hanke op i sig selv og tage affære – og se at komme væk i en fart.

Det var som en genfødsel for mig. Jeg gik fra en uhyggelig og dramatisk tilværelse med Harvey til pludselig at stå side om side med den lyssindede, positive, glade og sjove Laurence. Jeg havde efterladt alle materielle ting hos Harvey, men var hamrende ligeglad. De betød ingenting. I de situationer fokuserer man ikke på det materielle, men på sit eget velbefindende. Det var en kæmpe lettelse at komme væk fra Harvey, og jeg blev som et nyt menneske, da jeg forlod ham og begyndte på næste kapitel i mit liv. Det var en af de absolut vigtigste fornyelser i min tilværelse.

Oles gode råd

Hvis du havner i en fastlåst situation, der står i vejen for din glæde og succes, gælder det om at gøre sig fri af den og komme videre. Også når det kræver ubehagelige beslutninger.

Nyt liv med Laurence

Efterhånden som mit forhold til Laurence udviklede sig, tilbragte vi mere og mere tid sammen, og i 1984 flyttede vi sammen. Nu har vi dannet par i snart 35 år.

Laurence bragte masser af fornyelse til mit liv. Han er en livsnyder og en kæmpe humørbombe. Han elsker mode og inspirerede mig til at udtrykke mig endnu mere farverigt. Han elsker også smykker, og også jeg blev mere modig i forhold til at gå med smykker, så selv Laurence ind imellem måtte holde mig lidt tilbage, f.eks. dengang jeg kom hjem med mit diamantbling fra Hong Kong.

Laurence var frisør, da vi mødte hinanden, men havde en drøm om at blive indretningsarkitekt og vendte senere i livet op og ned på sin karriere, så han i dag arbejder med sin drømmebeskæftigelse. Han går også højt op i at skabe smukke rammer omkring os i vores hjem og har en skøn æstetisk sans. Han er lige så engageret i at bo ryddeligt og ordentligt som jeg – og vi er enige om det meste, når vi går i gang med at renovere eller nyindrette vores hjem.

Da jeg mødte Laurence, fik han mig til at genopdage, hvor sjovt livet kan være. Han er hylende morsom, og jeg griner meget, når vi er sammen. Det føles så fornyende at le sammen, og vi gør det stadig rigtig meget. Laurence kan få mig til at le som ingen andre kan, og jeg tror, at det er en af de største forcer i vores forhold. Vi ler næsten hele tiden.

Laurence og jeg kan stadig den dag i dag have pudekampe og opføre os som to små drenge. Han kan pludselig finde på at komme og rive dynen af mig – og så skriger jeg, som om der pludselig stod en tyv inde i huset. Vi gør en dyd ud af alt det sjove og er ikke bange for at udtrykke den side af os selv, selvom vi er i byen. Vi jubler *så* meget sammen.

Laurence og jeg er ikke blevet trætte af hinanden, selvom vi nu har været sammen i så mange årtier, og en af forklaringerne er helt sikkert, at vi har været gode til at forny os. En fare i et parforhold er nemlig, at man kører derudad i ét spor og glemmer at udvikle sig i nye retninger. Både som person og som par.

Laurence bragte masser af glæde og fornyelse ind i mit liv efter de sidste hårde år med Harvey. Han og jeg er så gode til at udvide vores horisont sammen.

Man skal huske på at stoppe op ind imellem og gøre nye ting sammen
– og opsøge nye omgivelser, hvor man kan få ny inspiration. Det behø-
ver ikke at være en tur til Italien. Man kan også skabe nye omgivelser
derhjemme ved at rykke rundt på møblementet eller male badeværel-
set – eller gå ud at spise på en restaurant, man aldrig har været på før.
Man skal bare sørge for at skabe en fornemmelse af fornyelse, så livet
ikke hele tiden er det samme og bliver rutinepræget. Og dødkedeligt,
havde jeg nær sagt.

Man kan hurtigt komme til at tage hinanden for givet, hvis alt er,
som det altid har været. Så glemmer man at kigge på hinanden – kigge
rigtigt på hinanden. Man skal kunne se på hinanden med friske øjne, og
derfor er det vigtigt, at man griber tingene an på nye måder. Det er godt
at overraske hinanden og bryde rutiner og minde hinanden om, hvorfor
man er spændende at være sammen med.

Jeg er stolt af Laurence og synes, at han er fantastisk. Jeg er stolt af
den person, han er, for han er et godt menneske, der ønsker det bedste
for sine medmennesker. Alle bliver forelskede i Laurence – alle elsker
Laurence. For der er ikke noget falsk ved ham, og han dyrker alle sider
af sin personlighed. Han er ligesom jeg et meget sensitivt menneske og
ikke bange for at vise den side af sig selv. Desuden er han intelligent og
sprudlende, og jeg bliver altid overrasket over hans gode ideer. Der er
så meget fest og glade dage i vores liv, og vi har så mange gode samta-
ler, hvor vi kommer i dybden med de emner, vi taler om. Det er meget
vigtigt, at man har en partner, som inspirerer en og er medvirkende til
ens fornyelse gennem livet.

Vovehalsen fik en lærestreg

Laurence har altid været lidt mere forsigtig end jeg. Jeg er født som en
vovehals og har altid elsket havet og de kæmpestore bølger, som jeg op-
levede ved Vesterhavet som dreng og senere i Indonesien og Californien.
Jeg kunne aldrig få nok af at boltre mig i store bølger.

Da vi var på Ischia i Italien med familien for at fejre, at mit firma var blevet solgt til LVMH, var det en dag ret vildt stormvejr. Middelhavet slog voldsomt ind på klipperne. Vi havde en fantastisk udsigt og kunne se det oprørte hav fra vores hus. Den morgen havde Laurence sagt meget bestemt til mig med et næsten moderligt blik i øjnene: "Du går *ikke* ud at svømme, Ole!" Og jeg svarede: "Nej, *det* gør jeg ikke." Man kunne ikke svømme i havet, for det ville være alt for farligt. Det kunne jeg sagtens se.

Men jeg elsker, når bølgerne slår ind over mig og kunne slet ikke lade være med at tænke på, hvordan det ville føles at mærke de enorme bølger mod min krop. Så jeg sneg mig alligevel ned af de stejle trapper langs huset for at klatre ud på klipperne. De var meget skarpe, men jeg fandt et godt sted, hvor jeg kunne holde fast, og her følte jeg mig meget tryg. Bølgerne tårnede sig op og ind over mig, og det føltes så godt at blive ramt af deres styrke, som om store eksplosioner af vand ramte mig.

Men naturen er jo *powerful as hell*, og efter fem minutters tid, hvor jeg havde ligget og holdt mig godt fast i klippen, kom der en kæmpebølge, som med sin enorme styrke rev mig med ud. Den trak mig simpelthen så nemt som ingenting med sig ud i havet og ned under vandet, hvor jeg nu lå fuldstændig panikslagen. Jeg blev slået frem og tilbage mod de skarpe koralrev, så min hud blev revet i stykker flere steder på kroppen.

Heldigvis havde jeg fornuft nok til at tænke: 'Ole, du skal slappe helt af. Du ved, at du vil blive trukket med ud og herefter blive ført tilbage igen med bølgerne, så du skal slappe af og forsøge at komme med en bølge ind igen.' Jeg vidste, at jeg ikke skulle kæmpe imod, for så ville jeg hurtigt blive udmattet.

Selvom havet var oprørsk og ret så dramatisk, var der pauser mellem bølgerne. Så jeg forsøgte at spare på kræfterne, og da jeg endelig blev ført ind af en stor bølge, fik jeg grebet fat om klippen og kravlede op, så hurtigt jeg kunne.

Jeg var dybt chokeret. Rystede helt ukontrolleret og følte mig som et vrag. Jeg var jo gået derned helt alene, så ingen af mine familiemedlemmer anede, at jeg havde været i livsfare.

Da jeg kom op, opdagede jeg, at mine ben var flænsede, og at blodet løb ned ad dem. Også mine arme var fulde af rifter. Jeg var ret så nervøs for, hvordan Laurence ville reagere, og da jeg endelig nåede op til de andre, som klogeligt befandt sig i poolen frem for det oprørske hav, sagde jeg meget ydmygt og neddæmpet: "Laurence ..."

Laurence forstod med det samme, hvad der var sket, og skreg så højt, han kunne: "Du kunne jo være druknet!" Han var rasende på mig og kiggede med store bebrejdende øjne på min forrevne krop. Jeg kunne ikke andet end indrømme min frygt, for den lyste ud af mig. Jeg lignede en lille våd hund og havde store rifter og blod over hele kroppen. Jeg var chokeret og stadig lidt bange.

Der gik otte-ni dage, før mine sår var helet, så jeg måtte købe lange strømper inde i byen og klippe tæerne af dem, og så gik jeg med dem som bandager op ad benene. Det var ret komfortabelt, og med dem kunne jeg gå normalt. Jeg måtte gå med lange bukser resten af ferien, men heldigvis kom der ikke ar.

Denne oplevelse indgød en frygt i mig, og jeg kunne aldrig finde på at gøre den slags igen. Her fik vovehalsen Ole en alvorlig lærestreg. Jeg har altid lettere kækt sagt: "*I always jump in with my head first and I can always find my way back*", men nu er jeg blevet klar over, at jeg ikke er udødelig, og at naturen er stærkere end mig, så jeg skal have respekt for den.

Når jeg i dag svømmer på Capri, hvor Laurence og jeg har holdt ferie mange gange, er jeg meget forsigtig, og når de af sikkerhedsmæssige grunde lukker det område, hvor man kan springe ud fra klipperne, følger jeg reglerne. Jeg hopper ikke længere i fra klippesiden og svømmer kun, når vandet er roligt, og det er tilladt at svømme. Som moden mand har jeg lært, at der er grænser for, hvor modig man skal være – og at det er okay at indrømme sine begrænsninger. Det er jo også en slags fornyelse at få nye erkendelser.

Oles gode råd

Tager man for store og dumme chancer,
er det også en form for fornyelse at tage
ved lære af sit overmod.

Inspiration fra dobbelt nobelprisvinder

Jeg har altid vidst, at jeg skulle være innovativ, hvis jeg ville holde mig selv på toppen i min branche. Jeg skabte et unikt spa. Jeg skabte unikke hudplejebehandlinger, der altid omfattede mere, end man forventede. Jeg udviklede mine egne massagemetoder. Jeg skabte nye produkter, der ikke var blevet set før – som f.eks. Truth Serum, der var banebrydende, da jeg skabte det i 1993. På det tidspunkt var der ingen dagserum på markedet, og de fandtes ikke i en pumpe.

Jeg var blandt andet blevet inspireret af den dobbelte nobelprisvinder Linus Pauling fra Palo Alto i det nordlige Californien. Blandt sine mange andre forskningsprojekter lavede han research om C-vitamin og var stor fortaler for C-vitamintilskud. Han skrev blandt andet bogen "C-vitamin og forkølelse", der udkom på dansk i 1972. Linus Paulings fokus var først og fremmest, hvordan C-vitaminet påvirker vores sundhed ved at styrke immunforsvaret og modvirke mange sygdomme. Men han kom også ind på, hvordan det styrkede huden ved at forstærke og forny bindevævsproteinet kollagen i vores hud, så huden blev strammere og bedre til at holde på vand.

Faderen til en af mine kunder, Claire Hirsch, var bedste venner med Linus, og derfor blev jeg introduceret for den verdenskendte videnskabsmand og inspireret til at lave Truth Serum med forskellige former for stabilt C-vitamin. Laurence fandt på navnet 'Truth', og nu 25 år senere er dette serum stadig vores bedst sælgende produkt på verdensscenen.

I 1997 lavede jeg et andet hit, nemlig Ultimate Lift Eye Gel. Jeg har altid revet agurker og under spabehandlinger lagt dem i en slags sushirulle, som man kunne presse ned, så den lå i folks øjenomgivelser. Det opstrammer og opkvikker øjnene. Det fik mig til at tænke: 'Hvorfor skaber jeg ikke en øjengelé, der også kan løfte øjenlåget?' Det havde man ikke set før. Jeg lavede øjengeleen i en dejlig blå farve og kom den i en klar krukke, så den så meget flot ud. Der gik lang tid med at få den på plads, næsten to år. Men da produktet endelig var klar, blev det en stor succes. Skønhedsjournalisterne var betagede af produktet og de resultater, de så efter brug, og deres begejstrede omtale førte til en masse god PR.

Jeg siger meget sjældent nej til en ny udfordring, men da den tidligere kuglestøder og nuværende LA-politiker Joachim B. Olsen lokkede mig til at affyre en pistol i et tv-program, var jeg meget lidt begejstret. Pistoler bliver aldrig mig. Så fyrer jeg hellere hele min vilde farvepalette af på lysende billboards i den københavnske metro.

I 2012 blev en amerikansk TV-kendis, Kate Gosselin, bebrejdet for at bruge botox om øjnene. Da hun dertil svarede, at det eneste 'botox', hun brugte, var Ole Henriksen Ultimate Eye Lift Gel, fik øjengeleen endnu en storhedstid. I dag er den desværre ikke helt så populær, som den plejede at være, og en ny øjencreme, Banana Bright Eye Crème, har overtaget dens plads som bestseller.

Jeg har gennem årene været ivrig efter at prøve mange nye ting, der måske ikke var oplagte for mit virke som hudplejeekspert. Jeg har skrevet flere bøger – både alene og i samarbejde med Karin Heurlin, Martin Schmidt, Ole Juncker og Jacob Heinel Jensen. Jeg har holdt foredrag rundtomkring i verden – og været på turné i Danmark, hvor jeg blandt andet har samarbejdet med den skønne standup-komiker Karen Marie Lillelund og min veninde Helene Heldager. Jeg har deltaget i tv-programmer som The Dinah Shore Show, Entertainment Tonight og Oprah, og i Danmark medvirkede jeg i 2007 i en serie på seks afsnit, der hed "Ole Henriksens Hollywood", og i 2008 i "Ole Henriksens lykkekur".

Jeg har altid været villig til at prøve noget nyt, men der var også oplevelser, som jeg måske i dag ville ønske, at jeg havde været foruden. Det skete f.eks., da jeg skulle lave et afsnit til "Ole Henriksens Hollywood" med kuglestøderen Joachim B. Olsen. Da jeg blev introduceret for denne store mand – megahøj, kanonbred og med det største, venligste smil på ansigtet – fik jeg et stort kram. Det føltes som at blive krammet af en kæmpe.

Som en del af showet skulle han udfordre mig med noget, som jeg ikke vidste en pind om. Det accepterede jeg, for jeg havde sagt ja til at medvirke og syntes, at det var spændende. Men da vi stod foran en skydeklub i et kedeligt nabolag i en forstad til Los Angeles, var jeg en smule beklemt: Vi skulle skyde med pistoler, og det havde jeg aldrig prøvet før.

Joachim grinede, for han kunne se, at jeg var chokeret og følte mig lidt skidt tilpas, selvom jeg gjorde alt for at skjule det. Skydebanen var ret så stor – eller den føltes i hvert tilfælde stor. Jeg fik pistolen i hånden og begyndte at sigte på papiret foran mig på banen. På papiret var der markeret små cirkler rundtomkring på en menneskeformet figur.

Da jeg stod med begge hænder om pistolen og fyrede den af, blev jeg mindet om, hvor magtfuld den er, og hvor forfærdeligt det føles. Det tiltalte mig på ingen måde. For Joachim var det en hobby, og han var meget dygtig til det. Men jeg stod der og mærkede pludselig, hvor lille jeg i virkeligheden er. Pistolen havde så meget styrke, at jeg bare fløj op i luften.

Min reaktion må have været ret så sjov at se på tv, men det var ikke sjovt for mig. Det gjorde virkelig ondt, næsten som om pistolen eksploderede i hånden på mig, og det var en forfærdelig fornemmelse. Jeg er ret sikker på, at jeg ikke ramte plet. Men det var jeg ligeglad med. Normalt ville jeg prøve at gøre det godt, men det havde jeg slet ikke interesse i her. Jeg kan ikke huske, hvad jeg sagde på skærmen, men jeg var fuldkommen udmattet, da vi forlod skydebanen, og følte mig helt smadret. Det var ikke bare mine hænder, men som om hele mit hoved var eksploderet.

Det var en rystende oplevelse, og jeg har ingen gode minder forbundet med den. Men jeg var åben og ville måske i virkeligheden gerne opleve noget nyt og anderledes. Min holdning var: 'Hey, Joachim har udfordret mig, og jeg vil ikke såre ham, og jeg skal jo ikke skyde et menneske.'

Men jeg er meget imod pistoler, og det bekymrer mig, at man tillader, at befolkningen at gå med pistol i USA. Der er ingen fornyelse forbundet med pistoler overhovedet. De repræsenterer et levn fra en forgangen tid. Med Harvey opdagede jeg, hvor hurtigt man kan risikere at miste livet, når der er en pistol indblandet.

Så hvis nogen i dag tilbød mig at skyde med en pistol – mens de filmer eller ikke filmer – ville jeg sige: '*No way*, jeg skyder under ingen omstændigheder med den pistol.'

Nye salgsmetoder på live-tv

Da jeg i 2012 skulle lave tv på Quality Value Convenience Network, QVC, fik jeg besked på, jeg skulle glemme alt, hvad jeg tidligere havde lært om at lave tv. Optagelserne fandt sted i et kæmpestudie i West Chester i nærheden af Philadelphia, og det var David Suliteanu, der mente, at kanalen ville være god til at sælge vores produkter. Her sælger man via TV, mens man er på direkte, og David så store muligheder i det. Nu skulle jeg også prøve det.

Vi fik først et lille minikursus: "Fokus er, at I skal sælge, og I skal sælge *enormt* meget." QVC sætter kvoter på hvert enkelt minut, man er på og præsenterer sine produkter. De ved, hvor meget der bliver solgt, for hvert sekund, der går. Salgsforventningerne er højere fredag, lørdag eller søndag, for på disse dage var der mange seere. Netværket havde på det tidspunkt omkring 90 millioner seere sammenlagt. De kendte udmærket til deres magt og sagde: "Vi er verdens største og stiller derfor meget store krav til jer som gæster på vores show." Hvis man ikke leverede de høje salgstal, blev man smidt ud ad døren med det samme. Her var der ingen kære mor.

Vi blev alle sammen testet to gange, inden vi kom på live til den amerikanske befolkning, og imens vurderede et dommerpanel, om vi var gode nok til at praktisere vores salgsteknikker.

Lisa Robertson, som var en af de mange værter, blev behandlet som en stor filmstjerne. Hun var en megastar og en diva, for hun var nummer ét blandt værterne: en forrygende sparringspartner for sine gæster i studiet og den bedste til at sælge skønhedsprodukter. Hun var også meget smuk og tog sig godt ud på skærmen. En særdeles professionel vært.

Jeg skulle åbne mit show med et tilbud, hvor kunderne kunne købe de to bestsellere Ultimate Lift Eye Gel og Ultimate Lift Eye Gel Roll On samlet til en special deal. Jeg skulle først på sidst på aftenen, og Lisa stod med sine noter og ville rådgive mig, inden jeg skulle ind og stå live foran de amerikanske seere. Jeg skulle derfor fortælle hende, hvad der gjorde de udvalgte produkter specielle, og jeg begyndte ivrigt på min beskrivelse.

Men jeg var knap begyndt, inden hun lagde en hånd på min skulder. Der blev den liggende, mens hun kiggede intenst på mig og sagde: "Se på mig. Giv mig hele din opmærksomhed, Ole. Jeg er skide ligeglad med den *fucking* agurk. Jeg vil have designs. Folk er trætte af at høre om agurker. Jeg vil have, at du gør præcis, som jeg siger nu."

Og så kørte hun bare løs. Jeg rystede indeni og kunne ikke koncentrere mig om at lytte til, hvad hun sagde. Da hun var færdig med sin lange ordstrøm, sagde hun: "Vi ses senere – du er min første gæst." Og så skubbede hun mig til side.

Jeg var målløs. Gik fuldkommen i panik og spurgte en kvinde, der stod i nærheden: "Hørte *du*, hvad hun sagde?" og hun sagde: "Nej, jeg hørte intet."

Jeg var ved at gå i spåner indeni. Men så sagde min indre stemme, at jeg skulle gå ind i et tomt kontor og sidde helt stille og prøve at huske, hvad hun ønskede fra mig. Jeg ville på bedste måde forsøge at følge hendes spor – og jeg må have lyttet alligevel, for det var åbenbart trængt ind. Jeg havde fanget hovedpunkterne og gjorde, som hun havde bedt mig om.

Hun var begejstret, kunne jeg se, mens vi stod der og talte om mig som ekspert, og hvorfor seerne ville få glæde af produkterne. Efter fem minutter havde vi udsolgt. Så Lisa havde ret, og jeg fik en *high five*, da vi forlod studiet.

Senere fik jeg lov til at afprøve mine salgsteknikker under et time-langt program. Jeg solgte for over 4 millioner danske kroner på en time, så det må man sige var ret godt gået.

Når jeg forlod de store QVC-studier, kunne jeg næsten ikke sove de næste par nætter, for jeg havde været hundrede procent på og givet hundrede procent af mig selv. Det var en meget intens oplevelse. Men gennem QVC lærte jeg at præsentere mig selv og mine produkter på en helt ny måde, og jeg skulle sætte mig ind i en hel ny verden, hvilket var utrolig spændende.

Oles gode råd

At tale med andre mennesker er en af dine allervigtigste inspirations-kilder til fornyelse. Vær åben over for fremmede og deres ideer og erfaringer i stedet for kun at omgive dig med mennesker, der bekræfter dig.

Succesfuld rebranding

I 2012, hvor jeg befandt jeg mig i Illum i København for at klippe den røde snor til Danmarks første Sephora-forretning over, bad Sephoras globale chef Christopher de Lapuente, der var fløjet op fra Paris, om at få en samtale med mig. Denne britiske forretningsmand er i den grad *a powerhouse to be reckoned with*. Sephora er også ejet af LVMH, så nu hørte vi under samme firma.

Jeg foreslog, at vi mødtes på Café Europa, og Christopher lagde ud med at rose mine produkter: "Jeg er så glad for, at vi ejer din produktserie. Jeg elsker Skandinavien, og jeg vil meget gerne tale med dig om din baggrund og dine tanker om, hvordan vi kan opgradere brandet Ole Henriksen."

Christopher havde også talt med David Suliteanu om en fornyelse af produktserien, og ikke mindst indpakningen af produkterne. De syntes begge, at der skulle fokuseres mere på min skandinaviske baggrund, og at det skulle være lettere for kunderne at finde de produkter, der var rettet mod netop deres huds udfordringer.

Han spurgte: "Hvad synes du? Hvad mener du, at vi har brug for her?"

Jeg kunne selvfølgelig godt have valgt at være kontrær i denne situation, hvor mine nye ejere ville begynde at ændre på de farverige *stick on*-etiketter, som jeg i sin tid havde været så stolt af. Men i stedet sagde jeg til mig selv: 'Du arbejder med en gruppe mennesker, der forstår verdensmarkedet meget bedre end dig, så du skal ikke bare stampe fornærmet i gulvet og sige: 'Men jeg elsker mine *stick on*-etiketter'. Du skal have en åben holdning og være glad for at være en del af denne fantastiske virksomhed, og se, hvad der sker.'

Det stod klart for mig, at de havde en vision. De havde lavet markedsundersøgelser, der viste, at farvede beholdere med præget skrift virkede mere sofistikerede og luksuriøse end beholdere med *stick on*-etiketter. Og selvom mine produkter havde stor succes, vurderede man, at de kunne få endnu mere succes, hvis farverne på produkterne også guidede kunderne i butikkerne. Hvis en kunde f.eks. havde fedtet hud med åbne porer, hvad skulle hun så købe? Og hvad skulle hun gå efter, hvis huden havde mistet glansen? Eller hvis der var pigmentfejl i huden? Vi skulle gøre det let for hende.

Det tog et par år at få det hele på plads.Vi sad i arbejdsgrupper og talte om, hvilke hudproblemer kunderne især søgte hjælp mod og indkredsede og sammensatte de fire hudplejeserier, vi ville bygge på fremover.

Vi skabte en blå serie med hovedtitlen T*ransform* – en antiaging-serie, der sætter gang i hudens cellefornyelse. En grøn serie, *Balance*, skabt til fedtet og uren hud. En rosa serie, *Nurture*, til tør og sart hud og endelig en orange serie, *Truth*, der giver huden ekstra glød, udvisker pigmentfejl og styrker hudens bindevæv.

Det var en meget spændende proces, og da brikkerne faldt på plads i det store puslespil, var vi så begejstrede for resultatet. Hvor var det godt, at jeg var i stand til at sige farvel til det gamle look med de 14 forskellige farver og *stick on*-etiketter, for man kan ikke bare lukke øjnene for, hvad der sker i verden omkring sig. Jeg besluttede mig for ikke at kæmpe imod, men i stedet følge med tiden og med strømmen.

Vi holdt *launch party* for vores nye produktserier i New York 23. februar 2017, hvor vi inviterede presse, *influencers* og prominente skønhedsbloggere. Indgangen til de lokaler, vi havde lejet i Chelsea, var opbygget som indgangen til Tivoli i København, og invitationen lød:'*You're invited to an evening of skin care discovery and uplifting amusement at Tivoli Gardens as reimagined by Ole Henriksen.*'

Vi havde iscenesat fire forskellige områder, et for hver produktserie og med hvert sit tema, f.eks. '*Nurture – The Oasis for Dry and Sensitive Skin*': I hvert område kunne man få taget billeder og dele dem på Twitter og Instagram. Vi fokuserede på min danske baggrund og havde også et stort billede af Nyhavn og en orangefarvet cykel med Ole Henriksen-produkter i cykelkurven, som vi poserede foran til en masse billeder. Det var en fantastisk aften.

Alle de gamle produkter blev taget ud af butikkerne natten over i februar 2017. Det var en kæmpe satsning. Men det viste sig at være den rigtige beslutning. Salgstallene for vores produkter steg imponerende meget efter vores rebranding – og jeg var glad for, at jeg var med på rejsen og kunne sørge for, at det hele blev gjort med hjertet på rette sted.

Oles gode råd

*Kill your darlings, når tiden er moden
til det. Selv de bedste ideer trænger
før eller siden til en opdatering, og
selvom det er svært at sige farvel
til sine egne genistreger, er det en
vigtig forudsætning for fornyelse.*

#oleglow med wellness og hygge

Jeg har hele tiden været klar over, at jeg ikke alene skulle forny mine produkter, men også måden, hvorpå jeg formidlede nyheden om dem. Lige meget hvad man laver, er det vigtigt, at man gør folk opmærksomme på sit produkt og sit talent. Så da vi begyndte på vores rebranding af Ole Henriksen-produkterne, var det altafgørende, at vi fik nyheden ud til vores eksisterende kunder – og samtidig appellerede til en ny kundekreds. Vi havde erfaret, at influencers på de sociale medier og bloggere var vigtige samarbejdspartnere for os, så vi ville fokusere meget på dem i fremtiden.

Det var her #oleglow kom i fokus. Skuespilleren Laura Dern havde allerede i 1992 givet mig ideen til at tale om '*Ole Glow*', da jeg gjorde hende klar til Oscar-showet, hvor hun var nomineret for "Rampling Rose". Hun udbrød nemlig: "*Oh my God, I have got the Ole Glow.*" Den sætning sad fast i hovedet på mig. Mine kollegaer havde hørt mig tale om '*Ole Glow*', så de sagde: "Ved du hvad, Ole? Du er så dansk og så positiv og så lykkelig, og danskerne, der er de lykkeligste mennesker i verden, har også '*Ole Glow*'. Så hvad med at begynde at forklare på de sociale medier, hvad det handler om?"

Vi arbejdede videre med ideen og blev enige om at inddrage både mit wellness-koncept og det danske begreb hygge i et fremstød for *Ole Glow*. Vi udviklede i fællesskab vores nye *Glow Camps*, hvor vi inviterede vigtige skønheds-influencers med flere millioner følgere på ophold i luksuriøse omgivelser. Her præsenterede vi dem for vores nye produkter med masser af events og utallige muligheder for at poste på deres sociale medier. Disse meget unge mennesker når vidt og bredt ud i verden via deres mange følgere, så her kunne vi effektivt nå ud til mange på kort tid.

Vi havde vores første lille Glow Camp i Santa Barbara i Californien i begyndelsen af 2017, og siden har vi holdt Glow Camps i Island, i Skagen i Danmark, i Australien og i staten Utah her i USA.

Da vi arrangerede Glow Camp på luksusresortet Armangiri i Canyon Point i Utah, var anledningen lanceringen af vores nye øjencreme Banana Bright Eye Crème. Vi havde inviteret vigtige amerikanske influencers inden for skønhed, og der var også enkelte skandinaviske deltagere, deriblandt Nanna Øland Fabricius fra Danmark, også kendt som sangeren Oh Land, der har en ret stor blog.

I fire dage i træk kørte vi et program med et væld af aktiviteter, hvor deltagerne blandt andet skulle informeres om den nye øjencreme, mine skandinaviske rødder, om hygge og forbindelsen til min wellness-livsstil. Der var også arrangementer som *'Breakfast in Bed'*, vandreture i de fantastiske omgivelser og hyggetid ved hotellets bålplads. Og hele tiden var der gode muligheder for, at deltagerne kunne poste interessante billeder og informere deres mange følgere om produktet, om Ole Henriksen og om deres oplevelser med øjencremen.

Lanceringen af Banana Bright Eye Crème på vores Glow Camp i Utah blev en kæmpesucces. Meget større, end vi havde forventet. Der er ingen tvivl om, at vores inviterede influencers havde en stor del af æren for det sammen vores egne opslag på Instagram, YouTube og Facebook, hvor vi selv har et kæmpestort antal loyale følgere.

Det er ikke som i gamle dage, hvor jeg skabte dybe relationer til mange journalister verden over. For influencers og bloggere handler det ikke så meget om at gå i dybden med et emne og lave lange interviews med mig om f.eks. min livsfilosofi eller danske baggrund. For dem er det vigtigere at få det helt rigtige billede eller en lille video, og alting bliver fortalt i små *flashes* og meget få ord.

Både Laurence og jeg elsker børn, måske fordi vi selv er nogle store legebørn. Lysten til at lege og udforske verden gør det let at forny sig. Og vi er skabt til at gøre det. Øverst er Laurence lige blevet gudfar til vores niece Andrea i Nibe Kirke. Til venstre leger jeg med Harley, min assistents datter, og nederst kan jeg ikke styre min begejstring over sneen på Island under vores Glow Camp deroppe.

Det er spændende at se dem arbejde, for de bruger sig selv som brand og er gode til det, må jeg sige. Og jeg er glad for, at jeg som 67-årige er i stand til at følge med og føler mig godt tilpas med det. Det er forfriskende at se de unge mennesker finde nye veje at udtrykke sig på, og selvom jeg ikke kunne se mig selv som den store influencer, beundrer jeg deres drive og deres visioner med det nye medie.

Fornyelsen ligger i din natur

Vores verden er konstant i forandring. Den ændrer sig og fornyer sig hele tiden, og det føles, som om den gør det hurtigere end nogensinde før. Man er nødt til at forny sig for at følge med de skiftende tider, hvis man vil være aktuel og fortsætte sin personlige og professionelle succes. Hvis man vælger bare at se til, at verden forandrer sig, og selv går i stå, kan man meget hurtigt komme bagud og blive mere eller mindre irrelevant – og hvem har lyst til at være det?

For at være banebrydende i en særdeles konkurrencestærk verden i rivende udvikling skal man hele tiden være opmærksom, hvad der foregår omkring én, og i stand til at vurdere, hvor i den verden man selv står, og stille spørgsmålene: 'Hvad er der fokus på lige nu og her? Og hvad siger det om, hvad der sker i den nærmeste fremtid og endnu længere ud i fremtiden?'

Det er en naturlig proces at forny sig. Vores krop og vores organer fornyer sig hele tiden, for at de kan fungere optimalt, og det gør vores hjerne også. Vores celler er konstant i fornyelse, så det er en naturlig del af at være menneske at forny sig hele livet igennem, og vi er selv i stor udstrækning selv med til bestemme, hvilket menneske vi ønsker udvikle os til at være. Jeg har talt om tidligere, hvordan vi selv kan påvirke, hvordan vores krop og vores hjerne fungerer og dermed skabe positiv fornyelse i vores liv.

Børn og unge mennesker har kapacitet til at lære rigtig meget, mens de er under uddannelse, men vi voksne skal ikke gå i stå, bare fordi vi er voksne og har fået et godt job og en tilværelse, hvor vi føler os godt

Her ses min Banana Bright Eye Crème, der globalt set har slået alle salgsrekorder i år, sammen med de nyeste Ole Henriksen-produkter: Glow Cycle Retin-ALT Power Serum og Goodnight Glow Retin-ALT Sleeping Crème. Vi markedsfører dem som en del af dansk hygge og holder Glow Camps over hele verden, hvor influencers fra de sociale medier deltager i wellness- aktiviteter som yoga, ridning i naturskønne omgivelser, madlavningsklasser og får Ole Henriksen-ansigtsbehandlinger.

tilpas. Det er så let at gå i stå, når man bliver ældre, men det skal man undgå. Man kan godt blive lidt doven og sige: 'Hvorfor skal jeg lære det? Hvorfor skal jeg udvikle mig?' For man vil hellere sidde og gøre det, man altid har gjort, for nu er man blevet helt god til det. Det føles meget bekvemt og måske også ganske trygt.

Man kan mærke det på folk, når de står i stampe. Hele deres personlighed udtrykker det. De har sikkert en tendens til at brokke sig og se glasset som halvtomt i stedet for halvfuldt. Mennesker, der går i stå, har en tendens til ikke at føle sig godt tilpas som de personer, de er. Så gælder det om at minde sig selv om alt det positive i sit liv og sin verden – og ikke mindst det faktum, at man er i stand til at ændre det ved sit liv, som man ikke synes om. Man skal begynde at ændre på sin holdning, søge nye udfordringer og springe ud på det dybe – selvom jeg bogstaveligt talt fik lært på den hårde måde, at man heller ikke skal være alt for stor en vovehals.

Livet er meget mere spændende, hvis man slipper ud af den bås, man er havnet i, fordi man enten selv har valgt den eller er fordi andre har placeret én i den. Det er så inspirerende at lære nye ting, udvikle sig og forny sig, både professionelt og personligt – og alt for nemt at sidde hver aften hjemme i sin lænestol og se de samme programmer på TV eller gætte sin kryds og tværs, som man altid har gjort det. I stedet for at gøre, som man har for vane at gøre, burde man hellere overveje at rejse sig og bevæge sig ud på nye eventyr. Tage ud til skovsøen og gå en tur. Gå i teatret for at se den sidste nye opførelse af "Hamlet". Spise en middag på den nye restaurant, der lige er åbnet i byen. Eller invitere de søde mennesker, man mødte i Brugsen, til en kop kaffe.

Man kan blive meget inspireret af at tale med nye mennesker, man møder på sin vej. Jeg elsker at snakke med folk overalt i verden og synes, at det er fornyende, fordi de ofte ser verden fra andre perspektiver. Tag dig tid til at lytte til andres livshistorier og erfaringer. Vær ikke bange for at starte en samtale med fremmede, for de kan måske lære dig mange ting og overraske dig med ny inspiration. Vær åben over for at lytte til så mange forskellige mennesker som muligt i stedet for at kun at søge bekræftelse hos folk, der tænker ligesom du selv.

Fornyelse åbner nye døre og nye muligheder for nye eventyr. Man ved aldrig, hvad der er lige rundt om hjørnet, før man bevæger sig rundt om hjørnet og tjekker det – og man skal have en åben holdning og prøve det. Det kan godt være, at man ikke kan lide de nye ting, man prøver. Men så ved man det og er blevet klogere. Det er også en slags fornyelse.

Jeg vil f.eks. gerne lære at tale italiensk, og det er noget, jeg ser meget frem til, for jeg elsker at lytte til sproget og at være i Italien. Det er nemmest at forny sig på områder, man brænder for og har lyst til. .

Men fornyelse handler også om at sige fra, når noget ikke er godt for én. Man skal f.eks. ikke blive i et dødsdømt forhold, der ikke gør dig til den bedste version af dig selv. Her består fornyelsen i at sige: 'Denne situation kan jeg forbedre – jeg må videre.' Så oplever man måske en slags genfødsel, som jeg gjorde, da jeg gik fra Harvey og fandt Laurence.

Man skal forny sig gennem hele livet. For hvert årti er der nye ting, der skal dyrkes. Man skal fortsætte med at sætte sig mål, der har med ens personlige udvikling at gøre. Det åndelige liv skal vedligeholdes, og man skal udvide sin horisont og sin spiritualitet. Vi mennesker har brug for at blive stimuleret mentalt.

Jeg har konstant fornyet mig igennem hele livet, og jeg gør det stadig den dag i dag, hvor jeg er 67 år gammel. Det har jeg på ingen måde tænkt mig at holde op med nu, hvor jeg bevæger mig ind i det afsluttende kapitel af mit liv. Mine sidste år på jorden skal være fokuseret på personlig udvikling, på at lære nye sprog og kulturer at kende og på masser af skønne oplevelser med mine medmennesker.

Oles gode råd

Alder er ingen undskyldning for
at gå i stå og holde op med at forny sig.
Man skal blive ved med at følge med
i verden omkring sig og søge ny
inspiration til sit eget liv.

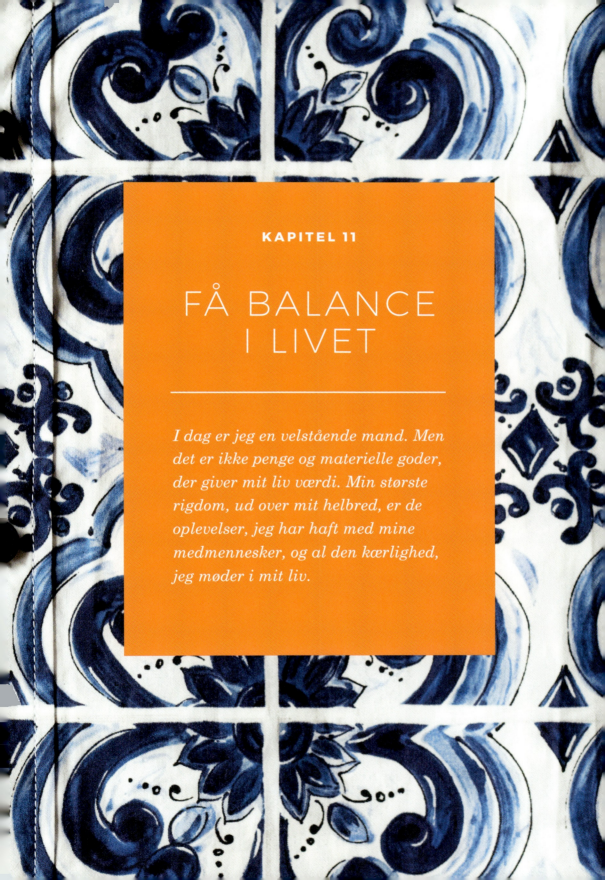

KAPITEL 11

FÅ BALANCE
I LIVET

I dag er jeg en velstående mand. Men det er ikke penge og materielle goder, der giver mit liv værdi. Min største rigdom, ud over mit helbred, er de oplevelser, jeg har haft med mine medmennesker, og al den kærlighed, jeg møder i mit liv.

En dag bliver du en meget rig mand, forudsagde en synsk kvinde, som jeg besøgte i midten af 1970'erne. Det britiske frisørikon Vidal Sassoons første kone, Beverly, havde som taknemmelig kunde givet mig et gavekort til denne sandsigerske, som hun var stor fan af. Så jeg cyklede entusiastisk til Hollywood Boulevard, hvor hendes lejlighed lå, og parkerede min cykel ved trappeopgangen. Jeg havde aldrig prøvet denne type spådomsseancer før og var ret så nysgerrig, da jeg bankede på døren og ventede på, at damen, der ville afgøre min skæbne, skulle åbne.

En moden dame med et stort rødt hår og en fyldig krop mødte mig i døren og bød mig varmt velkommen til sit hjem. Hun så meget glamourøs ud med tung makeup. Da jeg kom indenfor i hendes stue, satte hun sig på et rustfarvet ryatæppe, der gjorde det ud for hendes lille spirituelle domæne. Der var meget mørkt i lejligheden, hvilket stod i direkte kontrast til den solrige dag udenfor. Det var ligesom at komme ind i en mystisk hule. Indtil mine øjne vænnede sig til mørket, kunne jeg næsten kun skimte hendes silhuet.

Kvinden var meget intens, da hun fortalte mig, at jeg skulle sidde helt stille og slappe af, så hun kunne fornemme mig. Hun sad lidt og så ud, som om hun koncentrerede sig, og så begyndte hun endelig at tale. Hun fortalte mig mange ting, som jeg allerede vidste: at jeg elskede at arbejde med mennesker og nød at være kreativ. Hun sagde også, at jeg var meget talentfuld og dygtig til mit arbejde, og at jeg ville blive en stor succes og derfor skulle fortsætte med den karriere, jeg havde gang i.

På det tidspunkt var det ikke længere ren idyl mellem Harvey og mig, men hun overraskede mig alligevel, da hun erklærede, at jeg var sammen med en fidusmager, som ville blive farlig for mig at være i nærheden af, og at jeg skulle passe godt på mig selv. Senere viste det sig jo, at hun havde ret i sin spådom.

Da hun nåede frem til, at jeg en dag ville blive berømt, få en verdens-omspændende forretning og blive meget rig, tænkte jeg dog: 'Sikke noget sludder.' Jeg respekterede hende, fordi hun havde sagt flere ting, som passede, og som jeg godt kunne forestille mig ville ske, men lige præcis det punkt kunne jeg slet ikke forholde mig til. Jeg havde ikke engang råd til at købe en bil, og her sad hun og påstod, at jeg ville blive rig.

Hendes spådom gjorde mig ikke synderligt begejstret, for jeg havde aldrig drømt om at blive rig. Som dreng havde jeg læst Hollywood-korrespondenten Sven Ryes reportager i SE og HØR, når han besøgte stjernerne i deres luksuriøse hjem, og jeg var naturligvis imponeret over de store villaer, de boede i. Jeg husker blandt andet Jayne Mansfields hjerteformede pool og beundrede Sophie Lorens eksklusive villa uden for Rom, men jeg tænkte aldrig; 'Jeg *må* have sådan et hus.' For det var ikke det, der motiverede mig.

Det påvirkede mig heller ikke, at jeg var omgivet af berømtheder og stor rigdom i min hudplejeklinik. Jeg lyttede bare interesseret til mine klienters fortællinger om luksuriøse sommerferier på den franske riviera og om deres kæmpe huse i Bel Air og Brentwood, de dyre områder af Los Angeles. Men min funktion var at servicere dem – og jeg tænkte aldrig: 'Bare det var mig.'

Misforstå mig ikke. Penge er gode at have og en nødvendighed for det moderne menneske. Der findes ludfattige befolkninger i vores verden, for hvem penge handler om overlevelse, om liv og død, og lad os være tak-nemmelige for, at det ikke er tilfældet for os.

I den vestlige verden, måske især i USA, hvor der ikke findes et so-cialt sikkerhedsnet som i Danmark, kan penge godt skabe en form for tryghed, og tryghed er vigtigt for, at vi trives godt som mennesker. Alle fortjener en god løn og en tryg, god og komfortabel livsstil.

Men her i USA kan man også godt føle, at penge bliver dyrket som religion. Den amerikanske drøm handler i bund og grund om pen-ge. Man dyrker penge, som om de kunne løse alt i ens liv, hvis man bare havde mange nok. Men det er et helt forkert syn på tilværel-sen. Penge skal ikke være målet i sig selv. Finansiel rigdom er ikke meget værd, uden at alle ens menneskelige behov og indre værdier er tilgodeset.

Rigdom skal ikke måles i form af materielle goder, og hvor stor ens villa er, hvorvidt man har en Ferrari eller Rolls Royce eller går i Armani eller Louis Vuitton. Det er naturligvis skønt, hvis man en dag kan forkæle sig selv med den Louis Vuitton-taske, man har drømt om hele livet, men man kan sagtens være lykkelig uden den. Det er jo i bund og grund bare en taske, og det er næppe den, du tænker på, når du en dag som ældre menneske skal fortælle den yngre generation om, hvad der for alvor gav livet værdi.

Oles gode råd

Ægte rigdom handler ikke om penge. Den måler man i oplevelser sammen med andre mennesker – i alle de gyldne stunder, man har med sin elskede, sine venner og alle de andre, man holder af.

Man bliver heller ikke lykkelig af at være berømt eller af at have et cool image på Instagram eller Facebook, hvor man har en masse følgere – hvis man ikke får tilfredsstillet sine vigtigste behov som menneske. Der er kun tomme og overfladiske værdier forbundet med det.

Jeg har mødt mange ekstraordinært rige og berømte mennesker i mit spa på Sunset Boulevard, der set udefra havde det hele i form af succes og materielle goder, men var dybt ulykkelige mennesker, for de havde ikke fundet den indre lykke, og i stedet jagtede de tomme og overfladiske værdier. Mange af dem var højt profilerede forretningsmænd, der konstant var fokuseret på at skabe profit og ikke prioriterede at skabe et arbejdsmiljø med nærvær og glæde. Den form for kynisme påvirker i den grad ens hjerte og sjæl, og jeg fornemmede klart på disse mænd (og kvinder), at de manglede livsglæden og ikke var i stand til at nyde deres omgivelser og medmennesker.

Hvis man bare er bidt af business og af at se vækst, betaler man en høj pris, tror jeg. Selvom disse mennesker lever i en overdådig verden med paladser og privatfly og tilsyneladende har det hele, har jeg oprigtigt talt ondt af de dem, for de har de forkerte værdier i livet, og dem skal man ikke misunde dem. De har aldrig opdaget, at det, der virkeligt gør vores liv rigere, handler om noget helt andet:

For ægte rigdom måler man i oplevelser sammen med andre mennesker – i alle de gyldne stunder, man har med sin elskede, sine venner og alle de andre, man holder af. Det er disse minder, der gør livet rigt. Jeg siger altid, at det godt kan være, at jeg er en rig mand på papiret, men at det er samværet med mine medmennesker, der i sandhed giver mig følelsen af at være rig. Og selvfølgelig først og fremmest den lykke, at har jeg fundet dyb og oprigtig kærlighed til min partner gennem livet, Laurence, og kan nyde hver eneste dag af mit liv med ham ved min side.

Invester i de mennesker, du elsker

'Det er nemt for dig at sige, at penge ikke er alt, for du lever i et smørhul som en moden mand', er der måske nogle, der tænker. For selvom jeg den dag i 70'erne var skeptisk over for spåkonens profeti, viste den sig alligevel at holde stik. I dag er Laurence og jeg meget velstående, og jeg kan ærlig talt godt blive lidt imponeret over de beløb, der står på vores bankkonti.

Men vi har ikke altid haft så mange penge til rådighed. Både Laurence og jeg kommer fra arbejderklassefamilier, og vi har ikke glemt vores baggrund, så vi er konstant taknemmelige for vores økonomiske frihed, vores skønne hjem, de materielle goder, vi har, og den livsstil, vi kan føre.

Jeg er meget praktisk indstillet og holder godt styr på vores økonomi med nøje udregnede budgetter. Der er ikke meget, der går min næse forbi her, og der er intet fråseri. Laurence er derimod ikke så involveret i vores økonomi, for han har ikke sans for pengesager, og det er han den første til at indrømme.

Mange folk har spurgt os: "Hvorfor køber I ikke et større hus?" eller "Hvorfor køber I ikke flere huse?" Men det er vi slet ikke interesserede i, for vi vil have overblik over, hvad vi har og ikke har, og vi har ikke ønsket at leve mere storslået og gøre vores liv mere kompliceret.

Vi har allerede nok at se til med at vedligeholde vores hus, som med sine ca. 400 m² ikke er så lille endda. Det er især Laurence, der som indretningsarkitekt sørger for, at det hele er i tiptop-stand. Til gengæld er det mig, der har fuldt økonomisk overblik og sørger for, at vi ikke har en masse ting, som vi ikke har styr på. Vi har f.eks. også kun to biler og ikke en garage fuld af Rolls Royce eller Bentleys, selvom vi måske nok kunne finde penge til dem. Men hvad skulle vi med dem?

Der er folk med rigtig mange penge, som bare spekulerer i, hvordan deres formue kan vokse. Selvom jeg også investerer i aktier og synes, at det er sjovt at se pengene yngle, har det aldrig været mit hovedformål. Det har derimod været at få min virksomhed til at vokse sig sund og stærk og at værne om mine medarbejdere.

Folk, der bare tænker på profit, kan meget let gå hen og blive grådige. Man kan også meget hurtigt miste mange penge på meget kort tid, hvis man investerer forkert. Det har jeg set mange mennesker gøre, fordi de var for grådige og dermed tog alt for store risici.

Det er farligt at blive grisk, for stirrer man sig blind på penge, kan de tage kontrollen over ens liv og få én til bare at ville have flere og flere. Mange mennesker mister jordforbindelsen, når de kun fokuserer på det – og glemmer at nyde deres omgivelser, deres oplevelser og mange gange også deres familie og venner.

Hvis profit havde betydet alt for mig, ville jeg nok have tænkt mig om en ekstra gang, inden jeg for mange år siden købte Moe ud af mit firma. Men jeg var ligeglad. Jeg elskede mit liv og arbejde, og det var her, jeg havde mit fokus. Ikke på det faktum, at jeg i en periode ikke ville have

ret mange penge at gøre godt med. Da jeg opbyggede firmaet, havde jeg f.eks. ikke en pensionsordning, og jeg måtte vente længe på at kunne slappe af på det felt og sige til mig selv: 'Nu er det også på plads, Ole.'

Jeg har taget flere andre chancer rent finansielt, men har hver gang haft en god mavefornemmelse og troen på, at mine planer nok skulle lykkes. Det store vendepunkt kom, dengang jeg hoppede ud på dybt vand og tog mange forretningsmæssige chancer. F.eks. da jeg flyttede mit spa over på den anden side af Sunset Boulevard, fik mere plads og skabte et banebrydende koncept og et unikt spa, som man ikke havde set magen til i Los Angeles. Jeg investerede i nyt udstyr som microdermabrasion. Jeg begyndte ligeledes at sælge produkter på postordre og i diverse butikker verden over. De store investeringer viste sig at give pote – og det hele kulminerede, da jeg solgte til LVMH og pludselig fik mange flere penge mellem hænderne.

Hele vejen igennem har jeg levet efter mine livsværdier, også hvad penge angår. Penge er gode at have, men det vigtigste, man kan investere i, er de mennesker, man elsker. Jeg har altid vidst, at penge ikke er alt, og at de menneskelige forhold tæller mest i sidste ende.

Så husk vigtigheden af, at du på vejen mod succes udvikler dig som menneske og værner om de indre værdier. At du er et godt menneske, der gør godt mod andre. Hvis du kan være med til at løfte andre og fremme deres liv og karriere, vil det være en stor gave til dig selv også, for det kan også løfte dig på mange måder. Det føles nemlig skønt og opløftende, at man kan gøre en forskel. Selv en lille gerning kan gøre en stor forskel i et andet menneskes liv. Tænk altid over, hvad du kan gøre for andre. Det føles så godt.

Oles gode råd

At skabe balance i livet handler ikke bare om dig, men også om at gøre en forskel for de mennesker, du arbejder og lever sammen med.

Balance mellem arbejde og fritid

For mange år siden gik Laurence til psykolog og opdagede, at jeg havde en elsker: mit arbejde. Jeg syntes måske ikke, at sammenligningen med en elsker er helt fair, men det er sandt, at jeg elsker mit arbejde. Det har jeg altid gjort. Mit arbejde har samtidig været som en hobby for mig, og fordi mange af mine samarbejdspartnere også blev mine venner, har det indimellem været svært at skelne mellem mit privatliv og mit arbejdsliv. Jeg nød mit arbejde til fulde, og der var så meget fornøjelse og glæde forbundet med det hele.

Men selvom man elsker sit arbejde, er det vigtigt, at der er balance mellem ens professionelle og ens personlige liv. Man skal ikke bare knokle derudad for at opnå succes med sit arbejde, men også tage sig god tid til familielivet og sin nære vennekreds – og have succes på den private front. Og det er vigtigt at dyrke sit personlige liv med samme entusiasme, som man dyrker sit professionelle liv. Du skal ikke vente på, at andre tager initiativ for dig, men selv tage affære og række ud til din familie og dine nære venner og arrangere begivenheder, hvor I kan samles og dyrke hinanden.

Hvis man har harmoni, stabilitet og balance i hjemmet og lever et lykkeligt, aktivt og engageret privatliv med masser af kærlighed til og fra sine familiemedlemmer, venner og sin eventuelle partner, får man overskud til at give den hele armen på arbejdspladsen og et godt fundament for at opnå succes.

Det er vigtigt at have en fornemmelse af at høre til og være en del af et fællesskab – og det er skønt at være en del af et godt team både på arbejdet, i vennekredsen og familien. Jeg kan ikke gentage for tit, hvor betydningsfuldt det er at være social, og hvor godt det er for hjertet og sjælen.

Så det gælder virkelig om at dyrke vennerne, kærligheden og familielivet. Har man et ulykkeligt privatliv, eller hvis man af den ene eller anden grund nedprioriterer det i en periode, kan det være ret så svært at få dagligdagen til at køre optimalt.

Laurence og jeg havde f.eks. store brydninger, da mit firma voksede, og jeg begyndte at rejse meget og var meget væk hjemmefra, men vi kom heldigvis igennem dem. Han var god til at kommunikere med mig om, hvad problemerne for hans vedkommende var. Jeg forklarede, at jeg greb mulighederne på verdensscenen, fordi det var en naturlig forlængelse af mit arbejde og en nødvendighed, hvis mit brand skulle have global succes. Desuden kunne jeg ikke helt lade være med det, for jeg nød det hele til fulde.

Laurence vil nok altid mene, at jeg arbejder for meget, men har efterhånden accepteret den side af mig. Og siden jeg solgte min virksomhed til LVMH, har han og jeg har haft mere kvalitetstid sammen, og jeg er lykkelig for, at jeg ikke længere har det fulde ansvar for en virksomhed.

Laguna Beach – vores lokale paradis

Selvom det ind imellem har været svært, føler jeg, når alt kommer til alt, at jeg har haft ret god balance i livet, og det er ikke mindst Laurences fortjeneste. Tidligere kunne jeg godt finde på at sidde oppe til sent om aftenen med mit arbejde. Men det fik Laurence sat en stopper for. Han har lært mig, at intet er så vigtigt, at det ikke kan vente til i morgen.

Laurence skar også igennem på vores ferier. Vi elskede at tage til Capri og gør det stadig den dag i dag. De første mange år havde jeg hele tiden kontakt til firmaet, for som ejer havde jeg et stort ansvar, men han lærte mig gradvist at sige fra og ikke have telefonen med på stranden. Laurence havde jo ret, så jeg klarede den vigtigste kommunikation om morgenen og holdt fri resten af dagen, hvor jeg kunne hygge hundrede procent med ham.

Laurence har hele vejen igennem været god til at minde mig om, hvor vigtigt det er at skabe pusterum og afslappende pauser, hvor man tager sig tid til at nyde hinanden. Han er også god til at værne om vores fælles venner, til at tage initiativer i vores sociale liv og planlægge kortere ture og weekendophold i lokalområdet, hvor vi kerer os om os selv og dem, vi holder af.

Her kommer Laguna Beach ind i billedet. Jeg havde opdaget stedet, længe før jeg mødte Laurence i 1984. Det var min medarbejder David Orr, der en dag sagde til mig: "Ole, nu har jeg kørt ned til Laguna Beach hver eneste weekend. Jeg elsker stranden og har fundet en lejlighed. Nu vil jeg bo der." Byen ligger omkring 100 km syd for Los Angeles, og han agtede at køre frem og tilbage til arbejde hver dag i sit folkevognsrugbrød.

Da jeg gav udtryk for, at jeg aldrig havde været i det, han beskrev som sin paradisby ved Stillehavet, kiggede han måbende på mig:

"Du har aldrig været i Laguna? Der skal du altså tage til," fastslog han så bestemt, at jeg valgte at lytte efter. Det var dermed David, der fik mig til at tage min daværende partner Harveys søn Michael med til stranden, og jeg blev snart ligeså forelsket i den smukke kystby som David. Da jeg mødte Laurence, blev Laguna Beach vores fristed. Vi opdagede snart, at vi delte kærligheden til stedet, og det blev til en tradition at tage dertil på rekreationstur weekend efter weekend efter weekend. Hvert år tog vi første gang derned omkring Memorial Day, den amerikanske fridag sidst i maj, hvor man mindes de faldne soldater, og så kom vi igen og igen gennem hele sommersæsonen, f.eks. på USA's nationaldag 4. juli.

De første år havde vi et meget stramt budget, så mange gange overnattede vi ikke ved stranden, men kørte hjem samme aften. Indimellem tog vi til det nærliggende Irvine, hvor det var billigere at bo på hotel. Dengang havde Laurence flere penge mellem hænderne end jeg. Han arbejdede som frisør hos den eksklusive Tovar Hair Salon i Beverly Hills, og jeg skulle i de første år, vi dannede par, betale en form for partnerbidrag til Harvey – i virkeligheden en slags betaling for, at han lod mig være i fred. Men det stramme budget var ligegyldigt, for vi var bare ovenud lykkelige for at komme ned og nyde strandlivet, hinanden og det simple liv – og det gør vi stadig.

Når vi tog af sted hjemmefra, havde jeg altid den samme eventyrfornemmelse, som da jeg som barn skulle på udflugt med vores naboer i Enggaarden. De havde bil i modsætning til os, og det føltes altid, som om vi vandt i lotteriet, når vi blev inviteret med på sådan en tur.

Ferier er guld værd som opladning til en travl hver-dag, og jeg elsker at rejse. Her er jeg på tre af mine yndlingssteder: Skagen, Villa d'Este ved Comosøen og på Capri i Italien sammen med Laurence.

Der var fest og glade dage fra det øjeblik, Laurence og jeg satte os ind i bilen. Vi hørte høj musik for åbne vinduer, mens vi skrålede løs og nød den friske brise fra havet, når vi drejede ud på kystvejen Highway 1.

I de første år jeg kom til Laguna Beach, stod der en mand, Eiler Larsen – som jeg først mange år senere fandt ud af var dansk – og bød alle velkommen til byen. Med sin solbrune hud, sit store, filtrede hår og lange skæg lignede han en gammel hippie. Han stod stormilende og vinkede til enhver og var en slags vartegn for byen i hele 33 år. Eiler blev født i Århus i 1890 og døde i Laguna Beach som 84-årig i 1975, og resten af hans livshistorie kender jeg ikke. Men der står en statue ved Greeter's Corner Restaurant til ære for hans minde og hans gestus: '*A mission of friendliness*', som jeg synes er ret så sød.

Laguna Beach bød på hundrede procent afslapning for os. Så snart vi så vandet og mærkede den friske havluft i lungerne, var det, som om det sagde klik inden i mig: 'Nu kan jeg slappe af.'

Alt er afslappet ved Laguna. Byen er relativt lille og minder mig om en europæisk badeby. Det er en hyggelig by, og der er noget dansk over den pga. den *laid back* holdning, befolkningen har. Man går i sandaler, shorts og T-shirts, og der er ikke noget som helst formelt ved det.

Jeg bliver altid næsten euforisk, når jeg ser den smukke hvide strandbred, de høje palmetræer og de store, indbydende bølger, der kommer stormende ind mod kysten. Der er altid megahøje bølger her.

Strandlivet er så skønt. Vi ligger på tæpper på stranden med vores medbragte parasol, der skygger for den skarpe sol, når vi har fået for meget af den. Vi har madpakker med, som altid smager bedre med udsigt over det fantastiske hav. Vi spiller strandtennis, volleyball og basketball og er meget fysisk aktive på stranden. Vi går lange ture og nyder den skønne havluft, lyden af bølgerne og fuglelivet. Vi ruller os i sandet og graver hinanden ned i sandet, hvilket jeg altid har elsket på en varm sommerdag

Jeg har også altid elsket at sidde og kigge ud over havet og tænke på, hvor heldig jeg er, at jeg kan være sådan et smukt sted. Tit sidder jeg og småmediterer eller slapper fuldstændig af og betragter havet uden at tænke. Havet kan have en nærmest hypnotisk effekt, hvor alt andet end lydene fra havets brusen lukkes ude. Det skaber en dejlig indre ro. Jeg nyder at sidde i strandkanten, hvor vandet lige sniger sig ind under én. Her går den travle hverdag fuldkommen i glemmebogen.   På stranden bliver legebarnet sluppet løs, og det føles bare så befriende.

Vi springer også rundt i de høje bølger. Jo højere bølgerne er, jo bedre er det. Jeg venter altid på, at den største bølge kommer rullende, og så render jeg ud og springer direkte ind i den. Jeg har haft flere uheld gennem årene, hvor den kraftige strøm har trukket mig ned under vandet og kastet mig rundt, så jeg ramte havbunden og fik skrammer overalt. Det var ikke altid lige smart, at jeg kom på arbejde med store hudafskrabninger i hele ansigtet. Det skete også sidste år under vores 4. juli-weekend, hvor jeg blev revet med ned under en bølge.

Da jeg kom op, sagde Laurence: "Ole, du bløder", og jeg tænkte med det samme: 'Pokkers da også.' Det tog mig seks uger at hele, og jeg måtte forklare alle og enhver, hvorfor min ellers så velplejede hud så sådan ud. Ikke så heldigt.

Lige syd for Laguna ligger bøssestranden West Street Beach. Tidligere nød Laurence og jeg samværet med andre homoseksuelle mænd på stranden. Jeg husker meget tydeligt de mange vilde fester på USA's nationaldag den 4. juli, f.eks. dengang den flotte Hollywoodskuespiller Rock Hudson stod ved indgangen til bøssestranden. Jeg kendte ham fra et par fester i Hollywoodproduceren Jon Epsteins hus, og han var den sødeste mand. Dengang var det kommet frem, at han havde AIDS, så han tænkte nok: 'Jeg er ligeglad med, at verden ved besked.' Han døde kort tid efter i 1985.

Om aftenen festede og dansede vi i bøssebaren Boom Boom Room til de sene nattetimer. Da vi var unge og nyforelskede, havde vi masser af energi til at danse natten lang. Men i dag er det ikke længere så interessant at gå på bøssebar: '*I couldn't give a hoot – been there, done that.*'

Hele familien har været med i Laguna Beach: Mor og far, Per, Hans Henrik og deres familier og selvfølgelig min dejlige veninde Helene. Vi har masser af gode minder fra de mange timer, vi har tilbragt her, og jeg bliver ofte mindet om dem, når jeg er der.

Tit tænker jeg også på David Orr, som var med i så stor en del af mit liv. Han var så godt et menneske og gav så meget af sig selv til sine medmennesker, og hans liv endte alt for tidligt. Han blev smittet med AIDS i 1980'erne og var bange for, at jeg ville fyre ham. Det kunne jeg aldrig finde på at gøre, og jeg ville have støttet ham til det sidste. Men David døde i en bilulykke i Laguna Beach, og det var måske lykkeligt sluppet, når jeg tænker på, hvordan så mange mennesker på den tid led under denne forfærdelige sygdom. Jeg var med til bisættelsen, hvor hans aske blev spredt ud over havet. Det øjeblik vil jeg aldrig glemme.

Jeg er evigt taknemmelig over for David, at han hjalp mig med at opdage Laguna Beach. Efter en dag på stranden elsker jeg at have sand i håret og overalt på kroppen, og jeg elsker fornemmelsen i alle lemmer, når man slæber sine strandting op ad trappen til Highway 1. Man føler sig så fornyet og så godt tilpas. Tak, David.

Oles gode råd

Find en god balance mellem dit privatliv og dit professionelle liv, og giv det lige så høj prioritet at planlægge din fritid for at få det bedste ud af den.

Rig på rejseoplevelser

Som lille dreng i Nibe drømte jeg altid om den store verden, men havde ikke det privilegium at komme på udenlandsrejser i mine ferier, for det var der ikke penge til hjemme hos familien Henriksen. Så da Harvey inviterede mig en tur til Paris, var jeg ved at sprænges indeni af glæde. Jeg havde læst om Paris og drømt om Paris, så det var en helt fantastisk følelse pludselig at befinde sig i byen.

Harvey var der allerede, og jeg blev kørt ind til byen i en taxi og indlogeret på Hotel Hilton tæt på Eiffeltårnet og var vildt imponeret. Jeg følte mig som et lille barn, der var kommet ind i en kæmpe legetøjsforretning og bare måtte have fat i alle ting og prøve det hele. Jeg besøgte kunstmuseet Louvre, hvor jeg var begejstret over den ægyptiske samling og over, hvor stort museet var. Det var umuligt at få overblik over det og al den kunst, der var samlet her.

I flere timer i træk spankulerede jeg rundt i de smukke boulevarder, og pludselig stod jeg midt på Avenue Montaigne, hvor alle de elegante modeforretninger lå: Chanel, Christian Dior, Louis Vuitton osv. Dem vidste jeg alt om, for jeg havde med stor interesse læst, hvad den inspirerende og knalddygtige danske modejournalist Didder Rønlund havde skrevet om mode fra den franske hovedstad. Nu kunne jeg med mine egne øjne se stedet, hvor nye trends blev skabt.

Dengang var Harvey en meget positiv og glad mand. Vi var nyforelskede og lykkelige, og jeg oplevede Paris fra en lyserød sky. Harvey nød tydeligvis at opleve Paris gennem mine øjne, som blev større og større for hvert øjeblik.

Vi travede rundt i de brede, flotte boulevarder og nød den smukke arkitektur, og jeg sugede alt til mig. Vi spiste lækre, romantiske middage på de hyggeligste restauranter. Dengang spiste jeg lidt mere alsidigt og nød blandt andet at blive introduceret for *escargots* – snegle – med hvidløgssmør. Cafelivet og det spændende gademiljø var noget, jeg aldrig have oplevet før. Tænk at kunne sidde med et glas vin på en udendørscafe og kigge på alle de spændende mennesker, der i mine øjne var så flotte og elegante. Harvey havde kun blik for mig og syntes, at det var skønt at se min reaktion på det hele.

Siden vi nu var i Paris, besluttede jeg mig for at gå til frisøren og få mit *look* piftet lidt op, mens Harvey gik til møder om dagen. Jeg havde læst om de berømte Carita søstre – Rosy og Mary – der var frisører og satte hår på modeller til mange af de store modeshows. Allerede dengang havde jeg helt styr på alle disse navne. Jeg bestilte tid og forklarede på gebrokkent engelsk min beslutning om, at mit fyldige og ret så lyse hår skulle permanentes med bløde krøller. Der var masser af liv omkring mig i salonen, mens jeg sad og slubrede kaffe i mig.

Da jeg var færdig, tænkte jeg bare: '*Wow*, sikke en masse flotte, lyse krøller.' Det var bløde krøller, der bare lige løftede mit hår og gav det fylde. Men så gik jeg udenfor og blev fanget i øspøsende regnvejr – uden paraply. Mit hår blev plaskvådt, men jeg tænkte bare: 'Det tørrer vel.' Det gjorde det også. Men de bløde krøller forvandlede sig til et kæmpe krusehår, og da jeg endelig vendte tilbage til hotellet for at mødes med Harvey, lignede jeg noget, der var løgn.

Jeg vil aldrig glemme det. Da jeg kom hjem fra den rejse og landede i Nibe, udbrød min mor med gru i stemmen: "Jamen, hvad er der i vejen? Hvad skete der? Dit hår, Ole. Det ser da forfærdeligt ud. Det er ét stort krus. Jeg har aldrig set noget lignende." Men jeg ville ikke klippe mit krus, for jeg havde endelig fået langt hår, og der ville gå lang tid, før det ville vokse ud igen. Og jeg kunne godt lide den måde, det svingede på. Som en typisk bøsse.

Jeg erindrer meget klart to meget store oplevelser fra min første rejse til Paris. Harvey og jeg så musicalen Hair, som var blevet slået stort op på verdensscenen via Broadway. Jeg har stadig gemt programmet i garagen. Musikken var fantastisk, showet var imponerende – og jeg passede fint ind med min nye frisure og kunne have været statist.

Jeg var også til et ZiZi Jeanmaire show på Casino de Paris. Hun var gift med koreografen Roland Petit og nære venner med designeren Yves Saint Laurent. Der var stil over denne dame med det sorte, korte hår. Hun havde lange ben med netstrømper og høje stilletter og dansede fantastisk. Og så var der de mandlige dansere. Man sad bare med tungen ud ad halsen og beundrede dem. De sang en masse franske sange, som jeg ikke forstod et ord af. Jeg kunne kun sige *au revoir* og *merci*. Mit franske ordforråd er stadig ikke noget at prale med, selvom jeg nu har været i Paris mange gange siden.

Krøllerne varede ikke evigt, men det gør minderne om både pariserturen og de andre rejser, jeg har været på. Når jeg er kommet hjem fra en rejse, sidder jeg ofte i mine stille stunder og genoplever turens glæder og højdepunkter og al den ro og balance, jeg oplevede undervejs.

Italiensk luksuspalads med Laurence

Laurence og jeg elsker også at rejse sammen, og Italien er blevet vores yndlingsrejsemål. Jeg mindes med begejstring, da vi første gang havde booket os ind på luksushotellet Villa d'Este ved Comosøen i Lombardiet i det nordlige Italien. Vi havde fået det anbefalet af mine klienter, for på den tid var det lidt af en dille i Beverly Hills at tage til Villa d'Este og underholde om, hvor fantastisk der var. Så jeg var blevet lidt for nysgerrig til ikke at undersøge, hvad der vakte så meget begejstring hos selv de mest forvænte mennesker, jeg kendte.

På det tidspunkt havde vi egentlig ikke råd til at bo der, men vi hørte fra flere forskellige bekendte, hvordan man kunne opnå discountpriser, hvis man var rejseagent og arbejdede for et rejsebureau. Så Laurence blev 'rejseagent', og vi bookede et ophold og gjorde os klar til at omgås de glamourøse og stenrige mennesker i paladsagtige omgivelser.

Da vi kom op igennem den flotte park ad vejen mod det storslåede slot, der tidligere var en privat bolig og tilhørte en kardinal, var vi lige ved at miste mælet. Der var helt stille i bilen, så imponerede og lettere intimiderede var vi.

Vi kom ind i den store, fornemme og elegant indrettede foyer, og nu begyndte vi pludselig at få lidt kolde fødder: Laurence skulle jo opføre sig som en rejseagent, og vi stod begge og rystede lidt i bukserne, mens jeg bekymret tænkte: 'Består han? Finder de ud af hans skuespil?' Vi var så utrolig nervøse, og nu ville det vise sig, om vores lille plan lykkes. Heldigvis var der ingen, der spurgte om noget som helst, da vi tjekkede ind, og vi fik en fornem suite med kæmpestore vinduer

med den flotteste udsigt ud over søen. Vi havde det så fantastisk og
følte os som kongelige, ja, som om vi var flyttet ind på guldkongens
Versailles.

Det meste af den ferie tilbragte vi på hotellet. Vi spiste morgenmad og
blev opvartet af venlige og opmærksomme tjenere, lige fra vi vågnede.
Om dagen lå vi ved poolen og syntes, at det var helt utroligt, at den lå
og vuggede på søen. Man kunne mærke, at den vippede lidt. Jeg stod
på vandski og syntes, det var ret så skægt, og selvom jeg aldrig havde
prøvet det før, kunne jeg det med det samme, som om jeg havde gjort
det hele livet, sikkert fordi jeg var i så god form. Det var helt utroligt at
være ved søen, for den var næsten som et helt hav med alle de hyggelige
byer og smukke villaer langs bredden. Instruktøren Luchino Visconti og
designeren Gianni Versace, der begge var bøsser, havde villaer her og
efter sigende med masser af mandlige besøgende. Det syntes vi var en
fascinerende tanke.

Om aftenen var vi nede og få drinks, og her var vi omgivet af rige
mennesker. Mange af dem kom flyvende til hotellet med helikopter.
Blandt andet Bill Gates, en af verdens rigeste mænd, og hans nye kone,
der så ret så glamourøs ud. Vi kunne ikke lade være med at stirre på
ham, for han sad konstant og gravede med fingeren i næsen. Han havde
så travlt med det, at vi kiggede måbende på hinanden: 'Gud, han sidder
der og piller næse foran alle de mennesker. Men han er jo Bill Gates, så
han kan gøre, hvad han har lyst til.' Han virkede som en sød og tilgæn-
gelig mand, men det med næsen havde vi svært ved at komme os over.
Sådan fik vi tiden til at gå med at sidde og lægge mærke til alt og alle
omkring os.

Vi vendte tilbage et par år senere, men da var der ikke mulighed for
at være rejseagenter, så det blev en lidt dyr affære. Så næste gang vi
boede ved Comosøen, valgte vi et normalt hotel, der ikke var blevet ved-
ligeholdt synderligt godt. Det var derfor lidt interessant at kigge over på
det storslåede slot og sige: "Nå, der har vi også boet." Men vi havde en
lige så dejlig ferie i de mere beskedne omgivelser.

Familiehygge i Skagen

Laurence og jeg har også været dygtige til at få gode oplevelser og tid sammen med familien, for som man siger: '*Blood is thicker than water.*' De dejligste minder, jeg har med min familie, er fra vores ferier i Skagen. Et år havde vi lejet skuespilleren Holger Juul Hansens sommerhus uden at vide, at det var hans. Det var et toetagers hus, der lå så smukt og havde en dejlig stor og typisk dansk forhave med græsplane og blomster lige ved siden af maleren Anna Anchers hus, der er lavet om til museum. Det hele var bare perfekt, og der var nok soveværelser til begge mine brødre og deres familier, mor og far og Laurence og mig.

Det var skønt at være der sammen med familien, og vi gik lange ture ved stranden og i den lille hyggelige by. Vi hyggede os og fokuserede bare på at være sammen. Handlede ind, lavede mad, dækkede bord og vaskede op sammen. Under alle måltiderne sad vi ved det store, lange spisebord og tog os tid til at tale om alt og blive inddraget i hinandens verden.

Balance og energi i hverdagen

Selvom hele verden er blevet min legeplads blandt andet gennem mit arbejde, og jeg er utrolig taknemmelig for det, skal man huske på, at rige oplevelser i livet ikke bare handler om at tage på rejser og ferier. De oplevelser med andre mennesker, der giver mig følelsen af at være en rig mand, kan lige så godt opstå på helt almindelige hverdage.

Undervurder i det hele taget ikke din hverdag, hvis du vil have balance i livet. Jeg har tidligere talt en del om, hvor vigtigt det er at planlægge sine dage godt, så man har alenetid, tid til at motionere, leve sundt, sove godt, lade batterierne op og forny sig. Man kan ikke bare køre derudad, hvis man ikke også bruger tid på at få ny energi.

Energi får man også ved tage sig tid til de små ting i livet – til at småsnakke om vind og vejr, til at hygge ved pejsen med en kop te og en god og inspirerende bog, som kan udvide ens horisont, til at nusle med ting, som man godt kan lide – som at vande sine planter, lægge et puslespil, hænge familiefotos på væggen eller strikke en sweater. Der skal være tid til at lege og spille spil – til at finde det bekymringsløse legebarn frem, finde den simple glæde ved livet.

Det er sundt at have gode hobbier, som man nyder og slapper af med, og som skaber en følelse af velvære. Og det er vigtigt at have masser af skønne oplevelser i dagligdagen også.

Oles gode råd

Undervurder ikke betydning af en harmonisk hverdag. Det er den, der bygger dig op med energi til resten af livet.

Danmark kalder

Snart får Laurence og jeg mulighed for at opleve en hverdag på dansk grund også. Det var Laurence, der i november 2017 foreslog, at vi skulle købe en lejlighed i København. Koncerten "I Love It - in Concert" var lige overstået, og nu sad vi i den hyggelige bar på mit dejlige stamhotel d'Angleterre ved Kongens Nytorv og tog os god tid til at tale om, hvor fantastisk det hele havde været. Vi havde stadig svært ved at få armene ned over den oplevelse, vi havde haft i Musikkens Hus i Aalborg, så imponerende og følelsesladet havde det været.

Laurence er en vigtig figur i musicalen. Hans karakter blev sunget af den talentfulde Christian Lund, og det havde gjort stort indtryk. De unge musikere Claus Reenberg, Rasmus Lundgren og Mathias Madsen Munch havde sat sig for at fortælle min livshistorie gennem deres musik, og den dygtige sanger Brian Rice lagde stemme til mine sange, hvilket jeg nød gevaldigt. Det var en meget stor musikoplevelse, og i særdeleshed en meget personlig oplevelse for os, og vi var begge dybt rørte over at se vores liv udfolde sig i en musical i så flot en iscenesættelse.

Laurence var måske blevet lidt sentimental – og måske også påvirket af de dejlige glas Chardonnay, som de søde tjenere i d'Angleterres bar havde serveret for ham, for han udbrød pludselig, mens vi sad der og hyggede os og mindedes de smukke begivenheder i Aalborg: "Gud, Ole. Her er bare så skønt. Jeg har altid elsket Danmark. Hvorfor køber vi ikke en lejlighed her?"

Jeg var lige ved at falde bagover af overraskelse og glæde. Jeg sad med min double vodka af mærket Belvedere, som jeg altid drak, fordi det er ejet af LVMH, og jeg var helt oppe at ringe af begejstring: "Mener du virkelig det, Laurence?" udbrød jeg nok lidt for højt, for de andre bargæster begyndte at kigge lidt nysgerrigt over på mig. Jeg kunne slet ikke tro mine egne ører.

Laurence begyndte at forklare, at han følte sig så godt tilpas under alle vores ophold i Danmark. Han nyder danskernes afslappede holdning. Han nyder, at folk tager sig god tid til hinanden, elsker den måde, danskerne er i stand til at hygge sig på, og det nærvær, vi har med hinanden. Der sættes tid af til det, for folk er meget mere fokuserede på fritid og socialt samvær i Danmark, mens amerikanere har meget få ferier og meget lange arbejdsdage og ikke tid nok til hinanden. Han påpegede også, at han elsker alt ved Danmark – og at han synes vældig godt om vores livsværdier.

En måneds tid senere havde vi igen set "I Love It – in Concert", denne gang i Illum, og nu begyndte jagten efter en lejlighed. Vi så dog ikke ret mange lejligheder, inden vi blev introduceret for en stor og rummelig lejlighed på Skt. Annæ Plads, hvor der var masser af atmosfære med en statue af Kong Christian den 10. til hest og den svenske ambassade lige ved siden af.

Vi kiggede på bygningen udefra og de smukke omgivelser og tænkte bare: 'Wow! Hvor er her skønt.' Vores ejendomsmægler forklarede os, at lejligheden lige nu var indrettet som kontor og at vi skulle være kreative med vores indre billeder af, hvordan der kunne komme til at se ud.

At lægge liv til en hel musical er en stor ære. Også Laurence er me-
get rørt over det, og måske er det en af grundene til, at han turde
følge min drøm om en lejlighed i København. Nu har vi vores egen
hjemmebase, når vi er i Danmark. Det føles godt – som en ring, der
er sluttet.

Vi kom ind ad hovedindgangen, som ligger på første etage, og efterhånden som hvert enkelt lokale blev åbnet op for os, mærkede jeg begejstringen boble indeni. Alle de fantastiske, store og lyse rum med masser af muligheder. Men jeg ventede med at sige noget, for jeg ville først høre Laurences reaktion. Han begyndte meget hurtigt at komme med den ene ide efter den anden til, hvordan man kunne bygge om og indrette hvert eneste rum, vi trådte ind i, og så vidste jeg, at han var solgt. Det var jeg også, og snart var papirerne skrevet under, og vi var ejere af en lejlighed i København.

Det gør mig helt varm om hjertet, når jeg taler om det. For det er, som om mit liv nu er gået '*full circle*'. Jeg er så taknemmelig for at have haft et spændende liv, hvor jeg har udfoldet mig på verdensscenen, men jeg er dansk og elsker Danmark. Det er sådan et dejligt nært samfund, hvor man værner om hinanden og har masser af traditioner. Der sker så meget i bylivet i København, og byen og arkitekturen er skabt som samlingspunkter, der inviterer til samvær. Jeg elsker den måde, hvorpå folk samles og smider tøjet, bare der er en lille smule sol. Så sidder man i Nyhavn og er næsten helt nøgne. Det er danskerne ligeglade med, for de skal bare have sol. De har ingen hæmninger, og det kan jeg godt lide.

Var jeg blevet herhjemme, ville jeg ikke have fået mulighed for at opfylde mine drømme, som jeg fik det i USA. Der er ikke så højt til loftet i Danmark, og janteloven holdes godt og grundigt i live af danskerne, selvom de samtidig klager over den. Men når man kommer udefra, kan man se på Danmark med friske øjne – og det synes jeg er skønt.

Jeg ved ikke, om vi ender vores dage i Danmark. Det skal Laurence have lov til at bestemme. Vi startede vores liv sammen i USA, og det er her, vi har skabt en fælles base. Men jeg ved, at vi kommer til at tilbringe meget tid i Danmark – så meget som vi nu engang må ifølge de mange regler, man har skabt for udlandsdanskere, der gerne vil tilbringe tid derhjemme.

Når man først har taget en beslutning om at leve med balance i livet og fokus på dem, man elsker i livet – og samtidig er åben og modtagelig for nye oplevelser og for nye mennesker – gør man sit liv rigt. Jeg bliver helt rørt, når jeg tænker over det.

Glæde skaber energi,
balance og en harmoni.
Lad dit hjerte lede dig til svar.

Slip bekymringerne fri.
Lad solen danse indeni.
Vær taknemlig for alt det, du har.

Elsk dig selv og elsk dit liv,
elsk at være positiv.
At elske er det vigtigste, vi har.

Fra Lagitas sang i musicalen "I love it".
Musik og tekst: Claus Reenberg, Mathias Madsen Munch og Rasmus Lundgreen

Efterskrift:
Kom i gang

N år jeg sidder her som en 67-årig mand og fortæller dig om mit liv, kan jeg godt se, at det ikke altid har været en dans på roser. Jeg har haft mange op- og nedture og været meget psykisk præget af især nedturene, så det har ikke altid været lige nemt at smile.

Da jeg stod ved Limfjorden som lille dreng og tænkte, at jeg ikke ville livet mere, var det ensomheden og følelsen af at være udenfor, der skubbede mig helt derud.

Også senere i tilværelsen har jeg følt mig ensom, grædt mig i søvn mange gange og været meget fortvivlet. Det var sandsynligvis ensomhedsfølelsen fra jeg var helt ung, der vendte tilbage til mig.

Men oplevelsen af at være ensom og føle sig anderledes har også gjort mig godt. Jeg har gennem hele livet været meget selvstændig, og jeg tror blandt andet, at det er et resultat af, at jeg var så meget alene som barn og ungt menneske – på godt og ondt.

Ensomhedsfølelsen har også lært mig at sætte stor pris på mine medmennesker, vise empati og medfølelse og nyde at være en del af et fællesskab. I hele mit liv har jeg fokuseret på, at andre skulle have det godt – og på at have hjertet med i alt, hvad jeg foretager mig.

Livet kan ikke altid være rosenrødt, og vi vil alle sammen komme ud for situationer i livet, som truer med slå os ud, som det især skete for mig som helt ungt menneske, da jeg var ensom, og dengang jeg følte mig fastlåst i forholdet med Harvey, der opførte sig mere og mere truende.

Heldigvis har jeg ikke gået rundt og været så ensom og overvældet af

tunge tanker, som da jeg stod ved Limfjorden som 14-årig, eller da mit forhold til Harvey var allerværst. Den største del af mig – både dengang og nu – er den livsglade Ole, som griner meget og har en kæmpe drivkraft og livsglæde.

Men at livet er op- og nedture, kommer vi ikke uden om. Før eller siden vil man helt sikkert føle sig som en fiasko – i større eller mindre grad. Så gælder det om at huske på, at det gælder os alle, og at man får en unik chance for at tage ved lære af sin fiasko og udvikle sig som menneske.

Se modgang som en mulighed for, at du kan åbne nye døre til spændende udfordringer, som du kan give dig i kast med. Ens personlige udvikling er lige så vigtig – om ikke vigtigere – end den udvikling, man gennemgår karrieremæssigt.

Jeg føler mig på mange måder som den grimme ælling, der blev forvandlet. I dag er jeg en flot svane, men jeg har på ingen måde glemt, hvad det vil sige at være en grim ælling. Den følelse vil jeg bære med mig resten af mit liv.

Men når jeg nu ser på alle højdepunkterne i mit liv, kan jeg blive helt overvældet. I de sorteste stunder i mine unge år havde jeg aldrig drømt om, at jeg kunne forme et liv SÅ fantastisk. Jeg er et levende eksempel på, hvordan man kan overkomme livets strabadser med stor drivkraft, kærlighed og en positiv holdning og opnå succes i livet. Jeg synes på mange måder, at jeg har formet mit liv som et stort eventyr.

Det kan du også opnå, hvis du tager ansvar for dig selv, og her betyder din holdning til tilværelsen alverden. Det er så vigtigt at være positiv, og det er et valg, man kan træffe.

Jeg kan ikke gentage tilstrækkelig mange gange, at succes ikke handler om penge og berømthed. Succes handler om, at du føler dig godt tilpas i alle hjørner af dit liv. Succes er en holdning. Hvis du føler, at du har succes, så har du succes. Jo mere succes du føler, at du har i livet, jo mere motiveret vil du være til at opnå endnu mere succes, så det gælder bare om at komme i gang.

Og på hele rejsen på vej mod succes skal du skal spørge dig selv: 'Føles det godt? Har jeg hjertet med?' Og hvis svaret er ja, er du helt sikkert på rette vej.

Tak

TAK. Jeg elsker at sige tak og gør det flere gange hver dag, uanset hvor jeg befinder mig i verden. Tænk, at så enkelt et ord udtrykker så meget. Når man siger tak, føles det bare godt, fordi det kommer lige fra hjertet. Især når man udtrykker taknemmelighed over for andre mennesker, der har gjort noget ganske specielt for én. Det er tilfældet med mine fantastiske samarbejdspartnere på Politikens Forlag. De fortjener tak og anerkendelse af mig.

Tak til dejlige Pernille Wass, fordi du åbnede døren for mig til Politikens Forlag, og forlagschef Kim Hundevadt for den varme modtagelse, du gav mig. Camilla Wahlgreen, tusind tak for din positive energi som PR-spydspids for "Det skal føles godt" i samarbejde med dine talentfulde kollegaer Pernille Weill og Pernille Hjort. Endelig takker jeg den søde og kreative Sarah Sanctuary Williams for bogens elegante og farverige design.

En stor og meget speciel tak til Karen Lyager, der som redaktør har samlet alle de løse tråde og redigeret "Det skal føles godt". Karens talent kender ingen grænser. Hun har øjne og ører med på alt, og der var fokus på hver eneste lille detalje under vores dejlige samarbejde. Der var aldrig et dårligt tidspunkt at ringe til Karen fra Los Angeles. Selv tidligt om morgenen svarede hun altid med en positiv stemme, klar til at lytte og vejlede. Karen, du har hjertet med i alt, hvad du gør, og det har været en stor ære at have dig som redaktør, ligesom jeg er dybt taknemmelig for vores mangeårige venskab.

Sidst, men ikke mindst, må jeg udtrykke mine dybtfølte og hjerteligste tak til Tina Jøhnk Christensen, min medforfatter. Da Tina og jeg mødtes, var vi lige ved at misse hinanden – det var onsdag den 7. juni 2017, da vi havde aftalt at drikke kaffe sammen på Le Pain Quotidien, som er min favoritcafe. Vi sad nemlig og ventede på hinanden i hver sin filial af cafeen, Tina i West Hollywood, og jeg i Beverly Hills. Hun troede sikkert, at jeg led af stjernenykker, da jeg ikke ankom kl. 9.00 som aftalt. Men det fik vi hurtigt styr på over vores mobiler. Jeg husker det, som om Tina insisterede på at ræse til Beverly Hills efter misforståelsen, men Tina har overbevist mig om, at det var omvendt. Det griner vi lidt ad i dag.

Tina havde kontaktet mig, fordi hun havde en genial ide om et samarbejde, der var publicityrelateret til hendes job om som eksklusivt medlem af The Hollywood Foreign Press Association. Det er den forening, der blandt andet står bag det legendariske årlige Golden Globe Award Show, som Tina dermed også stemmer til. Tinas personlige udstråling imponerede mig med det samme, og jeg fandt hurtigt ud af, at den dejlige blonde kvinde havde en vidunderlig sans for humor. Vi opdagede, også, hvor mange interesser og livsværdier vi havde tilfælles, og det føltes godt. Jeg var især ivrig efter at høre om Tinas succesrige karriere som journalist i Hollywood med fokus på filmindustrien. Sandheden er, at de store stjerner er på fornavn med Tina, og de elsker og respekterer hende for de spændende og meget personlige artikler, hun skriver om dem, til de store medier i Danmark og Sverige.

Som Tina sad over for mig på Le Pain Quotidien og talte med entusiasme og glød i øjnene om sin karriere som journalist, blev jeg endnu mere bidt af hende. Jeg tænkte: 'Wow, jeg har fundet min medforfatter til "Det skal føles godt".' Tina hoppede med på projektet, inden vi kunne tælle til fem, og vi har jublet af glæde lige siden.

Da vi et års tid senere havde skrevet konklusionen til vores bog, skulle det fejres, og vi sad tilfældigvis ved samme bor på Le Pain Quotidien, som første gang vi mødtes, og talte om, hvor fantastisk vores samarbejde havde været. Det var, som om vi var gået 'full circle' i dette øjeblik. Uden flere misforståelser vel at mærke.

Min beundring for Tina er kun blevet større under vores spændende samarbejde. Hun stiller meget høje krav til sig selv, og hendes kreativitet som skribent er imponerende. Fra begyndelsen forstod Tina, hvor vigtig det var at have struktur omkring hver lille detalje, inden vi gik i gang med et nyt kapitel. Det krævede selvfølgelig hårdt og fokuseret arbejde, hvor vi skrev masser af noter. Men når vi først kom i gang med kapitlet, skred det lettere frem, og det gjorde processen til en nydelse for os. I takt med at vi lærte hinanden at kende, voksede vores venskab, og vi hyggede os gevaldigt, hver evig eneste gang vi sad og arbejdede sammen ved spisebordet i mit køkken.

Tina, af hjertet tak. Du gav både dit hjerte og din sjæl til bogen, og jeg vil være dig evigt taknemmelig for det – ligesom jeg er det for vores venskab.

Knus og kram
Ole

DET SKAL FØLES GODT
Tag hjertet med på vejen mod succes

Af Ole Henriksen og Tina Jøhnk Christensen
© Politikens Forlag
JP/Politikens Hus A/S 2018

Udgave, 1. oplag
ISBN: 978-87-400-4683-0
Printed in Slovenia 2018

Grafisk tilrettelæggelse: DasRotesRabbit

Fotografer:
Justin Coit: Forsidefoto
Sarah Sanctuary Williams: Side 6, 10, 15, 22, 27,
34, 46, 56, 59, 70, 80, 88-89, 94, 102-103, 119, 124,
150-151, 155-156, 160, 165, 168-169, 174-177, 180,
197, 201, 204, 221, 228, 246, 254, 280, 288, 306-
308 og 315.
Tom McKenzie: Side 117
Jeppe Bjørn: Side 279
De øvrige fotos er privatfotos.

Forlagsredaktion: Karen Lyager Linnet
Korrektur: Tone Grube Jørgensen

Repro: Thomas Brinkløv Grafisk
Bogen er trykt hos GPS Group, Slovenien

POLITIKENS FORLAG
Rådhuspladsen 37
1785 København V
Tlf.: 33 47 07 07
www.politikensforlag.dk